田青文集

第五卷

非遗保护与『原生态』·下

文化艺术出版社
Culture and Art Publishing House

扫 描 二 维 码
让田青带您漫步音乐世界

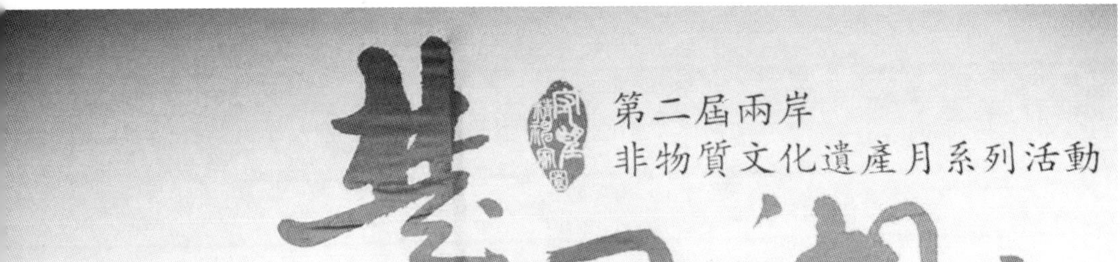
第二屆兩岸
非物質文化遺產月系列活動
湖南
類遺產・華夏之光
民俗

目录

三、《捡起金叶三集》

（二）下编

聆听母亲的心跳

中国传统文化与传统音乐

不久前，国务院颁布了第一批国家级非物质文化遗产项目共 518 项。我们知道，凡是提到保护的，其实都是弱者，因为强者不需要保护。今天我们的传统文化，已经和其他所有非物质文化遗产一样，濒临灭绝。这不是耸人听闻。只要大家有心、有眼，都可以看到。我们的非物质文化遗产是我们祖先千百年来在所有文化活动当中创造的一切，也是当我们全社会一心一意、奋不顾身向现代化的目标迅跑的时候，被我们忽略甚至是自愿、主动、毫不吝惜地抛弃掉的那一切。

为什么今天我们要如此重视非物质文化遗产的保护？尤其是近几年，从国务院颁布文件，到国家公布第一批非物质文化遗产国家级项目，一直到社会、媒体对非物质文化遗产的关注，实际上反映了我们社会的一大进步。过去 20 年，我们的经济建设，我们的现代化建设，取得了举世瞩目的成就，尤其在经济方面。我们所取得的成就、我们经济发展的规模和速度，在人类历史中是空前的。十几亿人的物质生活在这 20 年来得到了如此巨大的改变，如何评价这样的进步都不过分。但问题是，为了这个进步，我们付出了很多代价，其中一些代价是应该付出的，还有一些代价是我们付不起的；甚至破坏了环境我们还可以治理，但是我们把祖先留给我们的东西丢掉了，把历史中断了，把文化的记忆中断了，而所有的这一切都具有不可再生性、不可复制性，都一去不复返。

我曾经举过一个例子，我们现在的社会就像一个飞速前进的列车，而我们的非物质文化遗产就是一张白纸，它飘在车窗旁边，只要车窗一打开，“嗖”的一声，我们就再也找不到这张白纸了。我还比喻说，我们现在的社会就像一个拼命奔跑的人，为了物质进步，我们踉踉跄跄、慌不择路——一边跑，一边丢东西，等我们跑到终点，不但我们的爷爷奶奶偷偷塞到我们贴身口袋里的祖传的宝贝都丢掉了，我们还可能赤身裸体，成为了一个赤裸裸的“现代人”，忘却了我们是中国人。现在有越来越多的人看到了这些问题，也看到了这个危险的前景。中国的未来，不能仅仅是一个廉价的世界的生产加工厂，我们 13 亿中国人，也不能变成一个没有民族文化的所谓的国际人或者现代人。

但是，这个认识，也的确是在我们解决了物质、经济等等一系列的问题之后才可能有的。就像在 20 年前，你讲环保没有人听一样，在 20 年前我们讲非物质文化遗产保护也是一句空话。几十年来我们忽略了所有的传统文化，更准确地说，有很多人讨厌自己的文化，想把它尽快地抛弃掉，而且认为抛弃掉我们旧有的传统文化标志着走向现代文化。这个现象从两百年前就开始了。

去年有一个记者来采访，问我“什么是非物质文化遗产？非物质文化遗产你们都保护什么？”我当时说得很简单：“决定了我们是中国人的除了我们的改变不了的生物基因，也就是我们的黄皮肤、黑眼睛、黑头发之外的所有的一切都是非物质文化遗产，包括我们的风俗、我们的语言、我们的审美观念，我们所有的文化。”这个记者又问：“你能不能举一些例子，都有哪些是非物质文化遗产？”这时候我忽然想起，我年轻的时候读鲁迅的一篇文章的感受。鲁迅先生在 1925 年，也就是 80 年前，说过这样一段话，他说：

我们目下的当务之急，是一要生存，二要温饱，三要发展。苟有阻碍这前途者，无论是古是今，是人是鬼，是《三坟》《五典》，百宋千元，天球河图，金人玉佛，祖传丸散，秘制膏丹，全都踏倒他。

因为这段话里面包含着的那种宏大的气魄，也因为鲁迅在说这段话时四个字一句的短促节奏所造成的强烈动感，深深地打动了青年时代的我，以至于我现在还记着这段话。年轻的时候读这段话，热血沸腾，恨不得和鲁迅一起把这些东西统统踏倒。但是在鲁迅先生说出这段话 80 年之后，我突然意识到，鲁迅先生 80 年前要统统踏倒的，都是我们今天统统要抢救、要保护的东西。鲁迅先生没有错，我想我们如果生活在那个时代，也会像那个时候的所有仁人志士一样对传统文化有这样一种偏激的感受。因为 200 年来民族的屈辱，被列强瓜分、欺侮的耻辱，我们会把我们所有的疾苦都归罪于传统文化。从我们中国人对宇宙的认识，到我们的创造，到我们的艺术、宗教，那个时候统统要踏倒。而现在，我们的 518 项非物质遗产项目当中却包括了这些东西。时代变了，人们的认识也在变。而这 80 年里，我们犯了多少错误？很多被我们打倒、被我们抛弃的东西，仅仅过了一二十年，我们的态度就有了 180 度的转变。比如“文革”时我们“扫四旧”，把所有的外国文学名著都烧了，但当 20 世纪 80 年代初人民文学出版社重新印刷文学名著的时候，王府井书店外排队买书的人里，就有许多当年烧书的红卫兵。80 年前的社会环境使我们对传统文化持一种激烈的态度，而今天，形势已经和那个时候完全不同，所以，我们的态度也应该有所不同。我们今天保护传统文化，起码有三个重要的意义。

第一个意义是延续历史。我们必须认识到，我们的历史尤其是我们的传统文明，其实已经出现断裂了。当然这里面每个人的感受不同，我们常常说，我们中华文化是世界上四大古文明当中唯一没有中断的文明。这句话其实是我们自己认为的。也许，只有我们中国人，才会如此不珍惜我们自己的民族文化。我们不但可以把长城的砖块用来垒猪圈，不但可以在“建设社会主义新农村”的口号下，把老宅子、老祠堂统统拆掉，然后建成一模一样的水泥或红砖的现代建筑，认为这才是“新农村”！我们甚至还设计了北方和南方的农村建筑的标准图来推广。如果真的这样下去，再过 10 年，不但我们现在的中型城市、大型城市都一模一样，没有自己的风格，我们所有的农村也将一模一样，没有风格！整个中国都将变成一座一座的“兵营”，难道这还没有中断历史吗？前几天我到杭州去，从机场到杭州市区的高速公路上，两侧都是我们“先富起来”的农民盖的楼房：一个尖尖的顶子，上面插一个不锈钢“葫芦”，不中不西、不土不洋，而且一模一样。我忽然感到一种悲哀，我不是嫉妒那些先富起来的农民，我更不希望他们永远过贫穷的生活。但是，难道这些不中不西的楼房就是我们的最终追求？而这个地方是什么地方？这是“烟花三月下扬州”的地方！是“南朝四百八十寺，多少楼台烟雨中”的地方！是“日出江花红胜火，春来江水绿如蓝”的地方啊！这江南好风景，是历代文人魂牵梦绕的！而这些我们在李可染的“杏花春雨江南”画图中看到过的白墙乌瓦、小桥流水，现在完全不见了，只剩下一个西塘、一个乌镇给人们参观。而现在所有这些残存的东西，都是因为贫穷，当地还没有来得及破坏！再过 20 年，我们的小学课本里会增加很多东西；因为政策，我们的下一代将不明白很多东西，从叔叔、婶婶到哥哥、姐姐……都是独生子女了，孩子们将不懂这些称谓。生活在北京的孩子，一年 365 天没多少天能够看到蓝天，我们还要给他们讲，什么是蓝天，什么叫白云……这就是今天我们所面临的一个现实。有的时候我觉得自己其实是很悲观的，因为我们现在已经是世界大同，但不是我们同别人，而是别人同我们。今天南京的一个孩子，和在北京、东京、纽约的青年人没有什么两样，一样上互联网，一样穿阿迪达斯，穿耐克球鞋，看好莱坞电影、世界杯球赛……但是我们自己的文化已经中断。

第二个意义就是增加我们民族的凝聚力。中国人要有自己的语言、自己的音乐、自己的戏剧，而这一切都是文化。我们到美国看到美国人乡村里面到处挂着自己的国旗，他们的那种自豪感，是出于对自己的制度和文化的自豪。而我们的传统文化能够起到这个作用。每一个民族，都应该为自己的文化自豪，这种自豪感，永远是团结、凝聚、唤起一个民族精神力量的最核心的东西。二战时，当德国纳粹军队包围了斯大林格勒、苏联到了最危险时刻的关头，斯大林曾有过一个著名的讲话。他用什么来激励这个民族？他没有说那些空话，他只是饱含感情地提到一些俄罗斯人的名字。他说，“我们的民族，是产生了普希金的民族，是产生了屠格涅夫的民族，是产生了托尔斯泰的民族……”就是这些创造了俄罗斯文化的巨人们的名字，唤起整个苏联人民团结抵抗的意志，最终保卫了斯大林格勒、保卫了苏联，打垮了希特勒的德国。我们的传统文化，是我们维护民族国家统一的最坚实的基础。我在台湾讲学的时候，曾经和一个倾向“绿色”的学者推心置腹地谈过一次话，我说：你们真的“独立”之后，李白成了外国诗人、杜甫成了外国诗人、《红楼梦》成了外国小说，你真的愿意吗？他很认真地想了想，很困惑地笑着说：“这个……我还真的没想过！”

第三个意义就是增强我们国家的软实力。用弘扬我们的传统文化，来增加我们在这个世界上、在这个地球上的竞争能力。光靠 GDP，无法保证中华民族是一个先进的民族。大家应该看到，美国今天之所以在世界上一超独霸，不仅仅是靠它的巨大的经济力量和巨大的军事力量，更靠它的软实力。它的好莱坞电影，它的 NBA 篮球赛，它的流行音乐，它的众多影星、球星、歌星，它的通过好莱坞大片中的故事和人物所体现、传达的美国的价值体系、生活方式和道德标准、审美标准。说一句很多人会认为是错误的话，我们今天再也不说“和平演变”这个词了，为什么？是因为“和平演变”已经基本成功了。你想想，当我们的青年人都说英语、吃麦当劳、过圣诞节，把去美国留学当成梦想的时候，当我们的许许多多的父母含辛茹苦、省吃俭用，节约每一个铜板也要把孩子送到美国，把为美国培养接班人当成奋斗目标的时候，当我们的青年人熟悉每一个美国球星的爱好、习惯、穿什么牌子、多大尺码的球鞋，甚至可以如数家珍地说出一个西方流行歌星、影星的血型、星座、身高但却不知道孔子是谁、《论语》是什么的时候，我们拿什么来支撑我们自己的民族？我们还有什么资格自立于世界民族之林？前几年，一个叫亨廷顿的美国教授提出一个观点，在中国学术界也引起轩然大波。他直率地指出，在意识形态的斗争结束之后，不同文明间的冲突，将成为这个世界上不同民族、不同势力斗争的主要原因。不管我们同意还是不同意他的理论，我们必须承认，一个民族对世界影响力的大小，是和这个民族文化力的强弱成正比的。一个小小的韩国，就是用它的《大长今》横扫了亚洲，让人们对这个国家、这个民族刮目相看。过去，我们中国的传统文化曾经影响了韩国、日本等许多亚洲国家，而今天，和这些国家比起来，我们的文化影响力，却是十分有限的。现在，是日本、韩国的文化“倒流”中国！

今天我们呼吁重新认识我们的传统文化，是因为在我们的传统文化中包含着我们中华民族的精神和灵魂，包含着我们的祖先对宇宙、人生的透彻认识，也包含着中华民族的悠久文明和伦理、道德。有人说：我们中国人发明了火药却没有用于战争，只是用来放鞭炮，这是我们近代失败与落后的原因。我倒是觉得，我们的祖先把火药用来表达我们民族除旧迎新的理想，表达我们的欢乐和祥和，比用来杀人要进步得多！

具体到我们的传统音乐文化，这也是中华民族非物质文化遗产的一部分。它在当代面临“继承”与“发展”两大课题。但我认为，当下要十分强调对传统音乐的“保护和继承”，首要问题是“招魂”和“寻根”，即通过普查来弄清楚传统的状态。然而普查的许多结果却令人担忧：随着经济、文化一体化在全球的迅速实现，“世界大同”的表象——一个物质文明非常发达的商品社会和一个一元的、标准化的文化社会也在以惊人的速度出现；随之而来的地域特色的消失、审美趣味的趋同等结果，让许多人感到不尽美好。造成这一现状的重要原因之一就是中国历史上屡见不鲜的灭毁传统的传统造成的对传统文化的围剿和扫荡，如“焚书坑儒”“打倒孔家店”等等。其次还要搞清楚“文化传统”与“传统文化”的关系，前者是不断变化并流传至今的精神，后者则是作为前者载体的物化形式；而中国的传统文化则早已度过了青春、生长期并衰老不堪了。所以必须大声呼吁：对传统要有敬畏之心，在传统面临断绝的现阶段要有危机意识，更应该珍惜历史、保护传统、慎谈发展，这样才能使今天的中国人在心灵无所皈依时，听到来自传统文化的“母亲的心跳”。

关于中国民族音乐如何发展的问题，很多人都在思考。我的一些想法是我多年来逐渐形成的，曾经写过一些文章，也引起过一些争议，其中某些观点甚至还给我带来过“官司”。虽然如此，我还是坚持自己的看法。今天，我想换一个角度，从保护非物质文化遗产的角度来谈这个问题。当然，我的观点还可能有表达不准确的，甚至于偏颇的地方，但假如还有“一孔之见”，还能像把破锥子一样扎一个小孔，从而引发你们的深思与熟虑，我就觉得幸莫大焉了。

我们现在所谓的物质文明也好，非物质文明也好，包括我们今天所接触所学习的所有的传统文化、古典文化，应当说百分之九十多都是农业文明的产物。拿我们汉族传统文化来说，可以说几乎都是农业文明——从唐诗宋词，从李白、杜甫、白居易的诗，到京戏、昆曲，到工笔画、写意画，到现在幸存的所有古代建筑。我们艺术的这个“艺”字，在象形文字阶段，是一个人跪在那里侍候植物，说明我们的艺术从字源上看就与农业有着密切的关系。

虽然我们现在一切传统文化都是农业文明，但是我们却必须看到：农业文明发展几千年之后，当它被工业文明无情地打败的时候，每一个以农业社会、农业文明立国的国家最迫切的希望就是工业化。无论从列宁的十月革命，一直到孙中山、毛泽东他们一系列的近现代史上的激进的或者改良的政治运动，无非都是想把中国从农业文明推进到工业文明。今天的中国，从中华人民共和国成立开始所做的最大的一件事情其实也是如何从农业社会进入工业社会，尽快地实现农业文明向工业文明的过渡。这是真正关键的所在，而其他所有的政治事件都是在这个过程中呈现出来的表面的气泡。然而，在这个全民族向往工业文明、急于“脱农入工”的过程中，我们中国的民族音乐却无法适应这样的时代要求，它被逼着选择：或被抛弃，或彻底改变自己的面貌。

现在，产生农业文明的那种地域性、封闭性的环境没有了，现代化的进程使所有的传统艺术都面临着生死存亡的挑战。因为地域化、个性化是我们传统艺术赖以产生和生存的东西，而这些正在毫不留情地被破坏掉。正是在这种境况下，一批进步的知识分子发起，在联合国教科文组织的统筹下，从 2001 年开始公布了第一批“人类口头和非物质文化遗产代表作名录”，第一批有二十几个，第二批又有二十几个，除了保护有形的文化遗产外，还要保护非物质文化遗产，中国的昆曲和古琴在这前两批代表作中都榜上有名。目前，我们正在申报新疆木卡姆和蒙古族的长调作为第三批代表作的名录。

我小时候唱过一首歌，是一首蒙古风格的创作歌曲，叫《我骑着马儿过草原》，其中有一句就是“牛羊肥壮驼铃响，远处的工厂冒青烟”。那个时候没有想到工业化的进程会破坏草原，污染环境，而是把草原上冒着青烟的工厂作为理想写进歌曲来歌唱。我们都知道，被歌唱的东西都是人们暂时还没有得到的东西，是歌唱者认为美好的东西。当时，全中国人想的都是赶快进入工业文明，所以会把现在看来是环境污染的东西当成美景来歌唱。我说这个例子的意思是想让大家理解，由于历史的局限，由于历史的发展是一个过程，所以我们的民族音乐注定要走一段弯路。由于时间的关系，我不可能在今天把我对民族音乐的思考都讲出来，所以今天主要谈谈两个大的方面：一个是民族音乐的器乐问题，一个是民族音乐的声乐问题。

一、民族器乐问题

关于民族器乐问题，我曾经提出过“三种模式”的口号。比如：反对把中国的管弦乐队完全西化，以西方的管弦乐队为楷模来建构我们的民族管弦乐队。因为我们最近几十年，应该说从 1949 年以来，民族器乐的发展有非常迅速的速度，也有非常巨大的成就。比如二胡，二胡属于民间乐器，从它传入中原地区到明清时期，几百年来，它不是宫廷的乐器、文人的乐器、宗教的乐器，而主要是一种地方戏曲的伴奏乐器；此外，就是乞丐手里讨饭的工具，多少年来基本上是在民间使用。它真正登台表演是在 20 世纪 30 年代，由刘天华把它带进专业的音乐会。所以，自二胡登堂入室以来至今，它作为一个独奏乐器的历史只有 70 年。然而，现在每个音乐学院都有不少学生学二胡，可以说数以万计。而有多少二胡作品呢？既有《二泉映月》这样举世皆知的名曲，也有现在作曲家所写的大量作品，可以说数以百计，甚至数以千计。乃至二胡作为中国器乐的代表而让国际音乐界知晓。然而这些都只有 70 年的历史。

如二胡这样的乐器，还有柳琴、阮，1949 年以前都是鲜为人知的乐器。琵琶大家都知道，琵琶是非常有个性、张扬的器乐。而中国是最不讲个性、最不可张扬的社会。比如中国的墓地里每个墓穴都一样，一个挨一个整整齐齐、一模一样；而欧洲的墓地的形式多样得让人惊叹，几乎每一个墓碑都是艺术品，西方的墓葬文化崇尚个性，对每一个墓碑都细腻去对待，把它做成单独的艺术品。但是奇怪的是，中国的民族乐器，却都是个个要求张扬个性，无法替代，而且音色都是拒绝和别人合作的！比如唢呐，任何乐器也无法和它“平衡”，更无法盖过它。其他的，比如板胡，也是这样。中国乐器在如此主张消融个性的国家里却不和谐地张扬着个性；而西方乐器在主张个性的文化里却与它们的主张相反，反而是能十分和谐地融合在一起的，这的确是一个很奇怪的文化现象。那么，对中国的非常有个性的民族乐器，应该如何组合它们呢？在古代，我们可以通过文献资料知道周代的乐队、雅乐乐队，唐代的燕乐乐队，后者更可以从敦煌的壁画上看到，似乎很庞大。但从近代开始，真正作为遗产保留并传到我们手里的，可以说没有一个乐器超过 10 种以上、人数超过 20 人的乐队。很多现在的乐种，最初并没有名字，比如“江南丝竹”“西安鼓乐”，大部分乐种的名称都是 1949 年以后，在五六十年代才叫开的。但中国的民族音乐留给我们的实际遗产的确是十分丰富，呈现出多样性，如华北的笙管乐、潮州音乐、泉州南音，五台山、武当山的佛道教音乐，是十分丰富的，但这个丰富是我们民族自己的特有的丰富，既有多样性，又有统一性。比如北方的笙管乐，从东北到黄河流域到西部新疆汉族地区的笙管乐，几乎编制都一样，都是管子、笙、笛子，这三大件加上打击乐器，是传统的编制，大同小异。当然，中国南方的情况要复杂一些。

中国的器乐承担着两个功能：一个是红白喜事的音乐，是民俗音乐，是老百姓离不开的，是生活中发生大事时用的音乐，这是民间的礼仪音乐，是社会性的；一个是给地方戏曲伴奏用的，是娱乐性的。还有一个，是难得有钱有闲的个别文人的雅集娱乐用的。缺少那种表现重大社会事件、表现政治的传统。所以，所有比如表现“大跃进”、歌颂党这样的音乐，都是民族音乐近代化过程中新产生的。我曾经在文章中把广东音乐比喻成是“小家碧玉”，得罪了广东音乐界的朋友。但其实，我的比喻是正面的肯定，“小家碧玉”不美吗？我想说的是，这样的器乐在当时无法适应工业文明的要求。西方在工业大发展的同时，按照工业文明的要求、意愿和条件，产生了大型管弦乐队。但在中国大工业发展的同时，我们也要产生大的乐队，这就是我所说的追求人家的模式。什么是工业文明？什么是现代化？在我们大部分中国人的意识里的现代化，就是西方已创造出来的那种模式，就是西化，甚至就是美国化。同样地，对乐队的编制，我们也称西方的乐队是“进步的”，我们自己的是“落后的”。因此，我们要努力追求人家的模式，要像他们那样。在这种意识的作用下，在当时，我们的音乐家就努力要使我们的民族乐队起码从外观上看起来要像西方的管弦乐队。但是，从内在的音乐规律和音乐特性上、结构上确实无法模仿。在那时乐队编制是模仿西方的，大的民乐曲都是按照西方 19 世纪古典和声来写的，而且我们认为这样是进步。由于这种关系，当时的中国乐器并不适应这样的演奏，所以中国出现了一个新的行业——叫作“乐改”，就是用西方的标准来改造现成的中国乐器。用西方的视角来看，几乎所有的中国民族乐器都要进行“改革”，管乐器加要键，比如竹笛，要像西方的长笛一样加键；弦乐器要加指板，要“解放弓子”，比如二胡就曾经加过指板，把弓子从两根弦中间拿出来，像大提琴一样拉；古筝的弦要按七声音阶排列，笙斗越来越大、从嘴吹到脚踩——完全变成了管风琴！

但半个世纪以来，乐器改造成功的，基本是改良，是不伤筋动骨的改变，比如弦乐器用钢丝弦、尼龙弦代替丝弦，等等。大的“改革”，基本没有普及，也就是没有成功。为什么呢？就是因为我们当时这种“乐改”的出发点就是民族自卑和民族虚无主义，就是认为西方的一切都好，认为中国乐器是落后的，西方乐器是进步的，中国乐器要消除落后朝进步方向改变，就要西方化。而全盘西化的结果，就是牺牲中国乐器的民族性和个性，变成西方乐器。本来中国竹笛是匀孔笛，运用调整口风和指法的技术，六个孔可以转五个调，叫“五调朝元”。但现在按七声音阶排列的竹笛，却一根笛子只能吹一个调。现在，作曲家写了几个调，演奏者就得在谱架旁边摆几个笛子！所以我认为中国以为的“乐改”和大乐队的模式反映了中国人的文化自卑，那时的中国器乐的改革反映了当时中国人文化观念的落后。但是现在再如此发展，则是穷途末路。

现在，中国民族器乐想发展，应该走小型、多样、多元的路。因为这些就是中国器乐的传统。我们民族有多种多样的乐器，乐队配器不一样，音色差异明显，所以应该让器乐多样自由地组合。比如前几年有一些年轻音乐家的民族器乐组合，像“华韵九芳”等等，都是由各个专业团体中一些出色的演奏家组成的小团体，走的是类似室内乐的路子，很不错。但是现在，我发现自己已经落后了，十二乐坊一出来，我发现人们的审美观点已经改变了，整个社会的节奏变得如此快，连二胡都不能坐着拉，只能站着、走着、跳着拉！当然，器乐演奏的方式，执乐器的方式是和一个时代的生产方式、自然环境、生活习惯有关的。比如古代琵琶的演奏者是在马上、骆驼上弹，所以是横着弹，左手主要承担着支撑乐器的作用；而进入中原以后，尤其是宋之后，人们的生活习惯改变了，演奏者不再骑在马背上或跪坐席上，而是坐在一个不动的、安稳的椅凳上，于是琵琶便可以置于腿上，便解放了左手，竖着弹就顺理成章了。然而，二胡站着拉，我从理性上说是能接受的，但是，我个人不喜欢，因为站着拉不利于二胡的艺术表现，仅仅是以视觉代替听觉。

我们现在学院学习的音律、乐理都是以西方的音乐规律和方式教学的，我们的器乐按照西方的观念和标准看可能“不准”，但这“准”与“不准”不是“声学”的问题，而是“律学”“乐学”的问题；换句话说，“准”与“不准”是文化的问题，不是科学的问题。比如我们陕西民间音乐中，那个“4”不是原位“4 ”，它比原位“4 ”高，但又不是“升 4”；那个“7”，也不是原位“7”，它比原位“7”低，但又没到“降 7”，都是“钢琴缝里的音”。假如用西方的“十二平均律”衡量，它是“不准”，但是，我们自己的音乐，干吗要用西方的标准？我们有我们的律制，我们有我们的音乐文化！那个“钢琴缝里的音”恰恰是我们中国人听起来最有味儿、最好听的音！所以，我们一定不能机械地、用完全不适合中国音乐的律制来改造我们的音乐，使我们音乐的民族性大打折扣。

中国音乐的律制，与西方的律制是有很大不同的。所以要真正地向传统学习就要学习中国的传统律制、传统乐理，同时要保持多样化。比如传统中国的笙管乐千百年来就是不加弦索的，笛子、笙、管子，加打击乐器，因为这三种乐器的和谐度是最高的，互补度也是最高的。非要加东西，很难保证就是符合音乐规律的。

我们这几十年来民族器乐的发展是建立在我们民族文化的自卑上的，我们需要自信。我们什么时候能平等地对待其他文化的时候，才能真正地发展；而追求民族音乐的多样性和从传统中寻找灵感应该是一条很好的发展道路。

二、民族声乐问题

在几次担任“中央电视台青年歌手电视大奖赛”的评委时，我发现，这么多歌手，就是唱那么几首歌！大概有那么七八首歌总在被大家反复地唱。为什么我们音乐教学的曲目选择如此的狭窄？只限于那么几首歌？我们在建立所谓“科学”的艺术观时，失去了个性，失去了艺术的多样性。而个性没有了，艺术的多样性没有了，唱歌的快乐也就没有了。我们在学习艺术时、创造艺术时，把艺术的快乐丢失了。而中国的声乐比赛中，每个人都尽量唱得“规范”、唱得“科学”，唱得一样；有一些不一样的，只是因为“功夫”还不到，还达不到“标准”。学习声乐的学生，难道只能模仿，难道唱歌只为了唱得和宋祖英一样？你能成为宋祖英？艺术是个性发展的，李白只是李白，海明威只是海明威，就是因为这些诗人、文学家不一样，我们才需要他们。我们的民族声乐现在进入了一个极大的误区。你们必须唱得和宋祖英不一样，要唱出你们自己的声音，才能有前途。

我在“第九届中央电视台青年电视歌手大奖赛”上就指出了民族唱法存在着“千人一声”的问题。大家都还记得，在“科学”还不发达的20世纪五六十年代，王昆、郭兰英、马玉涛等歌唱家的声音都有自己鲜明的特点。即使只有广播没有电视，人们也能很轻松地将她们区别开。个性化与地方特点的鲜明，是农业社会的必然，也是那个时代共同的审美要求。从六七十年代开始，我们的社会开始进入工业化社会，应时代的要求，在科学主义的影响下，声乐界开始探索所谓“科学唱法”。现在，这种唱法和用这种方法培养出来的歌手已经与那些来自民间的、具有鲜明的地方风格与个性色彩的唱法和被称为“大本嗓”的民间歌手基本分开，建立了在民族声乐教学领域与实践领域的绝对统治地位。

我在回答“大奖赛”监审组的提问时曾试图解释产生这种现象的原因，我把个性歌手的沉寂与“罐头歌手”的批量生产归结于一个时代的共同审美需求和生产方式的改变。我说过：“王昆的时代，中国处在农业社会，农业社会的审美特点就是个性化、地域化，与民间有着深厚的联系。现在这些歌手，是工业社会的产物，是音乐学院的产品。工业社会所推崇的，是科学化、规范化。而科学化、规范化的结果，就是我们具备了批量生产大量歌手的能力，但却抹杀了个性。”的确，群众的审美需求是随着经济的发展、社会的发展而变化的。今天，当我们国家的工业化还没有完全完成的时候，我们已经提前进入到追求个性、崇尚自然、讲究多元化的信息化社会了。那么，“第三次浪潮”后的时代除了与“第二次浪潮”的工业化社会以大为美、追求“科学性”和“规范化”不同，要求多元化和个性化之外，还有什么特点呢？对科学的反省应该说是重要的内容。

现在，越来越多的人认识到艺术与科学是不一样的，科学不能代替艺术。科学是建立在理性之上的，而艺术，始终是感性的产物。科学讲求唯一正确，100 个科学家做一道数学题只能有一个答案；但艺术没有标准答案，对同一主题，100 个艺术家会创作出 100 个不同的艺术作品。一个新的科学试验的成果被承认，必须有可重复性，即必须所有人能够在同样条件下得出同样结果。在科技指导下的大工业生产，也一定要求标准化与统一规格。但艺术不能标准化，艺术必须有个性，在科学领域中强调的可重复性恰恰是艺术的天敌。艺术追求的就是创造性，就是个性、就是与众不同。贝多芬之所以是贝多芬，就在于他与莫扎特不同；同理，莫扎特之所以是莫扎特，也在于他与贝多芬不同。所谓“科学”唱法“就好比这间屋子，只有一个门，什么人都只能从这一个门中出去”，完全违背了艺术的本质。在艺术领域，只有那些不想从一个门出去，只有那些想得出方法并敢于从窗户、烟囱、地道甚至掀了屋顶出去的人，才可能成为大艺术家。

人们在清楚了这个问题之后，才能进一步探讨艺术与科学是什么关系，科学性在艺术实践中究竟应该占有什么地位，在艺术中什么更重要，是“创造性”还是“科学性”。我想强调的是：在艺术领域里，不能把“科学性”置于艺术本质之上，不能以“科学性”作为衡量艺术水平、艺术价值的最高标准，更不能用“规范化”“标准化”的大工业生产方式制造艺术家和艺术品。对于现代人而言，科学绝不仅仅是一种“结果”，它更是一种精神，一种态度。我百分之百地推崇并服膺科学精神，即推崇并服膺一种理性的、自由的、不以任何“权威”的论定为结论的、实事求是的探求精神；但我却不会对任何科技成果本身顶礼膜拜。人们应该认识到，科学的本质是自由的，不断发展的，是反权威的。任何将“科学”本身权威化、固定化、神圣化的做法，本身便是反科学的。

然而，要改变这些则将牵涉到整个体制，整个教育体制，而且这个体制是文化层面的。古往今来，天才是不能教的，越大规模越正规的教育，越只能把培养中庸之才作为目标。我们没有办法做到让一个声乐老师，教不同的十个学生的时候可以用十种不同的方式来教。现实是不可能这样做到的。但是，我们在承认现实时，还要有一种理想主义的东西——你的责任、道德和感情。当艺术被规范时我们应该知道，任何东西被规范之后，都会失去它的原味，正如食物被制成罐头食品时就丧失了它原来的色、香、味了。而进入工业社会之后，按照工业社会标准的教育制度来制定的教学大纲，在这种大纲下，我们 700 多所音乐学院每日都在教学的生产线上成批生产着“罐头歌手”。

我们知道哪些是错的——也许我们还不能解决，但是我们应该能确定哪些是应该避免的。应该避免用科学代替艺术，用规范的方法来抹杀艺术的多样性和个性。在那些主张其唱法是“唯一科学”的人面前，一切关于辩证的、关于艺术本质的、关于艺术规律的东西，都不存在了。在他们的意识里，是不存在多样性和个性的，他们认为所有人的声带是一样的，只能用一种办法唱歌。这种哲学是典型的机械唯物论，也许它能产生好的艺术，但是不可能产生多样的艺术。这是我对民族声乐的一个态度。

而我们将来如何能够在我们民族音乐界首先树立一个观念、一个哲学——就是艺术是多样的，不存在唯一的科学的唱法——起码这是第一步。我们应该虚心地向民族音乐学习。艺术是感觉，当很多东西无法表达时，我们必须承认艺术是感觉。感觉是至高无上的，感觉不比科学低。现在还有声音说“民间艺术需要提高”“音乐学院是高级的”，这种观念是错误的。如果我们不认识到这一点，那么，我们的艺术家就没有前途，民族音乐就没有前途。

无论是民族器乐还是民族声乐，现在都面临着巨大的困境，我们必须认识到这些问题。也许，我们目前还不能够解决这些问题，然而，关于民族音乐民族化、多元化的发展方向，我们的音乐不但要和国际接轨还要和民族传统接轨，我认为是对的。

对于我们的民族音乐，站在一个文化与历史的角度，我其实是一个审慎的、带着一些乐观情绪的悲观主义者。谢谢大家！

（原载《南京艺术学院学报（音乐与表演版）》2007 年第 2 期。本文有删节）

别忘了保护地方小戏

“文化遗产日”前后，将有 4 台中国非物质文化遗产珍稀剧种在京展演，由此，我想到了地方小戏的悲哀和出路。

中国传统戏剧除了以其天才的创造和独具特色的美感满足各阶层人们的审美需求外，还曾担负着向没有机会接受教育的大众进行道德熏陶和历史传承、文化普及的责任。千百年来，一代又一代的普通民众，就是通过“看戏”来获得历史知识、来塑造中华民族一脉相承的道德体系和价值标准的。但是，在百年来中华民族争取现代化的进程中，几乎所有的传统戏剧都被视为“落后”而被迅速边缘化了。而随着中国农村的城镇化和农村人口大量流入城市，传统戏剧赖以生存的土壤大范围消失，传统戏剧尤其是地方小戏，正在面临着彻底被遗忘的命运。

中国的传统戏剧同基于古希腊戏剧原则发展起来的西方戏剧相比，有着无与伦比的品种上的丰富性。由于方言与地域文化的差异，在农业文明的基础上产生了数百种各具特色的地方戏。据 20 世纪 80 年代的统计，当时尚有 394 个剧种。但经过半个世纪的风雨之后，目前有将近一半的剧种消亡。以戏剧大省山西省为例，20 世纪 80 年代存在的 49 个剧种，目前只剩下 28 个。按照当前的态势发展下去，如果不改变我们的思路、不采取强有力的保护措施，再过 20 年，中国的绝大部分传统戏剧将成为绝响。

和京剧、昆曲这样的大剧种比起来，地方小戏的困境在于它不仅仅和所有非物质文化遗产一样面临着全球化和现代化的冲击，它同时还面临着大剧种的同化。为了生存，几乎所有的地方小戏都希图通过改造自己基因的途径来“发展”。目前存在着这样一种现象，就是小戏大戏化，大戏歌剧化。只要有条件的剧团，都走着一条同样的路：请作家写新戏、请作曲家设计唱腔和配器、请话剧导演排戏、请舞美灯光搞声光电的“大制作”。许多地方戏的伴奏乐器都“发展”成了一个同一模式的民族乐队，为了“现代化”，还都不同程度地加进大提琴、电子琴等与传统戏剧格格不入的西洋乐器，使不同剧种原有的特殊音色被淡化、被改变，成为一种“规范化”的统一音色。而且，许多只有中国传统戏剧才有的审美原则和前人创造的精华，统统被洋垃圾取代了！比如放弃曾经使西方大戏剧家惊叹的虚拟、写意的传统装置而采用话剧的实景装置，等等。在很多人的眼里，西方化就是话剧化，声、光、电就是“现代化”，“嫁接”式的“发展”似乎成了挽救地方小戏命运的唯一妙药。但实际上，逐渐雷同与迅速丧失特色，才是小戏最大的悲哀。

“发展”不是“嫁接”，传统文化的发展一定要在本民族的河道中前行；即使是输血，也不能把 A 型血输到 B 型血病人的血管中去！那种所有戏剧伴奏乐队都要有大提琴，请音乐学院声乐老师用钢琴来教戏剧演员“视唱练耳”的做法，表面上是“发展”，实际上是用别人的基因来改变自己的基因，最终，“发展”到消失了自我，再也找不到自己。我最近听一个川剧的帮腔，居然完全是学院派的“民族唱法”；而一个“道情”的伴奏乐队，坐了好几排，却唯独没有了渔鼓、简板，令人痛心！

我国政府有关非物质文化遗产保护的政策已经十分清楚：保护为主，抢救第一！对目前急需抢救和保护的地方小戏来说，唯一的出路就是保护自己的独特性和不可替代性。挖掘传统老戏，不一定没人看；用秦腔那样的嗓子“吼”，不一定就是“土”。实际上，当主张文化多样性成为最具当代性的思潮时，中国最“土”的行为，就是用话剧式的“房子”代替一桌两椅，用声、光、电代表现代化。当你这个剧种改用普通话和学院派的“民族唱法”演唱、改用统一的民族乐队加电子琴伴奏、把手里的马鞭扔掉而像歌剧《堂·吉诃德》那样牵一匹真马上台的时候，你已经虽生犹死，因为，你已经变成了别人。

（原载《人民日报》2007 年 6 月 8 日第 13 版。本文有删节）

原生态：唤醒文化自觉与维护文化多样性的契机

2006 年，一种被称为“原生态”的民族民间唱法进入主流媒体，成为中央电视台青年歌手电视大奖赛中与“美声”“民族”“通俗”唱法并列的独立品种，打破了前三者“三足鼎立”的声乐版图，引起了广大电视观众和媒体的广泛关注，甚至成为大奖赛中最吸引人眼球的亮点。

但是，“原生态”的称谓是否准确？如何看待、对待所谓“原生态”的艺术形式和歌手？以往边缘化的民族民间唱法进入主流媒体和专业院校、团体是利大还是弊大？如何在这一不可逆转的过程中保护这些处于“文化弱势”的民间艺术不被现代化的浪潮和专业化的追求异化、同化？如何引导民众将纯粹娱乐的目的和追求新奇的时尚行为转化为全民族的文化自觉？这都需要全社会在“热”后有冷静的思考。

首先必须指出，正像一些学者所说的那样，“原生态唱法”这个概念是不准确、不学术化的，它正确的名称应该叫作“民族民间唱法”。只是由于民族化的美声唱法已经被习惯称为“民族唱法”，于是，这种真正来自各民族民间的、没有经过现代化和专业化训练的传统唱法只好借用了其他领域的概念并首先由媒体使用而普及。当一个名词已经约定俗成并有明确的所指之后，当公众已经广泛接受这一概念之后，学术概念的讨论虽然必要，但也只能局限在学术界了。实际上，不但现在大家已经普遍接受的其他三种唱法的称谓都不够学术化，在其使用之初，也都无一例外地有过争论和不同的称谓；而且，古今中外艺术史上许多流派的称谓，也都是约定俗成的。比如“印象派”的概念，不但同样不够准确，甚至是出于非善意的嘲讽，而且当时就被那些被称为“印象派”的艺术家所反对。但是，我们现在一提到“印象派”，就会想起马奈、莫奈、凡·高、雷诺阿、德彪西……想起《日出·印象》《牧神午后》……没有歧见，这就够了。我个人以为，实际推动一种艺术流派或者艺术风格的进步，比书斋中的“名实之辩”更需要、更重要。

至于如何看待、对待所谓“原生态”的艺术形式和歌手？以往边缘化的民族民间唱法进入主流媒体和专业院校、团体是利大还是弊大？我觉得在探讨这些问题之前，有必要回顾一下我们近年来的文化环境，尤其是主流唱法的产生背景与形成原因。

在中央电视台青年歌手电视大奖赛中，“原生态”唱法是从“民族唱法”中独立出来的。而所谓“民族唱法”，和中国 56 个民族固有的传统唱法并没有直接的传承关系，它基本上是用美声唱法的理论、规律、方法来唱中国歌，它解决了西方发声方法与中国语言的矛盾，并借鉴西方声乐有普遍性的训练方法成功地培养了一大批中国歌手。

从 20 世纪 50 年代我们要建立自己的民族声乐学派，到今天民族美声发展到精致化、规范化的阶段，并开始遭到一部分听众批评的时候，首先要看到这种唱法产生的必然性，要看到整个时代的要求和一代人审美观的变化路径。造成今天这种民族美声唱法“千人一面”的状况，有许多原因。第一，是西方至上。从 19 世纪末一直到整个 20 世纪，对西方文明的学习是中国知识分子一百多年来最普遍的追求，在许多中国人的潜意识里，西方文明就意味着进步与现代化，这成为我们几代人努力效仿的东西。在这种思想影响下，中国音乐走了一条逐步现代化的道路，同时，也走了很多弯路。比如，认为民族乐器构造“落后”而“改造”，竹笛加键，学长笛，二胡加指板，“解放弓子”，学小提琴，笙越做越大，成了风琴，民族乐队在“交响化”的口号下不顾民族乐器的特点模仿西洋管弦乐队的编制，用民族曲调加西洋和声“创造”中国音乐作品，等等，都是基于一种我们的民族音乐是“落后”的，西洋音乐是“进步”的这样一种认识。同样，学院派“民族唱法”以西洋美声唱法的美学观和教学方法为基础，也是一个时代的选择。

第二，是科学至上。一百年来，在中国，科学已经成为真理的代名词。尤其是科学给中国带来巨大的进步之后，人们更是由崇尚科学变为崇拜科学。当我们在艺术领域对科学顶礼膜拜的时候，科学主义却给艺术带来了单一化、规范化和抹杀个性的思想基础。艺术和科学是人类认知世界的两个完全不同的、并立的、不可互相替代但又相互影响的方式。艺术与科学有相同之处也有相悖之处，有互相涵盖、互相交叉的地方，但更多的是独立与分责的。比如，科学实验一定要有可重复性，但是，艺术的本质就是反对规范化，不能重复，《红楼梦》不能写两遍，个性化与不可替代性是所有艺术追求的标准。

声乐是高实践、超理论的艺术，它更多的是个体的生命体验，正像禅宗所说：如人饮水，冷暖自知。实际上，学院的声乐教学至今也仍然沿袭着最传统的一对一的教学方式，和所有手工艺人的传统传承方式没有任何区别；大部分术语，是“打比方”，要靠学生去体悟、去验证。当然，不是科学并不意味着这种唱法不好、不高级。艺术是艺术，科学是科学，在艺术领域，要破除对科学的迷信，主张对艺术自身规律的复归。

第三，是时代的要求。假如说 20 世纪五六十年代中国声乐界提出“创立中国声乐学派”的口号反映了中华人民共和国成立初期广大民众迫切希望洗刷列强带来的百年耻辱，体现了“外国有的，我们都要有；外国没有的，我们也要有”的时代认识的话，那么，经历了一代人的辛勤探索之后，改革开放则自然成了民族美声唱法迅速成熟、普及的最大动力。当中国人物质生活得到迅速提高，中国民众一方面进一步强化了对西方文化的认同意识，一方面也增强了民族自豪感，开始有了一种民族意识的觉醒和“大国意识”的萌生，渴望得到国际的承认和尊重。民众的政治意识是会影响审美意识的，而民族美声唱法，恰恰顺应了中国人“大国意识”萌生，尤其是 20 世纪 90 年代之后，一个发生了巨变的民族迫切需要一种响亮、高昂、通透的音色，一种不同于传统、不同于以往农业文明的金属般的音色，一种城市化的、和国际接轨、与西方美声音色相近的音色。这时候，民族美声的形成和发展就是理所当然的了。彭丽媛就是一个代表，她的声音和形象都明亮、大气、端庄，是中国的，但不是乡村的，带有民族风格，但又是现代化的。这就是这个时代的审美要求。而这个时期，也正是电视在中国迅速发展的时期，电视文化促成了大晚会的应运而生，而大晚会的泛滥和一些歌手的成功，则又促成了全国声乐界的群起仿效之风。

问题是，物极必反。电视文化“成也萧何，败也萧何”，它迅速普及了民族美声唱法，也以同样的速度使人们感到厌倦。在第九届青年歌手电视大奖赛上，我曾经说过：20 世纪五六十年代，没有电视，只有广播。但那时候你一听就知道是谁在唱。王昆就是王昆，郭兰英就是郭兰英，马玉涛就是马玉涛。但是，现在你光听，不看电视就不知道是谁在唱。当然，这其实不是歌手本身的问题，甚至也不是他们老师的问题，造成这种局面的主要原因是一个时代共同的审美思潮和审美追求。我解释说：王昆的时代，中国处在农业社会，农业社会的审美特点就是个性化、地域化，与民间有着深厚的联系。现在这些歌手，是工业社会的产物，是音乐学院的“产品”。工业社会所推崇的，是科学化、规范化。而科学化、规范化的结果，就是我们具备了批量生产歌手的能力，但却抹杀了个性。现在，我们已提前进入信息化时代，信息化时代的审美标准是回归自然，是个性化和多元化。当时我的这些话，引起了一些人的共鸣，也引起了一些人的反对。

比如，有的人认为造成“千人一面”和单一化的原因不是唱法本身，而是作品风格的单一化造成的。的确，现在的民族美声作品，几乎百分之百是反映集体意识的颂歌。党，祖国，黄河，长江，父亲，母亲……都是集体意识的反映，很少听到个体感情的倾诉，很少听到男女之爱。祖国当然要歌颂，但以往“通俗”“美声”“民族”三种唱法，完全成了“风”“雅”“颂”。通俗唱法只唱个人的感情，很少关心大事、国事，可以看成当代的城市民间音乐，是“风”；美声唱法大部分是唱西洋歌剧，是典型的知识分子的“小众文化”，是货真价实的“雅”；而民族美声，则引吭高歌，独自担负起“为祖国歌唱、为人民服务”的任务，是“颂”。这种状态的形成，有诸多因素。但不管怎样，是不合理的，也不利于三种唱法的良性发展。“诗言志，歌咏言”，当一种唱法几乎被“颂歌化”了的时候，怎么可能避免单一化的倾向呢？

那么，有什么办法解决这种局面呢？一是自觉自愿地寻根，向民间学习，提倡民族的文化自觉，找到被自己遗忘的母亲，找到自己民族文化的DNA，接续历史和传统，在本民族文化的河道内汇流成河；二是主张文化多样性，走多元化的道路，主动借鉴其他民族的文化。有人认为只有一种唱法是“科学”的，只有西洋美声唱法是成体系的。其实，我国的许多少数民族有自己独立的、完整的声乐体系，只不过没有被整理出来而已。比如蒙古族长调的唱法，就是民族声乐的奇葩。而让真正的民歌和“原生态”唱法参加电视青年歌手大奖赛，无非是想借这样的平台弘扬民族民间文化，让广大观众尤其是青年观众知道“原来我们民族还有这么多好东西”！这无疑为我们的民族声乐界，提供一种启发。

谈到“原生态”歌手进入主流媒体之后所存在的被同化、异化的危险，我觉得不必多虑。只要我们真正认识了民间文化原真性的价值和艺术的内在规律，认识到非物质文化遗产是我们民族的自我标识和身份的认证，按照“抢救第一，保护为主，合理利用，传承发展”的政策去做，尽最大努力让民众在文化自觉的基础上重塑传统，人们不会永远甘做异文化的被同化者，不会永远甘愿以牺牲民族特性、中断历史与传统作为代价来追求他人为我们制造的时尚。

有的人认为“原生态”歌手离开了自己的土地，离开了草原、山林、溪谷就不再是“原生态”，认为只要来自民间的歌手进入了专业团体、上了电视，就不再是“原生态”歌手，有一定的道理，但与保护非物质文化遗产，不让这些弱势文化自生自灭、淹没在强势文化的洪流中的大道理比起来，也是文人的“名实之辩”，止于书斋而已。难道在中国吃的西餐就不可以叫西餐吗？只要你用的是西餐的原料、西餐的烹调方法，也就是保持了西餐原来的内容和形式。

因此，我认为，民族民间唱法和来自民间的歌手借“原生态”之名浩浩荡荡地进入主流媒体、进入公众的视野，是一件大好事，是许许多多学者和以弘扬民族民间文化为己任的普通人多年来集体奋斗的结果，也是我国民众开始文化自觉与维护文化多样性的标志。

（原载《中国艺术报》2007 年 6 月 15 日第 6 版。本文有删节）

古琴的人文精神

——2010 年 7 月 5 日在中国音乐学院的讲演

2003 年，中国的古琴艺术被联合国教科文组织批准为“人类口头和非物质遗产代表作”。这个过去对中国文化有着深刻影响的艺术形式，开始被中国社会所重视，或者更准确地说是开始被人们重新认识。中国的传统音乐，包括民间音乐、宗教音乐、文人音乐、宫廷音乐四大类，而文人音乐的代表就是古琴。但是，随着文人阶层在中国的消失，古琴艺术也逐渐被边缘化，甚至被社会遗忘。从 2003 年到今天，古琴艺术和琴人从被人们遗忘、被边缘化，到已经形成了一个不大不小的圈子——主要是在大学生和白领阶层中。奇怪的是，只有短短几年的时间，只取得了一点小小的进步，但已经开始有人嘲讽了。在北京的知识圈里最近流传着这么一个说法，所谓京城新“四大恶俗”——听昆曲、学古琴、喝普洱、练瑜伽。

对这种说法我颇不以为然。所谓“俗”，一般是指普及的大众文化；所谓“雅”，一般是指少数知识阶层的“精英文化”。《诗经》里有《风》《雅》《颂》，《雅》是什么呢？是京畿地方，就是当时首都周围知识阶层创作的东西；而《风》是“俗”的，是当时老百姓中传唱的各地民歌。但实际上“雅”和“俗”之间并没有绝对界限，而且常常雅俗互换，尤其是时间可以使“俗”变成“雅”，前朝之“俗”常常成为后朝之“雅”。古琴则不同，在中国古代，它始终是文人的乐器，从来没变成过俗的东西，而且始终和俗处于对立的地位。古琴曾被人遗忘，但现在开始有一批青年学子热心学习，也才不过几年时间，它能够如此迅速地变成“俗”吗？尤其是变成“恶俗”？我觉得有点夸张。是什么使这个“恶”字和“俗”字结合起来成为“恶俗”的呢？我认为，“俗”是大众文化，本不是什么贬义词，而前边加一个“恶”字成为“恶俗”，一定是商业化、庸俗化的结果，即把商业行为置于艺术活动之上，把金钱和低级趣味结合到一起，才可能变成一个恶俗的东西。古琴过去不是俗文化，今天不是俗文化，将来仍然不大可能变成大众文化，更难变成真正的俗文化。因为它身上所负载的丰厚的文化内涵，包括古琴本身的气质、性格就决定了它始终只能是小众的文化，只能是雅文化。古琴本身的人文精神、艺术精神能够保证古琴不会被恶俗。

讲到古琴的人文精神，每个人都会有自己独特的体会。作为中国历史最悠久，文化负载最丰厚的乐器和艺术，简单地总结它的人文精神，一定会挂一漏万，一定不能够被所有人都接受。为了使我的体会能更鲜明地表述，我把古琴的人文精神大胆地归纳为一个“敬”字。徐上瀛“二十四况”的“静”是古琴的艺术风格，我讲的这个“敬”是它更内在、更深层面的精神。那么古琴和“敬”有什么关系呢？为什么我把这个“敬”字提炼成古琴的人文精神？我想这要从中国的文化传统说起。

有“礼乐之邦”美誉的古代中国是最重视音乐的国家。从先秦开始，儒家最强调的两个字，一个是“礼”，一个是“乐”，把“礼”和“乐”之间的关系说得非常清楚。孔子讲：“兴于诗，立于礼，成于乐。”从一个人的人格养成，到治理一个国家，靠的就是“礼乐”。“礼”里面包含着国家制度，包含着一个民族一个国家所尊崇的最重要的精神和相应的仪轨规章；古代的“乐”字不仅仅是音乐，它还包含着舞蹈、文学等所有我们现在称作艺术的内容。那么一个“礼”，一个“乐”起什么作用呢？用荀子的话说，就是“乐和同，礼别异”。异是不同，是分别。一个社会必须有区别，有严格的阶层，有上下、尊卑。但光强调礼也不行，比如古印度把人分为婆罗门、刹帝利、吠舍、首陀罗等不容混淆的阶层，尤其是被称为“贱民”的人是不能够和其他阶层通婚的。它的等级鲜明，“别异”得非常清楚。但是阶级过于鲜明，社会就没有包容和亲近感。差别之外，还得有亲和的、融合的东西，这就是“乐”的作用。“礼”的精神其实就是一个“敬”字——没有敬就没有礼。我们知道中国古代以孝治天下，中国人讲孝道，给父母吃穿，生病带他去医院，这是不是孝？孔子说不够。供其吃穿这叫“养”，和养鸡养狗养猪养马是一样的。养和孝最大的区别是孝里头有敬，你要尊敬你的父母。所以这个“敬”字是中国古代传统理念最重要的一个字。

“敬”字联系到一个词叫作敬畏。孔子讲君子有“三畏”——“畏天命，畏大人，畏圣人之言”。现在我们的社会缺的就是敬畏之心，很多人没有敬畏之心。没有敬畏之心就没有文化，没有文化就变成动物，这是很简单的道理。所以我们把这个“敬”字理解为中国传统文化一个非常重要的精神内容。“礼乐”是相辅相成的，“乐和同，礼别异”，礼和乐结合起来，才能安定人心，安定社会。所以我把古琴的精神也提炼为“敬”字。那么，古琴精神中的“敬”有哪些内容呢？我认为古琴从五个方面体现了“敬”：第一，敬己；第二，敬人；第三，敬天地、敬自然；第四，敬圣贤、敬先人；第五，敬后人。

一、敬己

学古琴首先要敬己，用孔子的话讲，就是“修己以敬”。那么，讲“己”是不是个人主义？是不是自私？是不是以自我为中心？不是。推己及人，将心比心，只有尊重自己才能尊重别人。你的初心、你的未被污染的心就是你产生道德感、羞耻感的基础，是决定你行为的基础。我们现在讲“以人为本”，这个“人”就包含着你自己。所谓“修己以敬”，只有修养自己才能达到这个“敬”字。很多人认为古琴音量太小是它的缺点，但我认为这恰恰是古琴的一个特点。正因为古琴音量小，决定了这件乐器的特性——它是直接和你的心交流的乐器，它是最个人的乐器，它根本就不是为了让你和大众交流，为娱乐大众而产生的。

古人给古琴赋予了很多内容，如“琴者，禁也”，弹琴是为了约束自己。“禁”就是约束的意思。当然后来明代的李贽说：“琴者，心也。”“心”和“禁”虽然不同，但都很重要。古人弹琴首先不是为了娱人，而是为了和自己的心灵对话；其次是为自然、为天地，与大自然交流；再其次是为友，三五知己，和极少数可称为“知音”的朋友互相欣赏。所以古琴是世界上所有乐器中最私密性的乐器。私密性的乐器还有口弦，但其音量极其微弱，必须离它非常近才能听到。按我们一般的理解，口弦这件乐器应该早被淘汰了——五步之外便听不见，而且就出三个音。但这样一种乐器为什么能够在许多民族中一直流传到现在？因为它是传情表意的最佳工具，是青年男女之间表达爱情的最佳工具。当然，古琴无论其文化的负载量还是表现力都和口弦不在一个层面。但古琴和口弦一样更强调它的音乐是向内而不是向外的，是个人而不是众人的，这是古琴的一个重要特质。而且“琴者，禁也”的话，更凸显了文人重视它是因为它不仅是一件乐器，同时还是礼器，是修身养性的工具。当然，对此琴界一直存在不同意见——有人强调古琴的艺术性，强调古琴是乐器，反对过于强调它的精神、修养的一面，更反对把它作为修身养性的工具。这种“为艺术而艺术”的观点有他的道理，但是古琴千百年来第一强调的还是“琴者，禁也”的理念，强调它是“圣人之器”。我觉得，全世界有成千上万种乐器，只有古琴这件乐器强调了它乐器性之外的东西，强调了它和人道德养成的关系，强调了它与人格、与自然的关系，我认为也无不可。

古琴作为个人修养的工具，是儒家一直提倡的。孔子就是这样，“无故不撤琴瑟”。只有丧事或重要事情发生的时候，这一天才不弹琴不唱歌。而且，他一生就是利用古琴来弦歌教化人生。也正是由于古琴的这个特性，才使古琴和知识分子的人格、独立精神、气节、操守连在一起。著名的竹林七贤的故事最能说明问题。竹林七贤的领军人物嵇康，被司马氏判了死刑，三千太学生赶到刑场为他送行。他临刑之前先“顾日影”，然后“索琴而弹之”。弹完后，他说了人生最大的一件憾事：昔日袁孝尼多次想跟我学《广陵散》，“吾每靳固之”，没教他，“《广陵散》于今绝矣！”从此，在中国的传统语境中，《广陵散》成为失传文化的代名词。

那么，嵇康最让人尊敬的是什么呢？竹林七贤最让人尊重的是什么呢？就是他们独立的精神，独立的人格，不为金钱，不惧权贵，为了保持自己的人格甚至可以舍生赴义。他的《声无哀乐论》问世千百年之后，德国的汉斯力克才讲到音乐本身就是音乐，不存在音乐以外的东西。可是嵇康在那个年代就讲出“声无哀乐”——声音就是声音，音乐就是音乐，哀乐感情是你自己的事！他有千古彪炳的奇文《声无哀乐论》，有他的创作或“代表性曲目”《广陵散》，同时这个人外貌风度也卓然超群。《世说新语》说他的风度是“萧萧肃肃，爽朗清举”“凛凛寒松，高拔清俊”，立在那里，“岩岩若孤松之独立”，醉倒了，还“巍峨若玉山之将崩”！他的独立的人格，他的独立的精神，也正是古琴的精神。他尊敬自己，尊敬自己的初衷与气节。能够在临死之前弹古琴，能够心气和平，天下唯此一人。

嵇康尊重自己，尊重自己的信念，尊重自己的人格，所以他才能在他的琴声中体现人最崇高的精神。孟子说：“爱人者，人恒爱之；敬人者，人恒敬之。”不能敬己，岂能敬人？所以古琴精神第一是要敬己。

二、敬人

第二是敬人。光尊敬自己不行，人是社会的动物，所以儒家讲“仁者爱人”，“仁”字单人旁一个“二”字，两个人才有“仁”可谈，一个人没有仁可谈，所以“仁者”就不仅仅是爱己，要从爱己推广成为爱人。所以“老吾老以及人之老，幼吾幼以及人之幼”“己所不欲，勿施于人”成为儒家最基本的思想。从敬己到敬人，是一个君子道德养成的必然规律和必然取向。古琴文化、古琴精神反映了“敬人”的思想。大家都知道伯牙、子期“高山流水遇知音”的故事。为什么子期听得出高山、流水，伯牙就认为他是知音？因为子期是樵夫，属于普普通通的劳动大众；古琴是文人的乐器，是小众的乐器，是知识分子自得其乐的乐器。作为一个樵夫，子期本来是不应该懂琴的，伯牙也没有奢望他能够懂琴，但是，子期懂他，也唯有子期懂他，所以伯牙叹为知音，以至于子期死后伯牙摔琴，终生再不弹琴。这个平淡的故事中有一种震人心魄的东西。你想过没有？知音死了，他把琴摔了，今生再不弹琴！如此的决绝，如此的激烈，为什么？这就是古琴的精神——敬人，对知音的，对朋友的，对别人的一种最高的尊敬和珍惜。我的琴除了为自己，为天地，就是为知音。

在古琴文化里非常强调人和人的相知，人和人灵魂的相遇。西方有哲学家讲：他人就是你的地狱。什么意思？他是极限夸大了人和人难以理解和沟通的一面。真正的、在深层次上的相知和互相理解的确是一件很困难、很不容易的事情。那么，当你遇到“知音”时应该怎样呢？“知音”之间应该是君子之交淡如水。大家都知道琴曲《梅花三弄》，它最初是首笛曲，据说作者是晋代的桓伊，字子野，官至大将军。当时有个文人叫王徽之，字子猷，是大书法家王羲之的儿子，王献之（子敬）的哥哥。有一天他坐在船上，看到大司马参军桓伊从路上过，就招呼桓伊，说“闻君善吹笛，试为我一奏”。桓伊也素闻其名，“即便回，下车踞胡床，为作三调”，连吹了三首曲子。“弄毕，便上车去，客主不交一言”。这件事情令我很诧异，也令我很敬佩。这里，一切礼俗、一切人情、一切平日存在的社会关系都不见了，除了音乐，什么都不见了。这是真正的“知音”，彼此没有客套，更没有庸俗的东西。所以不用担心古琴恶俗——古琴有这种精神，它恶俗也恶俗不到哪里去。

我所讲的第二个“敬”字，是对别人的尊敬。这种彼此的尊重，是一种内在的、深刻的、超越了世俗观念的尊重，一个“敬”字里面，有对他人的尊重，更有对艺术、对艺术家和“知音”的尊重。

三、敬天地、敬自然

第三点，叫敬天地、敬自然。中国传统文化里最重要的内容就是“天人合一”。在这一点上，中国的道家、儒家是完全一致的。道家讲“人法地，地法天，天法道，道法自然”。儒家也讲“万物一体”“天人合一”。中国所谓“三才”，就是指天、地、人这三才。天、地、人密不可分，万物一体，同时又各司其职：“天始万物，地生万物，人成万物。”所以董仲舒讲“天人之际，合而为一”。这是中国传统文化重要的精神，同时也是古琴重要的精神。一张典型古琴的基本长度是 3 尺 6 寸 5 分，代表一年的 365 天；琴身上有 13 个取音的徽位，代表着 12 个月和一个闰月；琴身由两张木板相合而成，面板圆，底板平，一阴一阳，象征“天圆地方”；琴有琴额、琴项、琴肩……象征着人身，一琴之中，天、地、人三才具足；琴的两个出音孔一方一圆，各叫“龙池”“凤沼”；琴首垫弦的隆起叫“岳山”，琴底拴弦的短柱叫“雁足”；琴有七根弦，除了宫、商、角、徵、羽这五音各与“五行”相对应外，另有两根弦一“文”一“武”。小小的一张琴，仅从其形制上就包含着中国古人对自然、对宇宙、对人生的精辟理解与高度概括。

中国传统艺术中最有代表性的艺术，在音乐是古琴，在形象艺术里就是文人画。古琴和文人画都强调人和自然的贴近，人和自然的不可分，人是自然当中微小的、独立的存在。我们把中国的古代绘画和西洋的古典绘画做一个比较，就会鲜明地看出两者的不同。

西方的古典绘画是以人为母题。大卫也好，基督耶稣也好，蒙娜丽莎也好，《圣经》故事也好，都是以人作为绘画的中心和描绘的主要对象。那么，在西方古典绘画里自然存在不存在呢？存在，但是处在非常附属的地位。包括大家都很熟知的著名的蒙娜丽莎“永恒的微笑”。它的人物形象画得神形兼备、光彩照人；但是蒙娜丽莎后面还画了山水，一般人却不会注意到，因为它不仅仅是作为背景存在，在技法上与人物相比也相形见绌，不在一个水准上。直到十六七世纪之后，西方真正意义上的风景画才从人物画的“背景”中独立出来。中国古代绘画恰恰相反。魏晋之后，“山水滋生”，中国的山水诗、山水画，包括以自然为题的古琴曲大量出现，成为中国古代艺术的主流。我们仅仅看一下古琴传世的曲目就可以感到“满纸烟霞”:《高山》《流水》《潇湘水云》《汉宫秋月》等等，在现存古琴曲目中，超过半数以上的乐曲题目是与自然有关的。典型的中国古代山水画在人们的印象中，一定是有山有水，或苍松翠柏、或泉流石上；山水之间，也许会有一个小桥，桥上有个小小的人，夹着一张古琴；或许山中水边有一座亭子，亭子里坐着一个小小的人，舒适恬淡，怡然自得。在这些画中，人很小，但与大自然融为一体，似乎人就是大自然的一部分。这就是典型的中国古代绘画。

中国传统文化强调人和自然的关系，古琴精神最重要的一点也是强调人和自然的关系——敬天地，敬自然。当然，中国人对自然除了敬畏之外，还有亲近，这种亲近感自魏晋一直流传到现在。过去琴家有“五不弹”“十四不弹”。比如打雷、暴风雨时不弹，对夷狄不弹，对俗人不弹……现在当然不存在对“夷狄”不弹了，我就一直建议世界各地的孔子学院除了教中文，也要教外国人弹古琴。除了“十四不弹”，还有“十四宜弹”。《红楼梦》里贾宝玉跟林黛玉请教古琴应该怎么弹，林黛玉教导他说：“若要抚琴，必择静室高斋，或在层楼的上头，在林石的里面，或是山巅上，或是水涯上。再遇着那天地清和的时候，风清月朗，焚香静坐，心不外想。”又说：“若必要抚琴，先须衣冠整齐，或鹤氅，或深衣，要如古人的仪表，那才能称圣人之器，然后盥了手，焚上香。”你看古画就看得出来，弹琴最好的地方就是古松之下，石旁，水边。王维“独坐幽篁里，弹琴复长啸。深林人不知，明月来相照”的诗，指出了最适合弹琴的地方和环境。竹林七贤也是在竹林中弹琴，这就强调了人与自然的亲近关系。大家不要小看这一点，这是中国文化和西方文化的异同之处——我要强调：是异同，不是优劣。西方文化强调“人”，这一点对我们来讲是很有启发意义的。我们常常不能以“人”作为最高目的，这点要逊于西方。但是西方以“人”为本过分了之后，把自然只作为“人”的目的物，作为“人”所需要的一切资源的来源，向自然大规模索取——勘探，要石油、要矿产、要资源，最后把人和自然的关系破坏。一般来讲，工业化的进程，常常是破坏自然环境的过程。我们国家在工业化之后也是迅速使人和自然的关系恶化，破坏了人和自然的关系。中国的传统精神——这种敬自然、敬天地的思想，值得今天的我们好好地继承。

古琴文化里讲到人和自然的关系，也有很多故事，其中最有象征意义的是伯牙跟成连学琴的故事。据说伯牙跟成连学琴，三年不成，成连说：“我只能教你弹琴的技艺，但不能教你如何体会音乐的精神和境界。我有个老师叫方子春，在东海上，善‘移情’，我带你去找他吧。”于是，伯牙便随成连来到东海上的蓬莱岛。没想到，成连把伯牙带到孤岛上之后，便弃他而去。伯牙一个人留在岛上，“延望无人，但闻海水汹涌，林岫杳冥，萃鸟啁啾。怆然而悲曰：先生移我情哉！”在大自然之中，伯牙独自面对大海与山林，终日倾听“澎湃之音”，终于悟得琴道，创作了琴曲《水仙操》，成为一代大家。

敬天地、敬自然，把自然当成最高的老师，把与自然契合作为音乐的最高境界，甚至把“自然”“不自然”作为衡量艺术家艺术、技艺的重要标准，这就是中国传统艺术的精神、古琴的精神。

四、敬圣贤

第四，就是敬先贤、敬圣人。古琴的发明者已无从查考，但无论是伏羲制琴说、神农制琴说，还是黄帝制琴说、舜制琴说，都把古琴的发明与传说中的圣贤联系起来。这和“周公制礼”的传说一样，除了彰显圣人“制礼作乐”的悠久历史之外，更重要的是表达出中国传统文化中“敬圣贤”的观念。

据司马迁记载，孔子跟师襄子学琴，“十日不进”，弹了十天了，还不往前进。师襄子说他弹得不错了，“可以益矣”。但孔子说“丘已习其曲矣，未得其数”。就是虽然弹会全曲，但还不能完全领会其内在的规律。又过了十天，孔子还在习而不进。师襄子催他，他说虽然已得其数，但“未得其志”。志是什么？志是精神。那么得到了精神是不是就结束了？还没有。一直弹到最后，始“得其为人”。孔子终于在音乐中看到了一个面孔黑黑的，个子高高的，两眼有神，有王者之风的人，这个人是谁呢？是文王，是孔子理想中的王者。孔子能从这首曲子里看到古代的圣人，并且把看到圣人作为学习古琴的最终标准，也体现了一个“敬”字，就是敬圣贤。

儒家一直有种对远古的追慕，把周代作为理想的政治典范。文王是孔子理想中的统治者，所以他作了《文王操》。中国的古琴曲里除了大量描写自然的曲子外，其次多的就是像《文王操》《幽兰》《思故人》《思贤操》这种对古代圣贤表达敬仰的乐曲。我们刚才讲敬己也好，敬人也好，但你最终希望自己成为一个什么样的人呢？人格的典范就是儒家所讲的这些圣贤。

敬圣贤其实是对祖先创造的尊重，对人类非物质文化遗产的尊重。前几天我们搞古琴进校园的活动，一个青年记者采访我。他说："田教授请你谈谈古琴创新的问题。"我反问他："古琴创新的问题？古琴有创新的任务吗？古琴为什么要创新呢？"他回答说："不创新怎么能发展呢？"他的这个思想，其实是我们现在大部分人的思想：第一，任何领域、任何艺术最首要的任务是创新；第二，不创新就没有办法发展。我当时很不客气，说："你先告诉我，古琴为什么要发展？"他说："发展不是硬道理吗？"我说："是，但只有创新才能发展吗？继承不能发展吗？把已经出现中断的文化接续不是发展吗？人类有成千上万种乐器，尽可以去创新发展，为什么不能就留一个古琴，只留这一件乐器允许它去崇古呢？"他没有回答我，因为我的这个问题超出了他的理念。我想说的是：第一，我们不要把创新当成一种迷信，当成一种宗教；第二，在艺术领域，复古与创新同样重要。我们到日本去，会清楚地发现日本在文化上完全是两轨制，分得清清楚楚。但凡古代的东西，就是崇古，以不变为美，以旧为美。它的歌舞伎，它的三味线，它的雅乐，包括它的大相扑，都以不变为美、以不变为高。

日本分得清清楚楚，"大道朝天，各走一边"，我们不是。我们所有东西一说发展创新，就都要发展都要创新。上海昆剧团演的一出新编"昆剧"，演员被钢丝吊着满台转，在台上唱："我爱你，你爱我吗？"昆曲与其他戏曲最大的不同就是语言，昆剧是文言，其他传统戏剧包括京剧都是口语。"一见皇儿跪埃尘，开言大骂无道的君""我正在城楼观山景，耳听得城外乱纷纷”，这是口语，一听就懂。但昆曲是文言：“袅晴丝吹来闲庭院，摇漾春如线”，没有文学修养听不懂。昆曲如果创新，不用雅语文言，而是大白话，就不像昆曲了。但有人会反对说：“那么昆剧怎么表现现代生活呢？”我想问的是：“我们这么多种艺术形式，为什么都要表现现代生活呢？能不能就留一个昆剧只表现古代生活呢？”

尊古崇古，在现阶段是文化发展的一个重要内容和模式。为什么？因为我们的传统文化已经出现断层，中华民族很多传统的优秀文化已经濒临灭绝需要保护了。古琴文化中这种敬贤崇古的精神正是我们今天需要的一种精神。我们要尊重祖先，尊重遗产，尊重先人的创造。我们要懂得，文化艺术和科技不同，科学要规范，要能重复，而艺术恰恰相反，它不能规范，不能一样。科学永远在发展，新出现的技术会毫不留情地全面取代过去的技术：彩电出来黑白电视就没人看了；数码相机出来，原来的胶片厂就关张了。这就是技术，这就是科学。文化艺术则不同，马克思曾经说过，文化史上常常有后人不可企及的高峰。比如唐诗、宋词、元曲，这都是高峰。科技崇新，但文化艺术却可以崇古、复古，欧洲伟大的“文艺复兴”，就是从复古开始的。所以崇古，敬先贤，是我们中国传统文化的精神，也是古琴所体现的非常重要的文化内涵。

五、敬后人

最后一点，也是古琴精神里了不起的一点：光敬先贤，光敬古人了，不够。人类文明，因因相续、果果相传，如瓜瓞绵绵，所以还要敬后人。古今中外所有的艺术里，只有古琴有这个精神。什么叫敬后人呢？就是专门为后人留下创作和发展的空间。这又回到我讲的第一个问题：所有的特点都既是优点又是缺点。古琴减字谱从唐末产生一直流传到今天，是人类使用年代最久远、最有效，同时也最有意义的一种乐谱。减字谱由文字谱演变而来，能准确记录音的绝对音高，但没有记录时值，需要由琴家来“打谱”——就是琴家根据乐谱提供的信息，结合古琴演奏的规律进行再创作。长期以来，人们认为这是古琴谱的一个缺点，把古琴谱看成是不完备的乐谱。我年轻的时候读香港音乐史家张世彬编的《中国音乐史论述稿》，他讲到这一点时说不是中国人没有聪明才智创造出完备的乐谱，而是减字谱本身不是用来记谱的，是记指法的，“非不能也，是不为也”，是中国人不愿意去做。他是想替我们的祖先讲话，但是没讲到点子上。因为在那个时代，还是以西方文化为中心，大家妄自菲薄，看不到古琴谱的优点——为后人留下充分的创作空间。西方的五线谱是定量定性的，不可改变的。无论哪个钢琴家弹莫扎特的乐曲，任务只有一个，就是阐释莫扎特——钢琴家只是莫扎特的阐释者、解释者，这其中演奏家的空间是极有限的。但是古琴不同，用古琴家吴文光教授的话讲，什么是打谱呢？就是古琴家在古琴之上创造性地、再现性地重建古人的音乐。这就给了后人极大的空间，在音乐出现之时就规定了让每个后来的琴人在演奏这首乐曲时都有自己再创造的权利。当然，这种创造性是以再现为前提的——有规律，有师承，有谱面以外规律性的东西，只有在这个原则上才允许有你的创造性。古琴琴谱在全世界绝无仅有，不仅仅因为它历史悠久，从唐末到今天还在使用，还因为它创造性地为后人留下了创造的空间。所以我把中国古琴的人文精神最后归结为“敬后人”。

魏晋时期文人“左琴右书”，一个文人只有会弹琴、能写一笔好字才是文人。今天情况虽不一样了，但古琴精神和古琴艺术还是应该传承的，因为这是我们中国人的骄傲。

最后讲一个我亲身经历的故事。2006 年，温家宝总理访问日本，时称“融冰之旅”。当时总理带了一台节目到日本去，请日本的首相和日本文化界、政治界、经济界等等的上层人物来观赏，叫作国事演出。我们的国事演出阵容历来都是由专业团体组成，是代表中国当代艺术“最高水准”的演出。只有 2006 年温总理访日带的这台演出是“非物质文化遗产专场”，由中国各民族普普通通的农民、牧民艺术家组成。我是那场演出的策划和艺术总监，从选节目，到组织，一直到在舞台上呈现。我还亲自担任主持人，与日本 NHK 的主持人镰仓千秋小姐共同主持这台演出。策划的时候我就想，这台节目一定要让日本人震撼，一定要十分精彩。我选了侗族大歌、新疆维吾尔木卡姆、蒙古族长调民歌、泉州木偶、昆剧折子《游园·惊梦》等等，节目是绝对精彩。但是作为整场演出，开台第一个节目很重要，要抓人，要能够一下子让观众安静下来。我经过思考，大胆决定把古琴作为第一个节目。在日本有一些右翼人士，对中国抱着轻视甚至敌视的态度。怎么能够在第一个节目就让你安下心来，用恭敬之心来听我们这场音乐会呢？——古琴！我在音乐会开始之后先介绍古琴。我说：“这是联合国的人类非物质文化遗产，不仅仅属于中国，它属于全人类。但古琴在中国不仅仅是乐器，它是圣人之器。孔子用它来弦歌教化人生。传说当中，诸葛亮就是用古琴在一座空城之上吓退了司马懿的十五万大军。”日本人都知道孔子、诸葛亮。那天琴家李祥霆带的是一张唐琴。我说：“这张琴叫‘九霄环佩’——所有的乐器当中只有古琴每张琴都有自己的名字，和人一样——‘九霄环佩’是什么意思呢？就是九天之上，仙女们带的玉佩相撞击发出的声音。这张琴是哪一年制作的呢？琴里边有题字：至德丙申年。”我讲的时候，李祥霆先生就拿着这张唐琴给大家看。至德丙申年是哪一年？公元 756 年。公元 756 年是什么概念呢？我告诉日本听众：“这一年，中国的诗仙李白 55 岁。”底下的观众“哗！”——日本的上层没有人不知道李白的。“杜甫 44 岁”，底下又是“哗！”“这张琴问世之后 3 年，伟大的鉴真和尚开始在日本的奈良建造伟大的唐招提寺。”底下又是

“哗！”就这几句话，然后听琴。底下鸦雀无声，再对中国抱有反感的人，再右翼，面对这样古老的文化——这不是假的，不是吹的，不是“纳西古乐”，它只有一个字，就是我今天讲的“敬”！请记住这个字：“敬”。这就是中国古琴的人文精神、艺术精神。

[原载《中国音乐学》（季刊）2010 年第 4 期。本文有删节]

一个音乐学家的社会责任
——由“非遗”与“原生态”想到的

一、音乐学者不能脱离社会实践

我是研究音乐学的，对我自己而言，在音乐学家有限的一生里，以其有限的生命和精力，究竟应该做什么？学习、研究学问最终的目的是什么？一个音乐学家仅仅是做一个书斋里的个体学者或追求心目中真理、正义的个体生命，还是把所思、所想跟社会贴近，同时把所学、所得回馈于社会？所谓“板凳宁坐十年冷，文章不敢一字空”“文章寸心知”，学者往往甘于做一个边缘的存在，但是学问、知识、见解却和社会渐行渐远。作为一个个体生命，作为一个学者、学人，可以不为物质所动，可以不为社会潮流所左右，也可以甘于寂寞，但是假如其所学、所思、所想能够从正面对社会有所裨益，岂不是更好？

我长期以来之所以从事实践性工作，受到的最大影响来自于我的导师杨荫浏先生。杨荫浏先生是中国音乐史学的泰斗，也是中国音乐研究所的第一任所长。他的《中国音乐史纲》和《中国古代音乐史稿》，是中国古代音乐史研究的奠基之作和至今不可逾越的高峰。虽然有很多时代思想观念的局限，尤其是《中国古代音乐史稿》，但是至今没有学者能够在中国音乐史学术研究的深度、广度上超越他。

除了《中国音乐史纲》和《中国古代音乐史稿》，杨荫浏还为中国的音乐事业做了很多事情，他的研究始终和音乐实践密切关联，这一点更是很少有人能超越。去年哥本哈根中欧文化论坛上，欧洲音乐家为中国文化代表团用竖笛吹奏了一首曲子，就是姜夔《白石道人歌曲》中的《扬州慢》。杨荫浏先生从西安鼓乐乐谱中找到钥匙，对《白石道人歌曲》中的旁谱进行解译，这是现在仅有的能够百分之百肯定是或者接近宋代音乐的 17 首歌曲。还有大家更熟悉的《二泉映月》，刚刚改革开放的时候，日本指挥家小泽征尔在中央音乐学院听了《二泉映月》，他说这是应该跪着听的音乐。当年一个乞丐的内心流露出来的音乐，竟然在几十年后，极大鼓舞了一代人！在中国历史上，像阿炳这样的盲人音乐家，不知道有过多少。假如半个世纪之前，没有杨荫浏这位音乐学家为瞎子阿炳录下了六首传世之作，中国人不会有人知道有阿炳这个人，他的六首曲子也会随着他的名字一样，在风中飘散。他命如草芥，就是一个乞丐，靠卖唱为生，他的生命和他的音乐一样“不值钱”。假如没有杨先生的努力，就不会有中欧文化论坛上姜白石的音乐；假如没有这位音乐学家，假如没有杨荫浏，中国古代音乐史是苍白的。

杨先生这位后学非常敬仰的“泰山北斗级”的人物，他是怎么看待学问和实践的呢？是怎么做一个音乐学家的呢？杨先生研究律学，第一要做声学实验而不是数学的计算。最重要的是，他研究了律学和乐学之后，最后到乐器作坊里，告诉做乐器的师傅怎么给笛子钻孔、给琵琶贴品音是准的。很多人把律学作为绝学，认为它远远脱离了实践，但杨荫浏没有把这门学问仅仅放在纸面上。杨先生是基督徒，他研究宗教音乐，用了很长的时间、很大的精力，作为总编编了一本《普天颂赞》，这本书的印刷数量是惊人的，从 20 世纪 30 年代直至今天仍在使用。

正因为杨荫浏先生重视实践，所以他一直在学术生涯中保持着非常清醒的头脑，其清醒程度有时超出人们的想象和理解。作为杨荫浏先生的关门弟子，我始终记得当年老师给我们上课的情形。杨先生骂人最厉害的一句话就是“不懂音乐！”邓丽君的歌曲刚兴起时，几乎撼动了整个中国社会，有的人写文章把她视为洪水猛兽，认为邓丽君是资产阶级，她的音乐应该批判，不应该听。结果杨先生却说，资产阶级都瞧不起邓丽君，听她的歌，喜欢她的都是普通百姓。杨先生知道邓丽君的音乐里面有当时中国音乐最缺少的东西——一个普通人的感情：哀愁、哀怨、欢乐、爱情、向往。杨先生在那个年代能有这样的观点，就是因为他始终不脱离音乐，他会唱昆曲、吹曲笛，音乐实践、音乐欣赏贯穿他的一生。

杨荫浏先生有社会责任感，他要给社会做些事情。虽然给琵琶贴品、给笛子钻孔是小事，但是他亲自去做了。追究起来，我自己之所以关注当代音乐的发展，并且尽绵薄之力，是受恩师的影响。

二、要唤起的是对民族文化的自觉

“非物质文化遗产”这个概念来自日本的“无形文化财”。日本松浦晃一郎任联合国教科文组织总干事时，将此观念带到联合国大力推行。我国由英文翻译，就叫作“非物质文化遗产”。这个概念刚刚传入时并未得到普遍重视。2001 年昆曲申报“人类口头和非物质遗产”成功的时候，我国的报纸多是在文化版以“小豆腐块”的版面刊登。只有《光明日报》放在头版，但也在很不起眼的右下角。而与此同时，日本的“能”被批准，日本朝野各界一片欢呼之声，各大报纸均为头版头条，我国在这方面的意识比日本人要晚很多。

2003 年申报第二批“人类口头和非物质遗产”的时候，评选委员会一一认真阅读各项申报材料，最终讨论决定申报古琴艺术。当时用了三天时间编纂了十分钟的汇报片。关于古琴的历史部分主要是现有纪录片的剪辑，而当代琴人演奏部分是青年演奏家林晨和白云观闵志亭道长。最终申报顺利通过。与此同一批申报的所有项目中就有纳西古乐，但是它的申报书上“精确”的数据从古代音乐史上看不到任何根据，比如称“白沙细乐”比海顿的第一交响乐要早 400 年之类。后来我在《艺术评论》上发表了毕生研究云南少数民族音乐、《中国民族民间器乐曲集成·云南卷》主编、云南民族音乐学家吴学源的文章，认为纳西古乐就是汉族洞经音乐，而且并非只有丽江独有，大理、昆明等地都有。结果引发了一场官司，一度成为社会的焦点。由此也引发了我的思考，音乐学家的社会责任是什么？所谓真善美，宗教家追求善，艺术家追求美，学者则追求真，求真、求真知、求真理！求真理就一定要捍卫真理。虽然神圣的东西越来越少，但是起码学者还是应该有追求。有追求才有所捍卫，有坚守才有所捍卫。身为云南学者的吴学源先生，为此长时间受到各方面压力，可他最终坚持了一个音乐学家的操守、社会责任感，坚持了真理。

非物质文化遗产开始不为人知，后来通过学者们的呼吁，有些人敏锐地看到了背后的商机、利益。到今天，非物质文化遗产的保护，包括“非物质文化遗产”这个名词，成为全社会关注的焦点。这里我还想谈谈韩国申报非物质文化遗产及其文化心态问题。我曾经专门写过文章讲“江陵端午祭”。当时中国媒体一石激起千层浪，责备韩国抢报端午节、责备中国政府不表态。但事实上韩国申报的是“江陵端午祭”，这与中国端午节已经非常不同，完全是另外一套祭祀。尽管如此，韩国申报文本的第一句就申明端午的习俗是从中国传入的。所以在这个问题上，韩国的学术界没有犯错。中国文化被韩国保存至今，韩国的文化追索、寻根有些时候的做法的确不够科学。不过我们要感谢韩国人，他们所表现出的对中国传统文化的认同和追索，值得中国人学习。

我曾经在我的《我们拥有足够的“文化自觉”吗？》一文中提到，凡是对自己民族文化保护好的国家，都经历了一个全民族文化自觉的过程。比如，“无形文化财”的观念从日本开始，这个国家一方面非常现代化、日新月异，另一方面又非常传统；他们一方面以现代化的东西为自豪，另一方面又为传统自豪；一方面为自己的日新月异自豪，另一方面又为他们的亘古不变自豪。这一点跟中国人完全不一样。改革开放短短 30 年里国家的面貌改变这么大，我们在自豪的同时，是不是还应该有一定担心？担心传统文化的断代。现代化像一块巨大的橡皮，把历史抹掉，把祖先的痕迹抹掉，把那份温润地带着祖先体温的文化抹掉。所以提出保护非物质文化遗产的观念是非常必要的。日本在这方面做得非常好，欧洲也非常好，比如巴黎把每一个街景都当成遗产不能随便改变。不过日本也经历过崇尚“维新”的过程，而且走得更远。明治维新时期，日本举国提出“脱亚入欧”的口号，把“全盘西化”作为口号提出。所以在“明治维新”之后一段时间，日本歌舞伎真的按照西方歌剧改造，也用西方的发声方法；相扑被作为“野蛮的裸体游戏”明令禁止。但是现在，民族感情经历了一个巨大的转变——是二战的失败让日本民族深刻地反思，一个国家可以没有军队，可以没有独立的经济，但是只要还有“能”，还有歌舞伎，还有三味线，还有寿司、和服、花道、茶道，日本民族就还在。日本经历了翻天覆地的文化自觉，韩国也是一样。

中国从五四就开始反思。但是反思的主流结论是我们的文化太差了，这是那个时代的中国人共性的结论，代表是鲁迅、陈独秀。一批学者主张汉字是中国落后的原因，对汉字持一种排斥的态度。当时还主张“拉丁化”，要用拉丁文、用拼音字母代替中国汉字。而现在台湾学者希望两岸联合申报书法作为非物质文化遗产项目。但是，联合国对于非物质文化遗产有一些基本要求，首先是有价值，同时还要看濒危程度、濒危性。中国申报没有被批准的项目，例如中国传统白酒制造技艺、少林功夫，都是因为没有“濒危性”而未被批准。汉字也一样，13 亿人在使用的文字，不可能被保护。现在大陆使用简体字，台湾学者还有一定程度的误解，其实，第一，简体字不是近代才发明的。实际上，汉字不断简化是使用者一种发自内心的需求，根据实际需要而不可遏制的一种自然产生的潮流。简体字，最早使用是在什么时代？我在巴黎研究敦煌变文的时候看到大量反复出现的“ササ”二字，后来发现那是“菩萨”两个字。早在唐代，和尚就用两个草字头作为菩萨二字的简体字。此外，简体字是一批语言学家、文字学家经过研究，内容基本是古已有之的俗字和异体字、草书。中华人民共和国成立初期，全国 4 亿文盲，简体字是扫盲所需要的。而且，繁、简体的差异并未真正造成两岸交流的隔阂，当今的简繁转换只不过是电脑的一个转化键而已。最大的问题反而在于，电脑的普及让人们把汉字的手写丢掉了，很多学生都不会写字了。这倒是两岸应该共同面对的问题。书法不可避免地从生活当中退出去，在将来会成为一种修养。

近几年我国非物质文化遗产保护取得了非常大的进展。虽然起步晚，但速度快、力度大。我国建立了一个县、市、省、国家四级的非物质文化遗产保护体系。当很多东西濒危、需要紧急保护，而另一方面国民文化自觉又迟迟不能形成的情况下，学者和政府从上而下地努力，造成很长时间里，只重视国家级的非物质文化遗产，对县、市、省级不重视。现在正在努力把这个“倒金字塔”形给纠正过来。目前我国国家级非物质文化遗产前两批有 1028 项，第三批正在公示的有 190 项，全国省级非物质文化遗产有 7000 多项，县级更多。这些项目的评选是通过大普查，我们学习法国人搞非物质文化遗产普查的精神，从市、县到文化馆，并且搞人海战术。例如浙江省做非物质文化遗产保护调查的时候，两年动员了 23 万人次，每个村子都有“三老”：老文化人、老村干部、当地老师（教育）。在这个普查基础上，从县一级开始，全国有非物质文化遗产项目 97 万项，基本做到了摸清家底。

但真的完全摸清还很难。面对民间，面对这么广大的国土，56 个民族，这么丰富的民间民族文化，每个人的知识都是有限的，我们常常会发现意想不到的东西的存在。比如今年的中央电视台青年歌手电视大奖赛，云南省文山壮族苗族自治州富宁县坡芽村的原生态演唱《坡芽歌书》。歌书记录在布上，上面 81 个图画，每一个代表一首歌，村子里的人一看图就知道是什么歌。他们唱同样一首歌，对唱的时候男、女是两个不同的调子；合唱的时候男女唱一个曲调，但是在两个隔着四、五度的不同调性上唱，音响非常和谐。以至于让人怀疑这究竟是真的原生态，还是当地文化馆事先排练的。结果调查发现，当地真正的农民就是这样歌唱的，他们坚持自己声部的能力非常强，从头唱到尾，哪怕中间有断开“说”的部分，还是会找到原来那个调再唱下去。这种能力，就是最好的合唱队也做不到。所以，民间的歌唱真是让人感觉到以往对声乐的理解太肤浅了。

三、有比学术探讨更重要的

当今社会从冰箱广告到市井咸鱼都打出“原生态”的招牌，这个词是如此地深入人心。音乐学者现在常指出，“原生态”的命名是不够准确也不科学的。“原生态”最初并不是音乐学家提出的，而是媒体先提出，继而大众接受，然后音乐学家也随之使用的过程。现在音乐学界争论是否要为之重命名，还存在两个问题：第一，如果能够找到比“原生态”更准确或准确一些的词，又有什么办法让全社会接受这个新称谓呢？第二，就算音乐学家真的能够统一各家意见推选出比较好的新称谓，但又有什么办法让全社会的人接受它而不再使用“原生态”的提法呢？以音乐学家微薄的声音，是绝无可能的。

其实，不但“原生态”唱法的命名不科学，其他美声唱法、民族唱法、流行唱法（通俗唱法）的命名，都不科学。关于艺术风格、流派的词，绝大部分都是约定俗成的，都“没道理”。最典型的是印象派，当时记者写文章提出“印象派”以后，所有印象派画家全部反对，但是反对却完全无效。所以不仅仅原生态，几乎所有都是约定俗成，都“不科学”。我觉得，音乐学家可以做学术探讨，但一个音乐学家，还有更有意义的工作做。

如果能通过我们的绵薄之力，把一个已经边缘化的、被人们遗忘的、古老的祖先留下来的文化推到主流中来，让年轻人认识并逐渐产生感情来传承它，并在此过程中让普普通通的农民、牧民们改变自己的生活，比自己写一篇“科学”的文章更有意义。如果真正改变人们的社会风潮，甚至能够让社会舆论向自己认为正确的方向转变，哪怕只是一小步，哪怕所做的所有工作都不是尽善尽美，甚至还不够好，那也比仅仅自己写一篇文章成名成家要有意义得多。

一个人如果坚持自己的“初心”，并且始终有一种为这个民族、为这个国家做些事情的愿望，一旦机会来临，你会把握它、会不辜负它。我因为一个偶然的机会被邀请到中央电视台青年歌手电视大奖赛担任评委，初赛时，每天听几十个甚至上百个歌手演唱的过程中，我忽然发现参加比赛的这么多选手，唱的就那么十几首歌，40% 的歌是重复的，而且不同的歌手从音色上根本分辨不出来。当时在点评时我就提到了“千人一面”的问题，这番讲话引起了轩然大波。两年以后，第十届比赛索朗旺姆得了金奖，这和第九届的点评应该说是不无关系的。到了第十一届比赛，李怀秀、李怀福的海菜腔作为民族组最后一名上场，听完之后，美声组、流行组的评委当场站起来鼓掌。第二天中午中央电视台《午间新闻》专门播了这条新闻，说昨天青年歌手电视大奖赛，出现了开赛以来从未有过的场面，评委忘记了自己的矜持……有的评委评价说，毕竟还是民间的，还需要提高。我觉得真正的艺术家，一定对民间有一种发自内心的热爱，那是一切文化艺术的母亲，那是土地！那届比赛之后，舆论开始倾斜，到底唱歌应该用什么标准？只有一个方法唱才是好吗？艺术应该百花齐放，还是一花独放？什么叫科学唱法？科学跟艺术是两个概念。科学跟艺术在很多方面是相同的，但在很多方面是相反的，比如科学一定要规范，这是工业化生产必需的。但是艺术不能如此。当一种艺术方法假科学之名的时候，就会出问题。经过这些年来中央电视台青年歌手电视大奖赛，“原生态”终于在主流媒体获得一席之地，这要感谢“非物质文化遗产保护”的社会思潮。

对于声乐，原生态之前有三种唱法，流行、美声、民族，我把它比喻成中国《诗经》的“风、雅、颂”：流行就是“风”，是城市之“风”。《诗经》中“风”的作者是当年的民间百姓，80% 唱爱情、唱个体生命的感情。流行音乐也是民间的老百姓、青年人唱的，所有流行歌曲都是个体生命面对社会的真诚感受。美声就是“雅”，知识分子小众的艺术。民族唱法就是“颂”。可现在的民族唱法大多却没有个体生命，集体感受很容易空泛，也很容易重复、苍白、虚假。所以，在这种情况下，“原生态”进入主流媒体，这是好的。

有关“原生态”的评判，我觉得要看到这件事情对我们整个中国文化的影响，对我们民族文化的未来的影响。通过做非物质文化遗产保护，我始终认为，一定要尊重当地人按照自己的理想追求幸福的方式。回到我最开始提到的“初心”，做学问追求的到底是什么？目的是什么？宋儒所谓“为天地立心，为生民立命，为往圣继绝学，为万世开太平”，话说得太大，一般人都做不到。但是毕竟中国历代知识分子把民族看得比家庭重，家庭比自己重。这是中华民族的道德标准。任何时候，面对民族大业，面对关系到许多人，尤其是普通老百姓命运的时候，哪个才更重要？这一点，是一个音乐学家始终应该记住的一个道德标准。

（原载《人民政协报》2011 年 5 月 9 日第 C03 版。本文有删节）

昆曲等你六百年

似乎只是转瞬之间，昆曲入选联合国“人类口头和非物质遗产代表作”已经十年了！还记得当年这个消息在我国见报时，是以“豆腐块”的形式登在主要报刊的“报屁股”上的。而日本能乐（Nogaku Theatre）与昆曲同时入选的消息，在日本的报刊上，却是头版头条和铺天盖地的报道。当年这个小小的不同，反映的是一个最早经历了“文化自觉”并率先立法保护“无形文化财”的国家与一个“一心一意”奔现代化的国家在文化观念上的差距。值得欣慰和自豪的是，短短的十年里，我国非物质文化遗产的保护工作取得了重大成就，“起步晚、速度快、成效大”的“中国特色”，让我们以 26 个项目成为保有“人类口头和非物质遗产代表作”项目最多的国家！

这十年，是非物质文化遗产保护的概念在中国日益深入人心的十年，也是全面落实“政府主导，群众参与”“保护为主，抢救第一”政策的十年。在完成历时三年的非物质文化遗产大普查的基础上，我国目前已建立了县、市、省、国家四级“非物质文化遗产名录”保护体系和传承人制度，仅就传统戏曲而言，目前已有 171 个传统戏剧剧种进入国家级非物质文化遗产名录。继昆曲之后，2009 年，粤剧、藏戏又成功入选联合国教科文组织《人类非物质文化遗产代表作名录》。今年 2 月，《中华人民共和国非物质文化遗产法》获得全国人大常委会批准，自6月1日生效，标志着我国的非遗保护工作已上升到法律层面，体现为国家意志。

但是，我们必须清醒地认识到，随着全球化、现代化、城市化的迅速发展，我国的文化生态已发生了巨大的变化，在中国经济以令人眩目的速度腾飞的同时，我国的传统文化也在以同样的速度被边缘化。西方主流文化的强烈冲击，电视等新媒体、新艺术形式的大面积覆盖，不但使城市里的年轻一代全面“西化”，就连农民工进城后也不再哼唱老家的地方戏而改看电视连续剧和学唱流行歌曲了。2011年中央电视台的春节晚会上，一对以“旭日阳刚”为名的农民工歌手给观众留下了深刻印象，但他们豪放、阳刚的歌声已不再是秦腔与山歌，他们手中的乐器也已不再是板胡与梆子，而是换成了吉他伴唱的流行歌！同时，面对名角的逐渐凋落与观众群的迅速丧失，几乎所有的传统戏剧都面临着巨大的生存压力。据初步统计，中国的传统戏剧目前仅剩200种左右。

面对“现代化”对传统文化的冲击，昆曲以及所有的传统文化是应该坚守还是改变自己以适应时尚？前些时候我在东南大学演讲，在演讲之后的互动时间里，一位大学生站起来问我：“虽然你说昆曲怎么怎么好，但现在只是老年人喜欢。我们青年人不喜欢，那昆曲现在应该怎么办？”

按照一般的逻辑和目前我国文化领域的主流思维模式，我似乎应该说：“昆曲应该改革，创新，反映新生活，贴近群众，尽量适应年轻群体的爱好，争取让年轻人喜欢……”但我当时却没有这样讲，我只回答了他两句话：“第一，你也会老的。第二，昆曲已经等了你六百年，不在乎再等你三十年！”没有想到，我的这个回答，居然赢得了掌声。

难道不是吗？假如我们为了迎合所谓青年人的审美趣味和生活节奏，为了适应所谓的“市场需要”，把迤逦婉转、舒缓典雅的“水磨腔”改成摇滚的节奏，把可以“舞幽壑之潜蛟，泣孤舟之嫠妇”的曲笛改成吉他或电子琴，把具有不可替代的特殊韵味的文言改为现代白话……那么请问，等现在的这些青年人变成老年人之后再想寻觅一种宁静的节奏时，该到哪里去找？当我们的儿孙来找我们要这些祖先的遗产时，我们该如何对答？

今天，我们必须改变所有东西都要“发展”的“一刀切”的思维定式，我们必须明确：遗产是不能“被发展”的，它只能被继承。在现代社会，产生非物质文化遗产的根基已经丧失，与非物质文化遗产有关的生活方式已经改变，就像没有一种植物被连根拔起后还能成长一样，非物质文化遗产同样也不能再“发展”。其实，万事万物的发展与人的生命历程一样，都有“成、住、坏、空”的不同阶段。我曾经举例说：目前我们所有的非物质文化遗产，都是农业文明的产物，都已过了最佳发展期，就像我们不能要求一位七八十岁的老先生再去参加奥运会“为国争光”一样，对大部分非物质文化遗产项目，我们只能输氧、输血、吃补药！当务之急就是保存和保护。因此，我们提出了“保护为主，抢救第一”的政策。

另一方面，当“发展”成为一种模式的时候，就有可能导致不同文化的同质化。我们看到，现在很多地方剧团在“发展”的口号下走着同一条路：请名作家编剧，请音乐学院培养的作曲家作曲配器，请影视剧或话剧导演排戏，请现代舞台美术家利用大量“声、光、电”来包装，在几乎所有的戏剧乐队里都加进了大提琴，甚至某台“昆剧新作”居然让演员“吊威亚”，像杂技演员一样在舞台上空飞来飞去……结果是丧失了自己原有的特色，老观众认为“变味了”，年轻人也不买账，听你不中不西、不土不洋的“四不像”，还不如直接看西洋歌剧和音乐剧。

保护非物质文化，目的就是维护文化的多样性。同质化是文化发展的死敌。问题其实很简单，你嫌太极拳太慢，你可以去跳迪斯科或街舞；你嫌馅饼的馅儿包在饼里不如放在饼外面够“潮”，你可以去吃比萨；你嫌昆曲的词儿太文太温不能反映你“闪婚”的激情，你可以去唱摇滚。为什么非要把太极拳“发展”成街舞、把馅饼“发展”成比萨、把昆曲“发展”成流行歌呢？

有人说：历史是向前的，就像一条河流，不可能不变。这是对的，但文化只能在自己的河床里流淌，只能前进在自己民族传统的轨道里。O 型血患者输血只能输 O 型血，输错血型是会要命的！“明治维新”之后的日本，把“脱亚入欧”定为国策，也曾对他们的“歌舞伎”进行过改造，就和今天我们不约而同地努力把地方戏改造成歌舞剧一样。二战之后，国破家亡的日本人终于认识到：“歌舞伎”是不能“发展”的，“歌舞伎”用西洋“美声唱法”唱，“歌舞伎”就没了！这是世界上唯一一个经历过核战争的国家在沦为战败国、整个民族文化面临全面消失的危险之后痛苦反思的结果。现在，那个曾经积极主张“脱亚入欧”的日本再没有一个人主张把歌舞伎“歌剧化”，让曾经被视为“野蛮的裸体游戏”的大相扑穿上衣服！战败后的日本人最深刻的体会是：一个国家可以没有政治、经济的自主权，甚至可以没有军队，但是，只要日本的传统文化还在，只要和服、茶道、柔道、寿司、榻榻米、歌舞伎、三味线还在，日本就仍然是一个完整的、受人尊重的国家。

除了错误的发展观外，我们还应该逐步树立文化多样性的观念。未来的社会文化形态，一定是多元的，不同的群体、不同的年龄段、不同的文化程度，都会有不同的喜好和热衷的艺术形式，不应该也不太可能再出现那种全国只有“八个样板戏”的情况了。昆曲与其他传统戏剧最大的不同是其唱词不是口语而是文言，假如昆曲演员在舞台上唱出“我爱你，你爱我吗？”的生活语言的时候，昆曲也就不称其为昆曲了！当然，我们的文艺应该贴近生活、反映生活，但我愿意“斗胆”问一句：我们目前还有大约 200 个不同的剧种，我们可不可以让其中 199 个剧种都反映当代生活，只留下一个昆曲来反映我们祖先的生活，行不行？

我以为是可以的，因为我们祖先的生活也是生活！而且，是那样丰富、美丽、精致、动人、光彩夺目、有滋有味的生活！似乎可以这样说：我们祖先生命中最精彩的部分，一直活在昆曲里，一直活到今天！2007 年 6 月，温家宝总理在参观“中国非物质文化遗产专题展”的时候说，我国的非物质文化遗产是“民族文化的精华、民族智慧的象征、民族精神的结晶”。我希望所有那些只凭着勇气与激情就想向传统文化“动手”，没有学会传统就大谈“创新”“发展”的朋友们认真想想温总理的话，面对这样的“精华”“象征”“结晶”，你准备充足了吗？

（原载《艺术评论》2011 年第 6 期。本文有删节）

找回祖先的声音

——中国民歌与非物质文化遗产保护

非物质文化遗产的保护这些年来取得了巨大的成就，这个成就就像我们国家在经济上所取得的成就一样，本身就是一个奇迹。我曾经用 12 个字概括我们的非遗保护：“起步晚，速度快，成绩大，问题多。”起步晚是一个历史现实，日本从 20 世纪 50 年代初就制定了关于文化遗产保护的法律，韩国也在 1956 年制定了法律，在欧洲，文化遗产保护更是深入人心。改革开放初期，我们有个口号叫作“一心一意奔现代化”，什么叫一心一意呢？就是除了现代化，啥也别想。那时候你要提非物质文化遗产保护，没有人理你，因为大家一心一意要奔现代化，眼睛不往别处看。我们用 30 年的时间，几乎走完了欧洲用二三百年才走过的现代化历程，应该说创造了一个奇迹。但是也就是在我们创造了这个人类的奇迹之后，全社会（当然首先是由知识分子开始），上到政府高层、下到普通民众，都在反思一个问题——我们现代化取得如此巨大的成功的同时，我们丢失了什么？我过去曾做过一个比喻，我们一心一意现代化，拼命向前奔跑，但是快跑到终点的时候，气喘吁吁，突然发现爷爷奶奶放在我们贴身衣服里的祖传的宝贝，在跑的过程中丢掉了。

丢了怎么办？要找回祖先的遗产，包括祖先的声音！这几年非遗保护工作做得有声有色。在非遗保护的开始，七八年前，非物质文化遗产这个词对绝大部分人来讲都是陌生的。但是通过这些年我们的宣传工作，“非物质文化遗产保护”的观念已经深入人心。前几年我们在全国农业展览馆办了一次非物质文化遗产的展览，盛况空前。当时我打车去农展馆，司机听说我去农展馆，就问是不是去看非物质文化遗产展览，我当时大喜：一个出租车司机都可以张口就说出“非物质文化遗产”，说明我们这个工作的确是深入人心。为什么深入人心？因为它符合老百姓的愿望，符合老百姓的理想，因为所有的人都有一个心理，就是我们希望现代化成功，但是我们都不希望跑到现代化终点的时候，我们连中国人都不是了，忘记了自己的历史，甚至失去了中国人固有的从道德到审美习惯这一系列精神的东西。

一、非物质文化遗产的内涵

我们在这几年里建立了一个非物质文化遗产的保护体系，把非物质文化遗产分为十大类，第一类是口头文学、口头传说，其中第二类就是我们今天要讲的传统音乐。非物质文化遗产都包括哪些内容？联合国有明确、严谨的说法，《中华人民共和国非物质文化遗产法》也有非常严格的定义。我自己也曾经说过一个通俗的比喻：决定了我们是中国人，而不是别国人的，除了我们的黄皮肤、黑眼睛的一切，几乎都是非物质文化遗产。当然我这个说法也过于笼统，非物质文化遗产有三个标准：第一条，它是人民的创造。我觉得这一点非常重要。人民的创造是什么意思呢？它是人民大众的，是集体的创造。一般来讲，非物质文化遗产很难讲出来作者是谁，比如一首民歌的作者是谁。中国的民歌浩如烟海，只有极少的一部分，我们知道是谁作的，比如《三十里铺》，但绝大部分是人民集体智慧的结晶。第二条，它是人民口口相传。这个“口口相传”一方面告诉我们，它的传承方式主要是人对人、口对口、手对手；另一方面，这里还隐含另外一个意思，就是民歌或者传统技艺，是在人民的手口相传当中一代一代地淘汰、积累、精练、升华、再创作。一首首的民歌，经过一代又一代人的口口传唱，在变成一个群众集体智慧结晶的同时，打磨成像钻石一样璀璨的民歌。可以这么说，民歌的创作就像海潮一样，每天潮起潮落，时间会把那些不够好的、不够优秀的，淘汰出去。大浪淘沙，最后剩下的都是了不起的精髓。第三条，就是和普通民众的生产方式、生活方式是息息相关的，它是活在人民大众中间的。这一点也隐含着很多的意思，第一，它是活着的，这也是非物质文化遗产和物质文化遗产一个最大的区别，它是活态传承。第二，它不属于某一个人，它是我们整个集体的、整个民族的，或者是一个社群的、一个领域的、一个行业的集体贡献。同时从古到今，它都和人民的生活息息相关，离开了它，这个生活就是乏味的，或者这个生活就不是我们原本的生活。

具体到民歌来讲更是这样。我们中国有 56 个民族，960 万平方公里，我们的民歌真是像海洋一样，没有一个人能数得出来中国有多少民歌。它像天上的繁星，用佛经里的一句话叫作“恒河沙数”。为了研究，学者们也有自己的分类，但是对中国民歌的分类至今也没有一个大家公认的体系。最简单的分类，就是 56 个民族，每个民族有每个民族的民歌。但这么分类解决不了问题，因为各个民族的民歌都很丰富，种类繁多，需要细分，比如其中人口最多的民族——汉族。我们汉民族是人数最多的民族，但是也是世界上唯一一个没有民族服装的民族。而非遗保护最重要的就是重新唤起我们的文化自觉，重新唤起我们整个民族在文化上的自尊和自豪。

二、民歌的分类

广义地来讲，民歌也叫“谣”。“民谣”，最简单地讲，就是来自底层老百姓的歌声。从历史上看，据说在周代就有一个风俗——“采风”。我们音乐工作者现在到田野去录音，也叫采风。采风这个制度，是历代中国文人的一个理想，希望统治者能够体恤民情、了解民情、了解群众的想法。据说有个官员拿一个木铎到乡下去，木铎一摇，老百姓们就蜂拥而至，然后就提意见，比如医保怎么样，比如房子的拆建问题，于是官员将这些问题记下来，回去汇报。民歌还有一个词叫“风”，刮风的“风”，诗经里“风雅颂”这个“风”就是民歌。像白居易等文人都从民歌当中学习了很多东西。近代，在延安解放区也曾成立了一个民歌研究会。明代有个冯梦龙说过一句话，他说世间“但有假诗文，无假山歌”。为什么？他解释说：“山歌不与诗文争名，不屑假。”山歌创作过程当中，不是为了名利，所以不屑假，我要唱我自己的感情，我干吗要做假？所有的民歌最开始的时候，是唱给谁的？是唱给自己的，顶多是唱给自己爱的那个人，再往前推一点，可能是唱给天地的，民歌就是这么创作出来的。我今天失恋了，我难受，我在山上放羊，我就想起了我的二妹子，我难受怎么办？我张口就唱，唱出我的心情，那时候我唱给谁听呢？我希望二妹子听，但是二妹子在山那边，我唱给自己听。老百姓有句话叫“女愁哭，男愁唱”，说女的一发愁就哭，男的一愁就唱，其实不尽然，男女愁了都唱。这个歌声本是心上流，它是从心里滴出来的。所以冯梦龙敢说它“不屑假”，他清清楚楚地划分了民歌创作和文学创作最大的区别。文人考科举是为了名利，写文章写诗很多是为了直抒胸臆，但是文人和农民还不一样，他总希望起码要有一些人赏识，真像黛玉一样把自己的词一把火烧了，这样的太少，大部分文人还是希望能得到认可。农民没有这些想法，唱山歌的人没有这些想法。所以民歌的创作真正是中国古人讲的音乐的起源“情动于中，故形于声”，就是你的感情在你心里头激荡，怎么办？“故长言之”，长言还不行怎么办？就是歌咏，就要唱，光唱还不行，就“手之舞之足之蹈之也”。这里面关键的词是“情动于中”，没有感情创作出来的东西，或者是为了名利、为了各种目的创作的东西，第一不可能感人。你自己都没有感动，怎么感动别人？第二更不可能流传，精品可不是我们花一笔钱、组织一批人住在高级宾馆里搞出来的，因为这违背了艺术创作的根本规律。民歌能够流传到今天，它真的是人民大众的感情的积淀和升华。

刚才讲民歌的分类，汉族有种分类叫色彩区，有划七个的，有划八个的，有划九个的。色彩区也好，用民族分类也好，无非是为了研究的方便。老百姓唱歌的时候不管是在哪个色彩区的，难过了就唱，高兴了也唱，但是高兴时候唱出来的歌和你难过的时候唱出来的歌，它的文化价值是不同的。就像悲剧和喜剧一样，悲剧的文化价值一般来讲都要高于喜剧。民歌里最好听的歌是什么？好的民歌都是表现“爱别离苦”的。西方音乐家说过一句话，说一个青年人可以因为他失去了爱人而歌唱，但是一个守财奴不可能因为他失去了金钱而歌唱。这句话很精彩，古今中外最感人的歌都是表现这样一种爱的情绪。

中国民歌，东西南北完全不同，很多非常优美动听，南方的田歌、薅草歌很委婉，也很好听，音调婉约清丽，但是和陕北民歌比如信天游比起来，它缺少那种嘹亮、那种悠远、那种豪放。陕北民歌的嘹亮、豪放，它的音调之美，它的感情之真挚，的确是出类拔萃的。但是还有一点，不知道大家考虑到没有，陕北民歌之所以流行，和我们中国共产党在全国范围内取得决定性的胜利有关。当年共产党是从陕北走出来，走向全中国。同时，一些陕北的民歌也跟着革命大军走出来，走向全中国，像《东方红》。除了《东方红》，还有一些歌。我记得，我当年在东北插队，忽然有一天从广播里听到一首歌，根据陕北民歌改编的新歌，那么好听，那么让人激动："热腾腾的油糕哎咳哎咳哟，摆上桌……"我现在一到陕北吃油糕就想起那首歌。陕北民歌有它本身的特点，一般陕北民歌比如信天游就是上下两句，旋律不是很复杂，但是极其优美。更重要的是，陕北民歌产生在黄土高坡，为什么这个地方的歌好听？20 世纪 90 年代我专门写过一篇文章叫《民歌恰是穷乡好》，越穷的地方民歌越好听。这是我发现的一个规律，不是百分之百的，但是大致如此。为什么？我觉得有几个原因：陕北、山西和河套地区，老百姓的生活非常艰难，过去民歌有一句"河曲保德州，十年九不收，男人走口外，女人挖野菜"。这样一种生活，就造就了这个地方的生产方式和生活方式，大部分男人一年到头，把麦子种下了，就要外出打工，造成了女人在家孤苦伶仃，挖野菜度日，不知道男人什么时候回来。那时候又没手机，也没法打电话，通信你都不知道写到哪去，就是能通信，有没有邮票钱都不知道。男人一走，什么时候回来都不知道。所以表现思念的歌非常感人。讲思念，过去有一首歌："山在水在（亲亲呦）石头在，人家都在（亲亲啊）你不在。"如此简单的歌词，蕴含着如此深沉的力量！我第一次听这歌就流了眼泪。当时我最大的感受是什么？我最大的感受就是文人写不出这词来。民歌是一个普普通通的老百姓一生当中喜怒哀乐的最精华、最精彩的一次喷发。他可能唱出来了，无意中被别人听到了，好听，同时他的感情感染了别人，你也唱，我也唱，传来传去。我觉得西北那种穷乡僻壤地方的人，对于爱情的态度和富庶地区的人对爱情的态度是有区别的。当然这话可能有些夸大。但是从民歌反映出来的陕北人怎么恋爱？"咱俩人相好一对对，铡草刀割头不后悔。"还有更厉害的："腰里别着镰刀手里提着锹，哥哥拼着性命也要跟你好。"这哪里是谈恋爱，简直是农民起义嘛！还有《兰花花》，把一个女人的爱情唱得催人泪下，越琢磨越有味道。但是富裕地方的人就不太一样了，有钱了以后，感情不一样，大家最熟悉的江南《茉莉花》，“我有心采一朵戴，又怕那看花的人儿骂”，这跟“腰里别着镰刀手里提着锹，哥哥拼着性命也要跟你好”相差太多。为啥呢？有钱了，顾虑就多了，他跟她都有很多顾虑，不会像这种穷乡僻壤的人，啥也不想，全身心地投入。

三、民歌面临的情况

民歌保护现在遇到的困难，应该说是太大了。第一是时代变了，很多传统民歌没有人唱了。首先是生产方式的改变。有一种最简单的分类，三大类：劳动号子、山歌、小曲，山歌包括我刚才讲的《信天游》《爬山调》，小调指的是《茉莉花》这些小调。其中劳动号子这一类的民歌损失得最多，原因很简单，生产方式变了。比如我刚才讲的《薅草歌》，现在不薅草了，现在洒农药。《插秧歌》，现在不人工插秧了，机器插秧。号子过去分很多种，比如运输类的船工号子非常动听，非常丰富多样。拿长江号子来讲，上游、中游、下游有所不同。有上水号子、下水号子、闯滩号子，不同的号子是应对他所面临的独特的自然环境和劳动形式的。而现在都是轮船，怎么唱号子？船工号子的消亡是无可奈何的。过去东北有森林号子，用这种劳动歌声来指挥大家共同动作。但是现在伐木工人都是电锯，全是机械马达的轰鸣。渔民号子也没有了，过去打鱼撒网，现在也是机动的船。连牧歌都没有了，过去骑着马放牧唱牧歌，现在内蒙古的青年牧民都是骑雅马哈摩托，大功率的，这怎么唱？所以生产方式的改变，造成这一类民歌的无可奈何的消失。

其次是生活方式、恋爱观的改变。恋爱观一变，爱情的歌还那么唱吗？不可能了。过去那种感觉没有了。从前交通不方便，“哥在那个山上妹在沟，咱们见不上面就招一招手”，地形复杂严峻，招招手，还怕别人看见。现在手机一拨，“老地方见啊”。爱情观变了，山歌也就变了。与生产方式不太相同，生活方式的改变是渐进的。这就是科学与艺术的一个最大的不同。科学技术进步，是对以前技术全面地否定，毫不留情地否定。彩电出来了，黑白电视机就没人要了；数码相机出来了，胶片厂就关门了。但是文化艺术不一样，它不能全面淘汰，它也不能替代，后来出现的艺术再好，也不能够替代、取代先前的，新小说再好，《红楼梦》仍然有崇高的价值。这也是我们今天保护文化遗产的一个重要原因。保护方式是多样的，其中有一种保护方式就是趁着它还有，用各种手段记录下来，用照相录音保留下来，让后代知道它的存在。这是一种博物馆式的保护，也是无可奈何的。而大多数情况下，现在有很多民歌属性已经没有了，而是变成了一种表演。所有音乐学院都在教、都在唱《赶牲灵》《三十里铺》，而学声乐的，不管你是不是陕北人，都要学。民歌作为艺术品更多的是发挥它的艺术功能、作品的功能，在这个过程当中，我们要注意如何让它不失去民歌原来的本质和特色，不要在我们使它舞台化甚至商业化的过程当中，对它造成歪曲。有的歪曲是由于无知，是由于对民间文化缺乏了解；而有的是为了商业目的，有意地歪曲，后一种更不能要。当然无意地歪曲也存在。

民族唱法唱的歌大部分是创作歌曲，不是民歌，虽然其中也不乏好的，但是缺一个东西，缺什么呢？缺“情”。过去三种唱法，叫美声唱法、民族唱法、流行唱法。后来我建议加了一个“原生态唱法”。有人说“原生态”不科学，其实我知道不科学，但是“美声”“民族”唱法的名称也不科学。比如中国有 56 个民族，“民族唱法”是哪个民族？“流行唱法”也不科学，美声唱法的《我的太阳》也很流行，全世界都唱，这个东西都不科学。所有艺术风格的名词都不是理论家编出来的，都是群众先说出来的，叫作约定俗成。我过去把美声、民族、流行三种唱法比成“风雅颂”。流行唱法就是“风”，是城市之风，新民歌，城市的民歌，城市的民谣；美声唱法是

"雅"，唱西洋歌剧，懂的人就认为雅；民族唱法就是"颂"，民族唱法很少唱男女私情，他们不唱个人感情，唱的都是党、祖国、父亲、母亲、黄河、长江、泰山，全是集体的感情。这个《诗经》的"风雅颂"流传到现在，大家真正记得的是"风"。为什么？因为它真诚。"情动于中，故形于声"，"听见哥哥唱一声，咯颤颤折了一根二号针"。她那个感情要唱出来，结果是流传当世。艺术有它自己的规律，光有愿望不行。现在民族唱法存在"千人一声"的问题，每个人唱得都一样，听不出是谁唱的。现在都化着一样的妆，都贴着一样的长睫毛，穿着七八寸的高跟鞋，连看都一样，分不出谁跟谁来！

（原载《艺术评论》2012 年第 7 期。本文有删节）

青年歌手电视大奖赛不应取消“原生态”组

中央电视台正在进行的第15届青年歌手电视大奖赛取消了备受音乐界和广大民众认可的“原生态”组，我认为这么做欠妥。

青歌赛中的“原生态”是如何产生的呢?

进入21世纪，保护世界“文化多样性”的概念，逐渐成为社会共识，过去以欧美为中心的一元化的文化生态，开始遭到普遍质疑。尊重不同民族的文化渊源和传承，尊重不同民族的人类历史遗产，成为联合国教科文组织推进“人类非物质文化遗产保护”的初衷。而全面落实党的少数民族政策，促进各民族文化平等发展，构建和谐的多民族大家庭，更成为我国政府和文化界、艺术界共同努力的方向。

因此，在此之前形成的“三种唱法”，即“青歌赛”只有“美声”“民族”“通俗”三组已不能适应新的形势和世界潮流。应该指出的是，在此前被声乐界使用并被群众接受的“民族唱法”概念，系指一种在借鉴西洋“美声唱法”的基础上，根据中国语言特点和审美习惯所发展出的有中国特色的新唱法，这种唱法由于具有很强的可操作性而成为我国音乐院校的正规教学模式，并培养出一大批深受民众喜爱的著名歌手。这些受过专业教育的“民族唱法”歌手在很大程度上表达了我们中华民族的集体情感，成为一段时间里我国民族声乐的主流。

但是，“审美疲劳”的出现和“多元化”文化观念的产生，促使大众媒体必须满足不同观众的多种审美需求。而许许多多没有机会受到现代专业训练、以“口传心授”的方式自然传承了古已有之的各种民间唱法的歌手，尤其是少数民族歌手，却无法在原来的“民族”组比赛中得到好成绩。因此，用“原生态”组的形式将这样一批主要来自我国山野乡间的歌手从原来的“民族”组分出来，给这些歌手，尤其是少数民族歌手一个舞台，便成为第 12 届“青歌赛”最大的进步和亮点。

“原生态”组在电视上的出现带给全国电视观众的欣喜，是无法用简单的语言表述的。许多从未在主流媒体上出现过的丰富多彩的民族民间音乐奇葩纷纷亮相，极大地满足了广大音乐爱好者和电视观众的求知欲和审美需求。应该说，“原生态”的出现不但挽救了正苦于无法创新而走下坡路的“青歌赛”，不但推出了索朗旺姆、李怀秀、李怀福等一批来自边疆和草原的民间歌手，不但让普通城市观众知道了侗族大歌、蒙古长调、新疆维吾尔木卡姆等等许多精彩的民族传统艺术，而且，以前所未有的力度和广度向世界展现了我国民族民间音乐的丰富性和精粹性，以“可触摸”的方式向民众，尤其是我国的青少年展现了祖国的美丽，成为爱国主义教育的绝佳方式，同时，促进了民族团结，普及了文化“多样性”的观念，促进了我国方兴未艾的非物质文化遗产保护运动。“原生态”创造了“青歌赛”最后的辉煌！

经过三年的沉寂，在电视节目越来越“娱乐化”的形势下和地方电视台各种声乐比赛处处开花的时候，尤其是面对《中国好声音》的强力挑战，中央电视台的“青歌赛”可以说有了不小的压力。但是，假如说地方电视台可以追求收视率，可以有自己的探索的话，作为国家级电视台，却不能没有正确的文化导向。在成功经历了三届“原生态”与“民族”“美声”“通俗”并存之后，在没有广泛征询音乐界和广大观众的意见之前就贸然取消原生态组别，是不妥的。

主办方估计这种做法会引起群众的质疑，因此提前发布了一个“官方答疑”。在解释“为什么取消原生态”的时候，主办方公布了四大理由：

第一个理由是：“就唱法分类而言，所谓的‘原生态唱法’是一种各地区、各民族传统民歌的演唱方法。民族唱法本身应该包含原生态唱法的内容。”

这完全是不尊重历史与现实的空话。今天无论在音乐界还是在民众中所讲的“民族唱法”，是在第二届“青歌赛”上开始使用的一个名称。它和其他三种唱法一样，是“约定俗成”的概念，它一出现，就是指前文所说的那样一种体现了民族声乐规范化和追求科学化的唱法，它从来就不包括今天所说的“原生态”。假如它真的“包含”，当年就不可能另立门户。近年来，许多“民族唱法”的声乐教授一再强调向民间学习的重要性，但是，他们从来也没有去取代“原生态”，他们也在努力保护“原生态”。

第二个理由是：“本届大赛并不排斥原先所说的‘原生态唱法’选手，选手在报名时可以根据自己的情况报相应的组别，‘青歌赛’的大门对所有参赛者敞开。”

按照这种说法，“原生态唱法”选手虽然可以报名，但怎样“根据自己的情况报相应的组别”呢？是报“美声”，还是报“民族”“流行”呢？如果一个“原生态”歌手报了“美声”组，他（她）有一丝可能不在第一轮惨遭淘汰吗？新规则发布了一个“曲库”，提出一批必唱的规定歌曲，百分之百是用汉语演唱的。我们可以想象，在这样一种规则下，一个来自少数民族的民间歌手，是几乎没有参赛获胜的可能的。

第三个理由是：“我们希望现在的‘民族唱法’的青年歌手也能掌握民间音乐的演唱方式，因此设了相应的比赛环节，要求选手掌握所代表省份的民间歌曲并在比赛中演唱。”

这一点应该说还有一点进步性。虽然鼓励接受了正规声乐训练的青年歌手向民间学习是正确的，但稍微有一定声乐知识的人都知道，目前的“民族唱法”和“原生态”中各不相同的民间唱法有很大区别，“掌握”二字，又谈何容易！

第四个理由是：“由于原生态唱法本身具有内容复杂、唱法多样、形式丰富等特点，这种艺术形式也广为人民群众所喜爱。中央电视台相关频道的《民歌中国》栏目中就经常有来自全国各地的原生态歌手带来的精彩表演。”

这句话的意思是：因为“原生态”唱法很好，所以本“青歌赛”就不要了，交给其他栏目了！

我们只能说，主办方的“四大理由”是没有说服力的。

“原生态”问题之外，本次“青歌赛”还有两个问题令人费解：

第一，必唱歌曲“曲库”分量不足，深浅不同。作为国家级声乐赛事，一些歌曲偏向于业余水平。其技术难度，远远达不到专业声乐赛事的要求。要知道，“青歌赛”之所以不同于其他“选秀”节目，就在于它的专业性和“公平、公正、公开”的原则，降低声乐的专业水平，用“抽签”方式让参赛歌手抽取“曲库”中技术要求高低迥异的歌曲来决定名次，更像“选秀”而不像专业赛事。

第二，评委混合编队，不再分唱法，几个“超级”评委负责给三种唱法的所有歌手打分。“术业有专攻”是常识，评委混合编队，把具有光荣历史的国家级声乐大赛，搞成了娱乐节目。在受到媒体质疑“三大唱法不分设评委如何保证专业性与公平性”时，主办方说：“一、评委中‘民族’‘美声’‘通俗’三大唱法的都有；二、对音乐的判断，不管是哪个岗位的音乐工作者都是有发言权的。”

这样的回答同样缺乏说服力。试问，一个擅长流行唱法的评委，怎么能要求他熟悉西洋歌剧丰富的曲目，并保证做出准确的优劣判断呢？同样，一个“美声”的专家评委或“民族”的专家评委，怎么能保证他们掌握流行音乐不同发展阶段的不同审美追求，了解时尚的迅速变化并给出合理的评判呢？至于说“对音乐的判断，不管是哪个岗位的音乐工作者都是有发言权的”观点，则有点可笑了，“发言权”不是“评判权”，比赛不是开会，难道主办方不知道“青歌赛”是一个有着悠久传统的国家级声乐赛事吗？

（原载《光明日报》2013 年 4 月 13 日。本文有删节）

中国民族音乐的现状和未来

大家好，很高兴书记、院长都出席了我的讲座，作为校友回到自己的母校，我看到学校有了新的校区，有了新的发展，尤其是见到了我的老师徐荣坤[①]先生，心里有一种感怀。大家都知道我在这个学校读了 4 年书，教了 4 年书，1973 年入学，1977 年毕业，1982 年离开这里， 8 年的时间啊，可以说对这个学校充满感情。刚才院长介绍我的时候，提到 CCTV 青年歌手大奖赛的原生态唱法，过去的声乐界被美声、民族、通俗三分天下，把原生态唱法推介给主流媒体，我确实尽了一份力。但是现在想，我之所以做这些事情，都跟我在天津音乐学院读书的时候有关。刚才讲到的徐荣坤老师给我们上的民歌课，到现在仍然记忆犹新，教我们唱河曲民歌[②]的时候，他是一边唱一边流眼泪呀。所以我对民歌的感情，应该说是在天津音乐学院播下的种子。

我看海报上印的标题是《中国音乐的现状和未来》，但我今天要讲的题

---

① 徐荣坤（1930— ），天津音乐学院教授、硕士生导师。历任作曲系副主任、副院长，享受国务院政府特殊津贴。曾兼任天津音乐家协会副主席，《中国民歌集成》总编辑部特邀编审，《中国民歌集成·天津卷》执行主编等。

② 河曲民歌，流行于山西河曲县及晋西北，辐射晋、陕、蒙三省（区）交界地域，当地人也称为“山曲”。山曲的曲调运用并置、呼应、对比等两句体，在反映汉族民歌发展历史与汉族民间社会生活状况方面具有典型的意义。2006 年 5 月，河曲民歌经国务院批准列入第一批国家级非物质文化遗产名录。

目叫作《中国民族音乐的现状和未来》。因为中国音乐的概念着实很大，所以我今天缩小范围，来讲一讲与我们传统音乐有关的、能够代表我们中华民族音乐的现状，也想在此基础上与大家一起展望一下它的未来，也就是中国的民族音乐应该何去何从，音乐教育应该为之做哪些事情。

对于中国整个的音乐现状，大家的看法是仁者见仁，智者见智的。从表面上看是空前繁荣，因为从来没有过主流媒体将这么多的音乐放在一个频道上播放。还记得我在天津音乐学院作曲系读书的时候，我们当时要听音乐，需要用一个很大很沉的开盘机，借磁带要到北院图书馆楼找老师签字，广播电台除了革命歌曲、样板戏，没有任何东西，现在大家都认为是老古董的贝多芬、柴可夫斯基的交响乐，对我们那时候的耳朵来讲，是一种莫大的享受。那个时候，我们的耳朵，音乐的心灵，都是干涸的。今天你打开电视，寻找好声音、中国好声音、浙江好声音、宁夏好声音……有那么多的娱乐节目供大家看，似乎很繁荣，但你仔细想想，占据我们的主流媒体中重要位置的这些，实际上基本是娱乐节目、是流行音乐，而我们所讲的西方的古典音乐、中国的传统音乐，仅仅占据了很小、很可怜的一部分。

最近我做了一件事，把我们国家级非物质文化遗产“恒山道乐”[①]的传承者们请到了北京，他们就是山西的北岳恒山道乐“李家班”。这个李家班去过欧洲的德国、意大利、英国，去过美国的卡内基音乐厅；但是从来就没有在中国的舞台上正式演出过。原因就是对城市人来讲，它是土得掉渣的东西；对音乐家来讲，他们是民间的、业余的；对世俗的老百姓来讲，他们是宗教的，是农村有了白事去吹吹打打的奇怪的道士。为什么这样一

① 恒山道乐，位于山西省大同市阳高县。千百年来，在其浓烈的宗教气氛与环境中，产生并发展了一种具有中国地方音乐特点的道教音乐——恒山道教音乐（简称恒山道乐）。恒山道乐是我国北方道教音乐的一支，其演奏人员主要由恒山“应门士”（即在家道士）组成，被当地人称为“恒山道乐班”。

个道乐班能够被西方的音乐家欣赏，但是在我们国内无人欣赏呢？10月份我请他们到北京，到中央音乐学院，到我们中国艺术研究院的研究生院，做了两场学术性的演出，并邀请我的一个好朋友——英国著名的音乐学家钟思第（Jones Stephen）① 先生做了演讲。他在演出之前专门花一个月时间去了一趟恒山道乐李家班做采风。这个英国人是个中国通，他去山西做采风实行“三同”，与农民同吃、同住、同劳动，还同喝酒、同抽烟。我希望能够使道乐在北京正式演出，能够打破在华无人赏识的僵局，所以找到宗教局、文化局……做了很多工作，终于争取到这个月在北京中山公园音乐厅举行公演。因为演出需要用经费，所以我和音乐厅最后签订的合同就是：“中山音乐厅免费提供场租，演出所有票款均归音乐厅所有。”我和经理说在国外这场演出十分卖座，我相信能演得特别好，他们音乐厅的经理很高兴，也很信任我。但最后几天他找我哭诉，截止到演出前3天，只卖了37张票。我只能自己掏钱买了200张送人，这就是中国民族音乐的现状。

当日演出结束，所有在场的人都叫好！是啊，我们中国现在的乐种越来越少，能够进入国家级非物质文化遗产名录更是屈指可数，他们本色的、高水准的演出是很了不起的！顺便说一句，这37张票有30张左右是一批我认识的、热爱中国文化的在京外国人买的票。后来说起这个事的时候，张振涛② 和我说：“老田，37张票也不容易了，我们中央民族乐团在国家大剧院卖票，一共卖了58张，最后我们紧急提票给各位演员家属，才能像是开音乐会的观众规模，不然演员一上台看底下坐几十个人，都没有演出的

---

① 钟思第（1953—　），英文名Jones Stephen，男，英国剑桥大学博士，英国伦敦大学亚非学院音乐系研究员，中国艺术研究院音乐研究所特约研究员。自1986年开始至今，往返于中英两地，与中国音乐学者合作进行田野调查及相关研究。担任2001版《新格罗夫音乐与音乐家辞典·中国音乐》总编辑，并撰写相关条目。多年来致力于将中国音乐的优秀成果介绍到国外。

② 张振涛（1955—　），中国艺术研究院音乐研究所研究员，博士生导师，联合国教科文组织“人类口头和非物质遗产代表作”国际评委。曾任中国艺术研究院音乐研究所所长、中国音乐资料馆馆长、《中国音乐学》主编、《中国音乐年鉴》副主编、《中国乐器图鉴》副主编。现任中央民族乐团副团长。

动力。”这就是我们的现状。

如果说繁荣，好像是前所未有的繁荣，好像全中国都在唱歌、都在学音乐，从大城市到穷乡僻壤，卡拉 OK 都从来不缺顾客。前一段时间有一个古筝比赛，一个“音协”负责人称：全国目前学古筝的人已经超过 500 万。有人做过一个统计，现在有 5000 万—6000 万的音乐学童，这个数字相当于德国、法国的人口，也就是说我们中国学音乐的孩子相当于欧洲一个发达国家的人口总量。那么从另一方面看，我们中国有多少所音乐学院？过去是 9 大音乐学院，而现在几乎所有综合类大学，尤其是师范类院校都开了音乐系。前一段时间出现的音乐教育的乱象，一些综合院校的系都升格为学院，系主任都叫院长，所以他们统计了中国有多少所音乐学院时说出了一个令人震惊的数字：700 多所。一个国家，有将近 6000 万学音乐的孩子，有 700 所音乐学院，打开电视 50 多个频道都在唱歌，再加上媒体不断播报的消息，某某团、某某人又到了金色大厅演出，走向了世界。但是仔细想一想，音乐的大发展大繁荣只是表面而已，而在表面繁荣的背后，有很多的隐忧，有很多值得我们思考的东西。

一个民族的音乐文化水平，首先应该看什么，是不是一个国家人人唱卡拉 OK，就代表一个国家的音乐文化水平一定是高的？普及当然是必要的，但是毕竟我们中国音乐的传统和中国对待音乐的要求是很多国家不能比拟的。我们中国古时被称作礼乐之邦，一个礼，一个乐，应该说是中华民族为世界文化做出的伟大贡献。在公元前四五世纪的时候，中国就已经有了礼乐的制度，那时候的圣人把乐和礼结合起来，认为这就是让一个社会和谐、发展的最有效的工具。所谓“礼别异，乐和同”，就是社会一定有各种矛盾，礼和乐就是调和这种矛盾的手段。乐强调的是大家“同”的一面，一起唱、一起听音乐，用音乐来拉近人们之间的距离。但是每个人都来唱，秩序上便会出问题。比如现在中外一些年轻人的音乐节就出现了类似的问题，一唱起来、一“嗨”起来，加上摇头丸、冰毒，再加上随地方便，所以最后都以警察进场清理为收尾。如果要避免这种情况就要有“礼”，“礼”就是让人和人有区别，要有身份感，学生要尊敬师长、儿子要尊敬父亲。但是要把“礼乐”两个字提炼出来，就是我们中国的文化。所以一个礼乐之邦，如果仅仅看这些流行音乐，是绝对不足以代表我们中国的民族文化的。

除了流行音乐，近些年我们的专业音乐教育也取得了很大的成就，出现了以郎朗、李云迪为代表的中国青年音乐家在国际声乐、器乐比赛中屡屡获奖，世界性的管弦乐团中来自中国的黄面孔也越来越多，但是他们获得成功，是不是就代表中国的音乐获得了成功呢？

中国著名的人类学家、社会学家费孝通最后留下了四句话，成为他一生中代表性的语言：“各美其美，美人之美，美美与共，天下大同。”他的四句话，我认为是非常有道理的，而这第一句话，就是讲各个民族的文化要各美其美，就是每个人、每个地区、每个民族、每个国家应该彰显自己独特的美。我今天早晨起来跟院长提要求要吃“锅巴菜”①。为什么我要吃锅巴菜？这不仅仅是一种怀旧，也不仅仅是个人的口味和审美，原因是我在天津生活过，跟锅巴菜有感情，而且只有天津才有锅巴菜。我到天津来去吃北京的小吃，岂不是莫名其妙吗？也许天津人觉得锅巴菜很无所谓，但是对我来讲，离开天津几十年，锅巴菜就是我梦魂牵绕的东西。你喜欢听什么音乐，喜欢吃什么东西，在两岁以前就决定了，所以这个麦当劳啊、肯德基啊已经把下一代的口味从根上改变了，他们不爱吃锅巴菜，我是最后一代锅巴菜的爱好者。

小到一个小吃，大到文化，都代表了一个地方的特色。那么天津的文

① 锅巴菜，俗称嘎巴菜，是天津独有的地方风味汉族传统小吃。

化是什么，身边有什么代表天津文化的？过去起码有马三立吧？起码天津的曲艺是最好的吧？京剧的角儿在北京唱火了还不够，还得到天津来，得天津观众认为好才叫好。天津过去有十番、有京韵大鼓、有杨柳青年画，可是现在我们天津能拿出多少代表我们天津特色的东西呢？我曾经给一本书写序，讲杨柳青年画的时候，我说杨柳青的文化在天津文化里的地位是什么呢？没有杨柳青的年画，天津的文化就是殖民地文化；有了杨柳青年画、有了京韵大鼓、有了马三立，天津的文化才上升为半殖民地文化，毕竟我们自己还留下一点东西。这点东西了不起！但是现在，天津的文化让我们这些在天津学习生活工作过的人并不满意。过去天津是三大直辖市之一，前几天在电视上看各大城市的房价，一线城市怎么样，二线城市如天津怎么样，我心想天津怎么变成二线城市了。我觉得天津文化的发展不尽如人意是一个很大的问题，是值得思考的，那么作为一个国家也是，我们能够代表中国音乐的是什么？

你到西方去，和一个外国音乐家交流，你跟他说郎朗，说李云迪，他说不错。但是毕竟只是费孝通说的第二句——美人之美。第一个美是动词，是去把别人的美彰显出来，叫作美人之美，两个美不同，词性不同。郎朗弹得再好，也只是西方文化的阐释者，只能说你中国人了不起，能把西方音乐玩到这个程度，但是话说回来，我们自己的音乐是什么？我们会说，有《二泉映月》。2007 年，我带着非物质文化遗产展演团到巴黎联合国教科文组织的总部，给来自世界 140 多个国家的代表做了一个演出。我主持并安排了整场节目，当时介绍《二泉映月》的时候我说当小泽征尔第一次听到这首曲子的时候流着眼泪说了一句话：这样的音乐是应该跪着听的。我的翻译法语非常好，她讲完了之后全场肃穆。后来我问她：我说我不懂法语，但是我看全场的反应便知道你一定说得很到位，你是怎么翻译的呢？她说：我不能直译啊，不能够直接说让大家跪着听，我就翻译说，听这样的音乐应该像是在教堂听圣咏一样。人们就懂了，就是应该怀着一颗虔敬的心来听它。

但是话又说回来了，我们的《二泉映月》在国外演出过多少次我不知道，每个团都要去演，包括被中国人奉为圣殿的金色大厅。我几年前在《环球时报》上说了一段话：金色大厅不过就是个商业性的音乐厅，谁花钱都可以在那里演出，在金色大厅演出不意味着演出之外的任何意义，所以我们中国人在金色大厅演出后就可以向中国人吹嘘自己走向世界了，好像那是最高殿堂。今天在金色大厅里演出的最多的就是中国人，一个接一个的团，先是各种专业团体、各种腕儿，现在某个地方退休的老头老太太的合唱团，某个社区的某个老干部合唱团也可以到金色大厅演出，顺便旅游。春节音乐会跑到那儿去做，仔细想想就是笑话：你们中国人过春节，干吗年年跑我这儿过来？几年前我们中国驻奥地利使馆的文化参赞写过一篇文章，大体意思是说：谢谢大家的支持，但是以后别来了，送票已经送不出去了，琵琶就是《十面埋伏》，二胡就是《二泉映月》，外国人都会演了。

我希望大家是清醒的，当看到我们当前音乐界的种种文化现象，看到表面的成绩时，不忘看看深藏其中的隐忧。中华人民共和国成立以来我们从大的方面的确取得了一些成就，比如我们中华人民共和国成立前的音乐专门教育就只有上海国立音乐专科学校，而现在却能够如此规模地培养专业音乐人才。但是成就里的问题是很多的。首先我们音乐教育里的技术教育，目前是世界一流的，郎朗、李云迪以及在西方声乐、器乐国际比赛上获奖的选手已经证明了这一点。也可以说中国已经是西方古典乐器人才在世界上最大的培训基地了。大家可能还不知道，西方的古典音乐在西方也已经边缘化了，也已经沦为中老年人之所爱了，和大家一样年纪的西方的年轻人，喜欢听交响乐的可谓是凤毛麟角，都是另类，找不到女朋友的，别的年轻人都有自己追的明星，都有喜欢听的流行音乐，你却在那里听勃拉姆斯！我们或许以为我们现在很落后，古典音乐在西方很繁荣，其实不是，帕瓦罗蒂后十年的演出行程，大部分是在首尔、东京、台北、北京。我们中国民族音乐在中国没人听。在西方，古典音乐依然是很少被年轻人接受的，我只要到欧洲去，我一定要去听音乐会，我发现在场的所有观众几乎都是我这个年纪甚至比我年纪还要大的，也确实都衣冠楚楚，我们这个岁数的人都衣冠楚楚。也许我们听到这点，稍有安慰。

西方的艺术教育，也存在一些问题：学作曲，基础课就是现代的一些作曲手法，传统的东西他们教得很差，的确很差。再拿素描举个例子，中国的美术学院这个基础课教育全世界最好，上大学还在画石膏像，西方的学生进来就要学各种现代派的东西，它的基本功，基础的教学已经落后于中国了。我们必须看到我们的长处，这一点是很了不起的，也许再过20年，世界性的交响乐团的乐手，恐怕有越来越多的都是我们700个音乐院校培养的，当然700个音乐院校也培养不出多少来，还是9大音乐院校在培养这些人才。那么对西方音乐的学习，我们这些年，尤其是改革开放的30年取得的巨大成就还有一个表现，就是当前在西方活跃着一批以谭盾为代表的中国音乐家。他们先锋的力度，比西方人还先锋，而且他们的东方背景，也让他们的创作都蒙上了一层异国情调，或者在西方人看起来是东方文化，他们这个成功也应该说是了不起的，虽然我个人并不喜欢听他们的音乐，但是他们的成功也代表着中国音乐在当前世界领域里的地位。有人问我，谭盾的音乐是不是中国音乐，我回答说，这就得看你怎么讲，是广义的还是狭义的，假如以作曲家的身份作为标志的话，那中国人创造的也可以叫中国音乐。就像也有人问过我《二泉映月》是不是道教音乐，阿炳是个道士，以准确的学术来讲，它不是，但是要说道士创作的音乐就是道教音乐，那他就是道教音乐。所以谭盾虽然创作的音乐与传统民乐没有直接的关系，也不是主流，但是每一个中国人在世界上取得的成功，我们都应该鼓掌。

从历史角度上看我们还有一个巨大的成功。中华人民共和国成立以来，我们国家第一次有组织地、大规模地进入现代化。从五四开始，中国人一直想从一个传统的、古老的农业国家，变成一个文明的、现代的工业国家，所以便砸了孔家店、洋务运动、戊戌变法……包括国共两党的战争，你也可以看成是争夺中国现代化领导权的战争。中国共产党取得胜利之后，开始在中国进行一系列的现代化建设，工业、文化……这个建设，是那个时代的大势所趋，也是万民之所想、所向。但那个时代脱离不了那个时代的局限，比如毛泽东主席就曾意气风发地指着天安门广场说："再过 20 年，这儿都是烟囱！"你可以想象一下，天安门广场上竖着几十根烟囱，那是多可怕的现象。但是，一个农民出身的伟大领袖，他身上带有农业文明的烙印，带有对现代文明、对工业化的向往，带有对摆脱积贫积弱中国现状的美好愿景。

大家关心中华人民共和国成立以来当代的音乐史就会知道，我们当时有很多的争论，也有很多的理想，比如当时声乐界就提出要建立一个中国的声乐学派，经过几十年的努力，这个学派建立起来了吗？包括金铁霖老师，他的金式唱法——民族唱法，其实就是中国声乐学派。这个民族唱法是全世界没有的，这是一个很了不起的事情。很多教民族声乐的老师们对我有一种误解，认为那个臭名昭著的田青，是反对、贬低民族声乐的。因为我有些批评的言论，比如"罐头歌手"啊，什么"千人一声"啊，得罪了很大一批民族声乐的教育家。但是他们没有一个人提出来的看法有我这个高度，没有一个人如此地评价他们，他们实现了几代声乐教育家的梦想，已经创立了一个学派，但是没有命名好，也没有系统地总结它，更没有把这些东西理论化，而且他们的教学还是停留在手工作坊式的状态。不过我也说过这样的话，在纪念沈湘[①]的一次活动上，有一位老师就讲沈湘很了不起，只是很可惜，没有写书。轮到我发言时我说：沈湘不写书，证明他真的懂声乐，因为声乐就是一种高实践性的艺术形式，不是理论，所有的有关声乐的理论仔细想一想，都是感性的、感觉的，都是打比方。教学更是如此，比如“声音靠后点”，怎么靠后啊，靠后多少合适呢？“立起来”，我没躺着啊！“你打开”，我哪打开啊，我张着嘴呢……所有这些东西都是打比方，都不能推敲。又比如腹腔共鸣，颅腔共鸣。仔细思考一下，颅腔怎么共鸣呢，里面都是脑浆，没有空间没有空气。最简单的声音原理告诉我们，共鸣第一要有个共鸣腔，第二要有空气。我的腹腔怎么共鸣啊？心肝脾胃肾挤在一块儿，都是肉，都是脂肪。最简单的话都有问题，更谈不上科学。什么叫“科学唱法”？马克思给科学下的定义就是：能用数学公式表达才叫科学。但是不是没有成为理论，就没有成就呢？不是，因为有相当数量的人在学习这种唱法，而且我们声乐教育已经可以批量生产达到一定水准的民族唱法的歌手的规模，而且水平不低，唱某一首歌几乎跟某些“腕儿”没区别。那么当然也就带来了一个问题，你怎么唱出自己的风格呢？现在的观众众口难调，你怎么让大家认可你？现在培养出来的民族唱法歌手，几乎听不出任何个人特色，因为追求的是一样的声音。有一个实际的例子，阎肃跟我说，有一年春晚，四个民族声乐歌手被安排同唱一首歌，后来根据领导要求改了一句词，要重录，第二次录音时她们谁都不知道那一句是谁唱的，她们自己也听不出来。因为她们的音色、演唱方式没有区别，这是个很大的问题。

---

① 沈湘（1921—1993），中国男高音歌唱家。先后在北平（今北京）燕京大学音乐系和上海国立音乐专科学校声乐系学习声乐，1950 年调入中央音乐学院声乐系。他培养的学生包括郭淑珍、金铁霖、李晋玮、杨彼得、程志、关牧村、梁宁、迪里拜尔、殷秀梅、范竞马、刘跃等。帕瓦罗蒂称其为“伟大的人”。

但是长期以来，没有人捅破这层窗户纸。第九届“青歌赛”节目组让我去当评委。复赛时我一天听了几十个，听来听去就听烦了。第一个感觉是，上百人唱的就只有那么几首歌，声乐教学用的歌曲又适合比赛的歌曲，真的很少。第二个感觉是我闭着眼听，几乎听不出区别来。所以后来很偶然地让我点评，我这一肚子火便被我委婉地说出来了。我说：我听他们唱呢，感觉到一个问题，唱得都不错，但是相似性太大。20 世纪 50 年代没有电视，电台里播放歌曲的时候，我们很快就能分辨出是哪位歌手。一听，这是马玉涛，这是王昆，这是郭兰英，这是李光曦，这是吴雁泽……绝对听不错。我说我现在光听不知道谁唱，我必须到屏幕那里去看。我一听是宋祖英在唱，到电视那一看不是，不认识。这种“千人一声”恐怕不是艺术的发展方向，而且是艺术的大敌。当时我就呼吁“拒绝平庸，追求特色”。节目播出的第二天，电视台的人跟我讲，全国各地的人们纷纷打电话说“戴眼镜的那位评委”讲得好，他说出了我心里的话。

但是我实际上想说的是艺术教育的本质，包括艺术的本质是什么？这是个大问题。艺术就是要有特色，没有特色就没有前途，所以齐白石当年说了一句话：似我者死，学我者生。但是从我提出这个观点之后，似乎没有起到一点作用，这种趋势反而愈演愈烈。2011 年元宵节，我有幸和我们主管文化的领导坐在一起，谈到民族声乐的问题，我就开玩笑说：过去我不知道谁唱的话，只有看一眼才知道，可现在看也看不出来了，因为她们现在都一样，都贴眼睫毛，割双眼皮，鼻子矮的垫、高的磨，长得都一样了。我也不知道为什么民族唱法的歌手们 10 个有 9 个要穿 18 世纪欧洲的拖地长裙，我后来才知道，因为穿那个裙子才能穿这么高的高跟鞋。

如果说我们的 700 所音乐院校，都用一个模子在培养我们的学生的话，你说我们会有怎样的一个结果呢？我觉得这个问题我们的老师应该想，我们的学生也应该想。我举个例子吧，我们在这里读书时刚进校就有一个新生演唱会，看那些唱歌的女孩子，觉得一个个漂亮，一个个唱得都好。可是学了3年之后，在毕业音乐会上，绝大部分唱不了了，而且我毕业几十年了，我的同届的声乐系的学生，没有一个人从事声乐职业，或者说没有一个人还在舞台上唱歌。我们的音乐教育应该反省了。为什么我们当时要追求这么一种唱法？所谓的“科学唱法”，这是整个时代造成的，因为我们从农业时代进入工业时代的时候，全社会就认为工业化、认为科学是至高无上的。

一直到明清、到民国时期，我们说得出来的大乐种有上百种，还有几个大的体系，比如北方以管子为主的笙管乐体系，以唢呐为主的鼓吹乐体系，包括十番的体系，包括南方从江南丝竹到潮州音乐、到福建南音等等这一类的民族器乐，起码有上百种，但现在还剩多少呢？我们有一个时期是呼吁民族器乐改革和发展的，也是在那个时候，很多人认为我们已经是新中国了！两根管子、四攒笙、两个笛子，加上锣鼓，就能代表我们新中国吗？不能，所以一定要追求大。同时，那个时代我们有个目标，从经济发展、工业建设到文化发展，就是向西方看齐，因为当时我们认为那是先进的。所以我们器乐发展的道路就是我所讲的彭修文[①]模式，他把各具特色的民族乐器按照西方交响乐队的编制整合在了一起。不过民族乐器的性格很奇怪，和中国人的性格正相反。西方人讲个性，就算到了墓地也会发现每一块墓碑都不一样，都是艺术品；在中国，到八宝山一看，全是一模一样的。中国人不讲个性，讲“枪打出头鸟”“出头的椽子先烂”，所以中国人的个性不敢张扬。但是乐器不同，西方的乐器能和在一起，中国的乐器却和不到一块儿，更不好对其进行平衡和量化。我们当时学西方的配器

① 彭修文（1931—1996），中国当代著名作曲家、指挥家，中国现代民族管弦乐的奠基人之一，建立了中国新型民族管弦乐队的最初编制。

法，说一把小号等于8把小提琴，你说一根唢呐等于多少把二胡？怎么配音量就平衡了？ 100把都没用！最可惜的是，有几代中国最优秀的民族器乐家们把一生当中绝大部分的精力用在了跟自己的乐器较劲上，六孔的匀孔笛跟乐队合不上怎么办呢？现在大乐队笛子手除了谱架外旁边还有一个台子，摆几根笛子，G调就拿G调笛子吹，换个调就换个笛子，一个调一个笛子，所以彭修文能模仿西方的模式把这些乐器整合在一起。但中国传统的匀孔笛怎么转调呢？“五调朝元”，一个笛子就能转五调还能转回来，现在音乐学院不学这个了，我们追求十二平均律的音准，有没有道理呢？有道理，你跟乐队合作，之前那种匀孔笛肯定不行，但是换句话说，为什么我们民族音乐非得做的跟西方的乐队一样呢？当时毛泽东还有一句话就是：西方有的我们都要有，西方没有的我们也要有。在那样一个时代，这是必然的思潮。中国人百年来受屈辱，从八国联军、英法联军到日本，总是挨打，所以中国人开始思考富强的途径。五四时期反思的一个共识是，中国落后的原因就是文化的落后，于是当时就提出“砸烂孔家店”，我们自己对自己的老祖宗开刀，我把我们的落后归结为是老祖宗不争气。

当我刚开始开展非物质文化遗产保护工作的时候，有位记者问我什么是非物质文化遗产，哪些东西需要保护，能不能概括地说一说，我突然想起鲁迅先生1925年的时候的一句话：“我们目下的当务之急，是一要生存，二要温饱，三要发展。苟有阻碍这前途者，无论是古是今，是人是鬼，是《三坟》《五典》，百宋千元，天球河图，金人玉佛，祖传丸散，秘制膏丹，全都踏倒他。”那个时候鲁迅把这些东西都当作腐朽、落后的文化。所以鲁迅他骂中医，不喜欢梅兰芳，他也听不懂京戏，他们那个时代的知识分子都觉得中国发着霉味的腐朽的东西太多了，他们要清扫这个屋子。怎么清扫？一个是打开门窗让西方空气进来，一个是清空自己的房子。五四就是清空，就是把中国这台电脑格式化，所以在这么一个过程中，很多中国的传统文化被抛弃了，包括中国民族器乐的演奏形式衰败。举一个更明显的例子，中国是戏曲大国，我们讲中国的五千年文化有几个高峰，唐诗宋词元曲，而明清的高峰是什么呢？一个是工艺美术，从瓷器到景泰蓝、明清家具，还有一个是传统地方戏。地方戏的形成和中国多元一统的文化格局有着密不可分的关系，由于地域、交通等原因，每一个地方都有它不同的方言，所谓“十里不同俗，五里不同风”。一直到 20 世纪 80 年代，中国还有 394 个地方戏，将近 400 个剧种。什么叫剧种呢？每个剧种要有自己独特的音腔体系，独特的伴奏乐器，代表性的剧目起码要有几十个甚至上百个，还要有多年实践才能涌现的名角，还要有经过多年培育才能够形成的观众群，这才形成一个剧种。改革开放 30 多年，现在进入国家级非物质文化遗产名录的剧种只有 100 多个，现在大致统计，中国现存的剧种最多只有 200 个左右，也就是说有一半左右的剧种在我们眼前消失了，就是再也演不成戏了，没有剧团了、没有演员了，也没有观众了，观众都到哪去了？观众都到北京、上海、天津去了。

剧种，包括乐种是中国多样文化的财富。进入 21 世纪后，联合国教科文组织做了两件大好事，一个是签订了《保护生物多样性公约》[①]，一个是签订了保护人类文化多样性的《保护非物质文化遗产公约》[②]。这代表着人类开始反思，第一是反思人与自然的关系。有一个统计，200 年里，陆地上的物种消失了三分之二，海洋里的生物消失了三分之一，我们都知道熊猫是珍稀保护动物，但是不知道的物种消失得太多了。我在天津长大，那

---

① 1992 年 6 月在巴西里约热内卢联合国环境与发展大会召开期间产生的《保护生物多样性公约》，于 1993 年 12 月 29 日正式成为具有法律约束效力的国际法，从而为世界环境保护领域中的植物、动物和微生物保护工作以及国际合作提供了法律依据和政策指南。

② 《保护非物质文化遗产公约》于 2003 年 10 月在联合国教科文组织第 32 届大会上通过，旨在保护以口头传统、节庆礼仪、手工技艺、音乐、舞蹈等为代表的非物质文化遗产。《保护非物质文化遗产公约》于 2006 年 4 月生效。

时候夏天下完雨满天都飞的是蜻蜓，小时候我能叫上名的蜻蜓就有十几种，夏天中午睡觉，满街都是知了叫声，现在还有吗？当现在满大街只剩人类的时候，这个地球并不美好。文化也是同样，假如全世界都像今天这样，都吃麦当劳，穿阿迪达斯的衣服，同一天看好莱坞的大片，半夜起来同一个时间看一场 NBA 的球赛，这不叫文化大同，这叫同衣同食。当特色文化被这样一种可以大量复制的、弥漫全球的所谓主流文化要挟，那这个世界美好吗？所以说今天早晨我的锅巴菜之旅，其实也是在维护文化的多样性！当然，这是开个玩笑。但是这样的一种追求，反射到我们音乐领域里面呢，也显现出很多问题。

现在剩下的这 100 多个剧团，正在艰难地挣扎着，他们都面临同一个问题。比如县里的一个地方剧团本来是要解散的，但是趁着非物质文化遗产的东风，给拨了 50 万的款。半夜十点打个电话来说编了一出新戏，让我去支持，我说我不去，你不跟我说我也知道你那是什么戏，你是怎么编的，县里剧团有钱了去省里请人作曲，省里有钱了去北京找人，找的这个人一定是专业音乐学院毕业的专业作曲家，但是作曲家学的是西方的作曲方法，一辈子都没听过他们的戏，哪像是于会泳[①]这样的对京剧的了解，一肚子锣鼓经啊！包括谭盾、叶小纲、郭文景、瞿小松，当年都是玩样板戏出来的，都是团里的乐手；不学地方戏，能写出那样的东西来吗？乐队过去就是三大件，但现在加古筝、加琵琶、加大提琴……现在所有的地方戏的伴奏都加了大提琴，我问他们为什么要加，他们说没有大提琴就没有低音，我说为什么要有低音呢，他说不出来。而且我们都知道，院校出来

---

① 于会泳（1926—1977），曾任上海音乐学院民族音乐理论教研组组长、音乐理论系副主任。在此期间，专门研究民族音乐、民歌、曲艺、京剧、地方戏曲及西方古乐曲。后设计《海港》《智取威虎山》两个剧目的唱腔，将传统京剧唱腔同西洋乐紧密结合在一起。随后又参加了《杜鹃山》《龙江颂》等京剧的音乐创作。

的拉大提琴好的首先是进中央的团，其次是天津交响乐团，最次的进天津评剧院，所以直接影响了原本很好的效果。学习外来的艺术，可以啊，为什么不加非洲鼓呢?

所以艺术的同质化现象是中国艺术发展的大病，再加上铺天盖地的娱乐化，我认为现状堪忧。如此下去，中国所有的传统文化，首先会边缘化，然后逐渐消失。所以近十年来，做非物质文化遗产保护工作，我投入了全部精力。在这期间，我没日没夜地工作，大病两场。我之所以全身心地推动非物质文化遗产保护工作，不仅仅是我个人的爱好。现在，远到新疆吐鲁番、贵州山区、宁夏乡村，当地人都知道“非物质文化遗产”，是因为这是中华人民共和国成立50周年来，我们文化部做的各种工作中最得人心的一件。所以这股热潮蔓延得如此迅速，取得了如此巨大的成果。现在中国世界性非物质文化遗产代表作项目一共有29个，全世界第一。而2001年，中国的第一个项目“昆曲”入选联合国教科文组织“代表作”的时候，国内所有报纸媒体，只登了豆腐块大小的版面报道这件事情；而同时，日本的所有媒体都头版头条报道了日本“能”的入选，日本举国欢腾。

我们十年前不了解非物质文化遗产的重要性，一心一意奔现代化，除了经济建设的成就什么都不信，后来不断有人觉悟，有真正的非物质文化遗产保护者，也有以此为噱头的文化商人，比如炒作“纳西古乐”的宣科。但不可否认，他们是最先的觉悟者。由于非物质文化遗产的申报可以成功拉动该地区的知名度，可以为经济创收，所以就形成了一股“申遗热”。我怎么看待“申遗热”呢？ 我认为，没有这个“热”，事情办起来会有阻力，在中国很奇怪，政府主导成为办事的关键。但是政府一管却又容易出偏差，所以两害取其轻，先让它热起来再规划，总比烟消云散的好。

音乐类国家级非遗有100多个，但是目前的状况也是堪忧，现在出现的问题是“重申报、轻保护”，地方上花钱申报，然后申报上就不再管了。

还有一个就是我们现在如何传承和保护传统音乐的问题，有些歌者、乐者的消失是历史的必然，产生它的生活环境、生产方式都消失了，所谓“皮之不存，毛将焉附”。举个例子，现在科技进步，造船技术相当发达，拉纤的纤夫都不存在了，“三峡号子”还能存在吗？长白山有“伐木号子”，上坡有“上坡号子”、下坡有“下坡号子”，分工非常细致，内容也很丰富，但现在通通消失了。当然也有一种保护方法，有些年轻人在非遗大潮中对本地文化产生了新的认知和热爱，比如武汉的一些年轻人，他们找老船工学习“长江号子”，然后上台表演，请我去看，一群年轻人戴着眼镜光着膀子露着一身白肉，做着拉船的动作，唱着号子！我当然得鼓励了，但这是最好的方法吗？不一定，也许更适合用博物馆式的保护方法，用现代的手段把这些东西录音录像，让后人知道之前的这些非物质文化遗产的真实状态。还有一个保护难题是民歌，怎么保护传承，这些年在挖掘“原生态”民歌并推向媒体的过程中，我发现并力推了一些歌手，比如山西的“羊倌歌王”石占明①，云南“海菜腔”的李怀秀、李怀福②。

第 11 届“青歌赛”时，这两个人唱得真好。首先是嗓子好，会唱歌，还有“海菜腔”本身那种悠扬和高亢，是占尽天时、地利、人和，所以他们的获奖是必然的。其实研究“青歌赛”也不失为是一个做论文的好角度，里面有很多的现象值得我们去研究。比如第 9 届时我提出问题，第 10 届

① 石占明（1973—　），山西左权县石匣乡红都村人，民俗歌唱家。中国首届原生态南北民歌赛歌王奖、山西黄土风情农民歌手大赛一等奖获得者。代表曲目有:《打酸枣》《桃花红杏花白》《倒秧歌》等。

② 石屏彝族海菜腔，又称“石屏腔”“曲子”，俗称“倒搬桨”，以一种称为“海菜”的草本水生植物而得名，流行于云南红河州聚居地区，也为汉族所喜爱。海菜腔是由彝族青年男女在山野、田间、湖上谈情说爱唱出的山歌发展演变而来的。2006 年 5 月，彝族海菜腔经国务院批准列入第一批国家级非物质文化遗产名录。其演唱代表人物李怀秀、李怀福于 2006 年荣获“第 12 届 CCTV 全国青年歌手电视大奖赛”原生态唱法金奖。

就出现了来自藏区得金奖的索朗旺姆[①]，在当时声乐教育界是一片哗然。有一个专业院校的选手赛后问我：田老师，我从小喜欢音乐，上了 6 年附中，跟的全国最好的老师，还在考研，你给我打 86 分；他一个放羊的，一天声乐没学过，你给他打 96 分，公平吗？我说：在艺术上我是公平的，你背后的这些辛苦只能赢得我的同情甚至尊敬，但是没有办法影响我审美的判断。

但是她的这个想法也让我反思，就是应该怎么处理两者之间的关系。在索朗旺姆得奖之后，掀起一股维护专业音乐教育的尊严和权威的潮流。听说某一个全国的声乐会议上，有一位发言说要批评田青的声乐思想，我知道后哈哈大笑。我说我哪有什么声乐思想，我就只是说你们别都唱得一样。但没有办法，我是音乐学家，我只能对音乐的本体负责。所以到了第 11 届，就出现了一个大的反复，李怀秀、李怀福的演唱方法与专业院校教的所谓“科学唱法”完全相反，“科学唱法”要求真假声统一，但“海菜腔”讲究的是真假声的对比和交替，是对比的美。决赛时，评委们给出了相差不小的分数，我当然给的是最高分，但大部分评委给了较低的分数，理由是“你们唱得很好，但缺乏专业、系统的训练”。一直到第 12 届“青歌赛”单独成立了“原生态”组，李怀秀、李怀福才实至名归、得了金奖。

回到“展望未来”的主题，我们的昨天和今天要有联系和传承，才会有未来，如果我们割裂了昨天和今天，就不会有明天。至今我做的所有的工作，只有两个目的，一个是接续历史，一个是保护文化多样性。举个刚才的例子，在座如有吹笛子的同学，你可以去找民间艺人学学如何吹笛子转五个调，学学昆曲中昆笛是怎么吹，要把民族的东西学会，不能两眼只盯着外国，并把它当成唯一的未来和目标。

---

① 索朗旺姆（1977—　），西藏那曲人，总政歌舞团歌唱家。在 2002 年“第 10 届 CCTV 全国青年歌手电视大奖赛”上，一举夺得了“业余组民族唱法金奖”和“观众最喜爱歌手金奖”两大桂冠。

现在中国这个问题很大，包括建筑，你现在到每一个城市，都不知道是在哪里，都是没有特色、几乎一模一样的高楼大厦。我们年轻时，脑子里每想到一个地名，都有一幅图画，可是现在都一样了。文化多样性破坏了，文化传统丧失了，这就是我们的现状。所以我想讲我们民族音乐的未来，首先第一步就是接续历史，我跟我的学生说放假留作业，每个人回到自己的家乡，跟你的爷爷、奶奶学首民歌，学段地方戏。我读研究生的时候，杨荫浏唱昆曲，亲自教我们唱《山门六喜》①，他对民间音乐的热爱和了解，深深地影响了我。包括徐荣坤老师教我们唱的山西河曲的一些民歌，这些是我们精神的基因。生物的基因决定我们生下来就是黄皮肤、黑眼睛，而民族文化，是我们精神的基因。所以，你们学民族音乐的同学一定要解除没有任何道理的自卑感，我当年在校学习的时候，发现拎着二胡盒子和拎着小提琴盒子的同学脊椎的弯曲度是不同的。大可不必，你要把自己看成中国传统文化的传承人，你在学习我们祖先留下来的宝贵的东西，你为什么要自卑？你自卑那是因为你还没有学到我们中国传统文化的精髓。你真是大演奏家的话，你就不会自卑了。另外一点是，作为音乐学院的学生，你要开阔视野，要对艺术、文化有所了解，音乐分三层：最上的层次是文化，接下来是艺术，最下面才是技术。我们现在常常是只学技术、忽略艺术，更没有文化。我写过一篇文章，讲到本来我们的教育是艺术的教育，但不知道为什么用了运动场上的口号："更高、更快、更强！"弓子速度越快越好，甚至有些音乐家号称是"亚洲第一快手"。其实速度是竞赛运动员才追求的，在音乐中只是艺术的一个手段。同学们在学习过程中要注意这一点，一定要把基础打得深、厚，你才可能在艺术上最后有个突破，所以

---

① 《山门六喜》，苏南牌子小曲。全曲有六段，以六个不同的牌子联成的，所以称为"六喜"；而"山门"，则是乐曲内容的标题。曲调婉转、平稳，结构严谨，歌词内容丰富。音域不是很宽广，有叙事性。

在学习技术的阶段你必须要循序渐进，把基础打好，当你在往更高层次进发的时候，请你一定要考虑清楚，如何发挥好你的长处，什么是你的短处，扬长避短，找到自己的特色。

对中国音乐的未来我没有任何灵丹妙药，我是忧虑大于信心，我常常说自己是一个按照乐观主义的方式办事的悲观主义者，骨子里还是悲观的，但是还是尽人事、听天命。因为作为音乐学家，我只能写、只能讲话，能对这个社会有多大的影响，我不抱太大希望。我只求无愧于心，也无愧于我所爱的艺术，再具体说呢，无愧于我的母校。今天徐荣坤老师来我特别高兴，我能在后来做原生态的推广和非物质文化遗产的保护工作真是和母校的培养分不开。谢谢大家。

学生代表：我是艺术管理系学生，我们现在也在跟着老师做一个民乐推广项目，作为青年学生，您认为我们怎么做才能发扬传承我们的民族音乐？

田　青：我想先更正一个概念，我主张的还是文化多样性，包括大乐队，现在是我们华人世界主流的一种演奏形式，乐队其实是按西方的模式建立的，这也是我们工业化、脱离农业社会的必然选择。我20世纪90年代写过文章关注过民族乐队，我曾经提倡三种模式，一种是彭修文模式；一种就是所谓的新潮音乐，就是谭盾那种先锋派的东西；还有一种就是恢复中国之前各个乐种的形式，比如说南音、十番，就用他们的乐谱和演奏形式，我想如果是大大小小、根据乐种和环境地域不同产生的各有特点的代表性的乐队，那是民族器乐发展的一个模式。所以怎么推广，你们年轻人会比我们做得更好，比如说网站，对我们的推广大有裨益。

老师代表：佛教音乐对我们的精神确实是有一个启发作用，但是如何能够更好地让一般的人了解到佛教音乐，有哪些途径呢？

田　青：现在的佛教音乐也有很多的层次，我所研究的是佛教的传统音乐，从它的梵呗到法事音乐，这个活动我在十几年前就结束了，因为老一代出家人都已经过世，新的年轻一代并没有很好地传承下来。现在到庙里便是没完没了地反复播放的观音圣号，其实不是，现在佛教音乐也有传承，广义狭义。现在还有些作曲家、音乐人信佛，他就自己创作这些东西，器乐上比如说古筝曲，这些就是广义的佛教音乐传承，也有一些好处，起码是一些信佛的人做出来的。先不说技术和音乐的艺术性，从追求上和审美上来讲，起码比较清净、干净，能让人们从喧嚣当中解脱出来。不过这种创作也是鱼龙混杂，商业化味道浓厚，所以我们欣赏佛教音乐时也要有所选择。

2013 年 10 月 31 日于“天津音乐学院建院 55 周年”庆祝大会

（原载《天津音乐学院学报》2014 年第 1 期。本文有删节）

感受不同音乐之美

——谈中国传统音乐与西方古典音乐之异

一、中西音乐发展的两条线

听一首中国的古琴曲《鸥鹭忘机》与听一首贝多芬的《第五交响曲》，人们的感受会有很大的不同。古琴艺术与交响乐，可以视为中国古典音乐与西方古典音乐的代表，甚至可以视为中西古典音乐的高峰。但中西方音乐的差异如何形成？其各自的表现形式又有哪些特点？应该说，中、西音乐的差异与各自的自然环境、历史、人文传统密切相关，也与整个中国文化和西方文化的遭遇、撞击密切相关。近 200 年来，中国的传统文化不但在世界上沦为弱势文化，在国内，中华民族的子子孙孙们也曾对自己祖先创造的文化有过完全不同的两种态度。从五四新文化运动到今天，人们对中国传统文化的态度有 180 度的转变。中国从一个自认为有着 5000 年文明历史、为自己的传统文化自豪的国家，突然沦落，被人家欺侮，如此巨大的精神落差是造成中国现在所有问题的根源。所以，要了解中国文化目前存在的问题，包括社会上的种种问题，离不开 3 个数字：一个是 5000 年的文明史，一个是 200 年的屈辱史，一个是我们这 30 多年改革开放后的奋斗和成就史。

5000 年的文明史和 200 年的屈辱史，使我们所有的中国人——从文化大家到北京茶馆里号称“三大强国伺候我一个人儿”的胡同串子，每个人的心里都非常纠结，既有自豪，又有自卑，还有不服气。而这 30 多年我们取得的经济上的巨大成就，在增添了我们底气的同时，也让我们有可能回眸重新认识自己的历史。古人讲“衣食足而后知荣辱”，正如这些年我们所做的非物质文化遗产保护一样，也是在我们经济建设取得巨大成功的时候才有可能。今天我们在回望历史时会发现，中华传统文化虽然有过辉煌，但是这 200 多年来在走下坡路。直到今天，我们缓过劲来了，我们想提高自己的文化软实力，却发现现在的青年人，甚至包括我们这一代人，对自己的传统文化知之甚少。

传统音乐今天应该怎么做？艺术的界限是什么？本质是什么？民族音乐怎么发展？这些问题都和前面讲的大背景有关。我们听贝多芬的第五交响曲《命运》，会深切感受到人类的意志——那种顽强、奋斗、睥睨一切甚至战胜一切的精神，通过交响曲这种西方古典音乐的最高形式表现得淋漓尽致，它会激励你，让你对生活重新有信心，它像是号角，又像是旗帜。听过了《命运》交响曲之后再听中国的古琴，你会感慨这两种音乐怎么相差这么多？交响乐那种磅礴的音响、那种震撼，和古琴的宁静完全不同，那么这两种音乐是怎么产生的？它们是在各自的土地上，在各自的自然环境、政治背景、生活方式、生产条件的基础上沿着不同的两条线发展起来的。

西方的音乐和西方的美术一样，是在基督教堂的穹顶下诞生和发展的，可以这样说：没有基督教就没有现在的西方文明。我一直有这样的疑问：在把人们引入教堂的这个问题上，究竟是《圣经》的力量更大，还是西斯廷教堂穹顶画与巴赫音乐的力量更大？一方面，基督教借助艺术的力量使基督教文明成为目前世界上的“头号”文明；而另一方面，基督教的传播和推动又吸引着人类历史上最伟大的、第一流的艺术家参与其文化和文明的创造，从米开朗琪罗到海顿、亨德尔、莫扎特、贝多芬，每个人从某种程度上也都可视为宗教艺术家，西方文明本质上是基督教文明。

西方文化的底色当然是希腊人描绘的，传说上帝给了希腊人一个礼物，就是贫瘠的土地。但正因为贫瘠，他们把眼光投向大海，他们要奋斗，他们鼓励人和自然斗争，恶劣的环境和向海洋讨生活的艰难培育了西方文明个体性的自由意志，这种意志一直融汇在西方的宗教与艺术中。神父、牧师和有着虔诚信仰的艺术家们一起创造了西方音乐形式，从格里高利圣咏到复调音乐、到主调音乐、到歌剧序曲，最后产生了交响曲。交响曲的产生是人类音乐史上的高峰，古典交响曲的四乐章结构，奏鸣曲式主部、副部的对比、冲突，以及交响曲所表达的深厚、广博的社会生活，可能是中国古典音乐所缺乏的。交响曲的廓然视野与缜密表达，尤其是对人类心灵深度的探究与表现是西方音乐最伟大的成就。贝多芬、马勒、肖斯塔科维奇等作曲家用交响曲这种形式把无比丰厚的人类生活表现得淋漓尽致。我们应该知道，交响曲的诞生和整个资本主义的产生和发展有着密切联系，大工业的发展为交响乐队的产生创造了条件，几乎所有交响乐队中的管乐器都是在资本主义大工业生产出现之后才定型的。

中国古典音乐产生的环境完全不同，所谓“郁郁乎文哉”的“郁郁”，其实是和西周时中国北方的自然风貌一致的。另外，与西方中世纪多种政权的频繁斗争不同，中国从秦以后就基本上视统一为常态，视分裂为再次统一的“间奏”。中国 5000 年的文明史是在一个庞大的自给自足的环境中产生的多元一体的文明，农业社会让中国人的文化有一种既丰裕又相对保守的特性。

二、从审美之异到艺术表现之异

中、西方音乐的不同可以从几个方面来看：首先，是中、西方对音乐的功能看法不同；其次，因为功能的不同，造成了审美观的不同；最后，因为审美观的不同，造成了题材和表现手段的不同。

从整个人类的文明史来看，我们是最早的最重视音乐和文化的国家。中国号称“礼乐之邦”，中国古代的礼乐制度是先人们对人类文明的巨大贡献。从周代开始，中国建立礼乐制度，“礼”和“乐”结合起来，就是构建理想社会的基础。古人说：“乐和同，礼别异”，极智慧地概括了礼乐的功能。“乐和同”是让人们找到彼此相似之处，建立亲密关系，但光讲“同”不行，你也说我也说，谁说了算呢？用“礼”把人的不同之处区分开来，父子、君臣、上下级。把“礼”和“乐”结合起来，这个社会就和谐了。

中国的哲学对中国音乐的发展产生很大的影响，先秦诸子们对音乐有很多精辟的理论，其中对中国音乐影响最深的是儒家和道家。无论是儒家的“与天地参”还是道家的“人法地，地法天，天法道，道法自然”，都讲“天人合一”，这是中国哲学的核心，对中国音乐的影响非常大——认为音乐是自然产生的，是人面对自然有所触动之后的反应，所谓“凡音者，生人心者也。情动于中，故形于声，声成文谓之音”。最好的音乐应该是与大自然和谐的音乐。而且，中国的音乐讲究中庸。先秦诸子对音乐提出很多限制，比如古代对编钟的大小、重量都有规定，太奢侈了不行，声音太大、太细都认为不好，只有中庸的音乐才是最合适的音乐，像西方那种强烈的能让人热血沸腾的音乐在古代中国人看来绝不是最好的音乐。

中国人在讲一个传统文化要消失灭绝时有一个比喻叫“作广陵之散”。《广陵散》是中国著名的琴曲，嵇康当年临刑之前“顾日影索琴而弹之”的就是这首琴曲。但大哲学家朱熹就认为《广陵散》不好，为什么认为它不好呢？中国音乐非常讲究“天人合一”，将“宫、商、角、徵、羽”五音与“金、木、水、火、土”五行相对应；音乐的“起、承、转、合”与“春、夏、秋、冬”四时相对应；“天、地、人”三才和最基本的曲式结构“慢、快、慢”的三段体对应。更重要的是，“宫、商、角、徵、羽”五音还对应政治上的“君、臣、民、事、物”，宫为君、商为臣、角为民、徵为事、羽为物。当弹奏《广陵散》时，要把商弦调低一个二度，和宫音一样高，于是朱熹认为这样的音乐有“臣凌君之象”，大逆不道。虽然《广陵散》“纷披灿烂，戈矛纵横”，是非常了不起的音乐，但因为在政治上不好，所以朱熹反对。中国对音乐的这种要求就使其不可能像西方音乐一样有那样的噍杀之气。正是因为政治和哲学上的不同，中国的音乐一直追求自然、中和、宁静的声音，也因为审美观不同，我们会认为只有这样的音乐才是好听的，进而也造成了题材的不同。

西方的艺术和中国的艺术有一个很大的不同点，就是西方艺术主要以人为中心，但中国艺术主要以表现自然为主。以清代上睿的《携琴访友图》为例，这是中国古代绘画有代表性的一幅作品，山水是主要的场景，人是整个大自然中非常渺小的一部分，人和自然融为一体。而西方以《蒙娜丽莎》为例，大家都赞美这个女人“永恒的微笑”，她的眼神、面容、双手，都精细入微、美好传神；但你看她背后的风景，跟人物比起来，是人的陪衬，和中国画中人是自然中很小的一部分完全不同。音乐也是这样，西方音乐主要是描绘人，以人为中心。当然，也有描绘自然的，不过数量太少了。像贝多芬创作了 9 部交响乐，除了第六交响曲《田园》，其他 8 部都是描写人的。当然我说的这种题材上的倾斜，不是绝对，并不是说西方绘画中就不画自然，中国音乐中就不表现人，但有一点可以说得比较肯定，中国从魏晋之后，从山水诗开始，文人对自然的歌颂，包括对人和自然和谐共处的描写就非常之多。拿古琴曲来讲，现在流传的古琴曲目大概有

3000 多首，其中有三分之二全是描写自然的，比如大家都熟悉的《流水》《高山》《潇湘水云》等。基本上中国最好的古琴曲都是描写自然的，像《文王操》这样描写人的曲子很少。中国人对自然的热爱以及中国艺术中大量出现的对自然的描写，实际上也是中国的儒、释、道思想共同塑造的结果。佛教有句话“青青翠竹，皆是法身；郁郁黄花，无非般若”，中国的哲人把大自然的一草一木、一朵落花、一片绿叶、一溪浅水、一缕云山都当成佛性的显现和智慧的存在。

题材上的倾斜又造成了艺术形式和表现形式的不同，比如西方交响曲是复音音乐，而中国古典音乐主要是单声音乐。交响乐的希腊文原意就是“一起响”，于是产生了和声，在和声的基础上产生了织体，构成一种宏大的音响，这和基督教的需要相吻合——在教堂中要歌颂上帝，要制造一种天国的气氛，从壁画、穹顶到彩色玻璃，到唱诗班、管风琴，调动一切艺术手段表达对上帝的赞美，制造一个与世俗气氛截然不同的天国气氛。但是中国的音乐没有这个需求，孔子讲“大乐必简，大礼必易”。中国人认为最简约的东西才最深刻，太极图一分为二，黑白两个颜色，就代表了宇宙的一切。中国的宗教对音乐的要求也不仅仅是创造一个和世俗不同的音响与画面让人们感受，它最大的功用是宣传佛教教义。基督教中神父讲道和唱诗班唱诗是分开的，音乐的主要作用是创造气氛，而中国寺庙则通过唱把佛教基本的道理告诉你。中国佛教音乐从唱导、变文发展开来，后来的鼓词、弹词、说书等这些说唱音乐的源头实际是佛教的唱导和变文。基督教通过宏大的音响制造天国的辉煌，佛教通过音乐来讲故事让你明白道理，这是功能的不同。为什么中国的音乐是单声音乐？讲佛本生故事，唱段变文，如果是大合唱，四个声部出来，根本听不清唱的是什么，所以一定要一个人娓娓道来，要清楚明白，这就需要单声音乐。但是单声音乐不等于简单。一个演讲两小时，听众听三分钟腻了走了怎么办？所以曲调一定要优美动听。

中国的音乐靠旋律取胜，其旋律之美远远超出西方。贝多芬第五交响曲，呈示部的主题就只是 4 个音，其中 3 个还是同音反复。中国的音乐是什么样的？比如阿炳的《二泉映月》，绵长凄婉，扣人心弦。2006 年我带“中国非物质文化遗产展演团”到联合国教科文组织总部去演出，当时就演奏了阿炳的这首曲子。阿炳是个乞丐，也是火居道士，像阿炳这样的盲人艺术家在中国的历史上太多了！谁知道有多少这样美好的音乐是由这些卑贱者演奏出来，也随着他们草芥一样的生命消失了呢？在联合国演奏这首曲子之前我介绍，小泽征尔 20 世纪 70 年代末第一次到中国听一个学生演奏《二泉映月》之后潸然泪下，他说：“这样的音乐是应该跪着听的！”法语翻译把“跪着听”解释说应该抱着在教堂听基督教音乐那样虔诚的心来听，结果全场都被《二泉映月》优美而深刻的旋律所感动。

中国的音乐不是立体的声音，而是线性的声音，但这条线讲究得很。有一个现在我们很多民族音乐家已经不知道或者不再追求的词——“韵”。中国音乐最讲究的是“韵”，比如古琴，弦非常长，左手在弦上游走吟猱，有时候似乎声音已经结束了，你已经听不到声音了，但演奏家的手还在弦上滑走，这就是此时无声胜有声。一个音和一个音之间的过渡在中国音乐中是非常重要的，它不是前一个音的余响或是后一个音的准备，它本身就有美学的价值，就有味道，就是独立的存在。这跟西方不同，西方的钢琴音乐，从这个音到下一个音，是跳跃式的，中间没有过渡。而中国音乐中常常有些音就在白键和黑键之间的“钢琴缝”里，这个音才有“味儿”！而在两个音的接续转折之中妙趣横生，则是中国音乐常见的艺术手段。这种“味儿”，一半是乐律的不同，一半是审美观念的不同。而这并不简单的“味儿”，也像禅宗所讲“如人饮水，冷暖自知”，要靠亲自体味、长期浸染才能感觉到。

中国音乐还有一个西方音乐基本没有的特色，就是散板。中国人讲究板眼，称赞一个人办事牢靠就说“一板一眼”，板眼就是节奏。所谓散板就是没有固定的拍子、没有节奏，比如京剧的导板、晋剧的二导板、佛教梵呗维那的引腔等。本人在《禅与乐》这本书的光碟中精选了几首中国音乐，其中有一首叫作《行道章》，乐曲开始的散板部分非常精彩，足足有3分钟，这样大段没有固定节奏、全凭演奏家内心的感觉，或抻拉，或收缩，灵动自由、纵横捭阖的演奏，在西方音乐中大概是找不到的。

中国音乐还有一个很了不起的创造就是乐谱。中国人特别重视乐谱，说一个人可靠，就说这个人“靠谱”；不可靠，就说“离谱”；心里虚，没有定见，就说“没谱”。现在世界通用的五线谱真正使用是17世纪，而中国的古琴减字谱早在七八世纪就开始使用了。一直到今天，古琴家们仍然还在用这个谱子，这在世界音乐史上是绝无仅有的现象，是人类历史上使用时间最长的谱子。除了音高，减字谱把弹奏每一个音的技法也记录了下来，用哪只手，怎么弹，弹第几根弦，按什么位置，但没有记录节奏和音的长短，所以需要琴家根据古琴谱进行二度创作——靠老师的传授、自己的琢磨以及琴家的习惯和大致的规律，把这些结合到一起，把琴曲再现出来，这叫作“打谱”。在西方的音乐体系中，作曲家是神，是创作者，演奏家是“打工的”。演奏家弹奏肖邦，每个人会有不同的理解、不同的表现，但这种不同的理解和表现太微妙、空间太小了，所有的节奏、强弱、表情符号都写得清清楚楚，因此，在西方古典音乐领域里，再伟大的演奏家也只是作曲家的再现者、阐释者。但是古琴不一样，每一个演奏者都可以和乐曲最初的创作者有心灵的交流、有对话和商量的空间。打谱的过程常常是很漫长的，“打谱”让每一个后世的琴家都参与了琴曲的创作，每一个琴家都可以把自己的风格以及对音乐的理解通过打谱表现出来，当然这其中有一定的习惯、规范和美学的原则。

三、回归传统的民族音乐

古琴艺术对整个人类音乐文化是一个杰出的贡献，在人类创作的所有乐器当中，没有一件乐器身上所负载的文化内涵有古琴这么深厚。2006 年温家宝“融冰之旅”访问日本时带了一台节目进行国事演出，那是第一次也是唯一的一次带了整场的非物质文化遗产的节目演出。本人担任那台节目的艺术总监和主持人，在考虑究竟要带哪些节目去的过程中颇费神思。演出对象是中日政治、经济、文化界的高层，见多识广，看过很多一流的演出，我们这场演出应该怎么做？当时我做了一个大胆的决定：用古琴作为开场的第一个节目。通常演出开场都是用一个气氛热烈的节目镇场，而古琴音量这么小，这么温，能不能压住场？当时就有人质疑，但是我很有信心。节目之前我介绍说，古琴在中国不仅是乐器，它还是圣人之器，孔子以它弦歌教化人生。传说中诸葛亮在一座空城之上，就凭着一张古琴、两扇城门，就吓退了司马懿的十五万大军。古琴音乐在中国是自古相传的一种文人音乐，从魏晋时就“左琴右书”，在中国古代，不会弹琴就称不上文人。当时古琴家李祥霆使用的是唐琴“九霄环佩”，我请李祥霆把古琴的背面朝向观众展示落款“至德丙申年”。至德丙申年是公元 756 年，我介绍说：“这张琴制作出来那一年，李白 55 岁，杜甫 44 岁，这张琴问世之后 3 年，伟大的鉴真和尚开始在奈良建造唐招提寺。”台下一片唏嘘声！在这样的文明面前，只有一个字——“敬”。节目开始后，台下鸦雀无声，真是掉根针都能听得见。

然而古琴艺术在近代非常衰落，因为用西方的审美眼光来看它，它不适合表演。但古琴从来就不是一件在广场上或几百人的场合演奏的乐器，它顶多是三五知己的“雅集”，更多的是琴人自己与天地、与先人交流。钟子期和俞伯牙高山流水遇知音的故事家喻户晓，中国人把“知音”当成

“知心”的代名词，它从来不是表演。古琴的衰落在近100年的大背景下是不可挽回的，在20世纪五六十年代，中国艺术研究院音乐研究所做了全国琴人的普查，当时全中国弹古琴的人是100个左右，几近衰亡。什么时候迎来了古琴的春天呢？从2003年成为联合国教科文组织的“人类口头与非物质遗产代表作”开始，古琴真的火起来了，但火并没有改变音乐的本质，它现在仍然是文人音乐。

古琴界现在有两种倾向，一种倾向于古琴的乐器属性，强调技巧技能；另一种倾向于古琴是一种修身养性的工具，“琴者，禁也”。中国人过去弹琴要焚香沐浴，通过弹琴让自己的心安静下来，用琴来收敛、规范自己浮躁的心，它甚至也是一种修行、一种功课。这两种倾向同时都存在，各有各的道理，但我个人还是主张回归古琴原来的文化。在新的时代里，这样一种负载着如此深厚文化内涵的乐器如何发展，也是仁者见仁智者见智，我现在倾向于在文化上一定要采取“多元”的态度，你可以喜欢什么、不喜欢什么，但你绝不可以反对什么或者禁止什么。古琴应按照它自己的传统在自己的轨迹里发展。

还有用传统音乐表现现代生活的问题。说实话，要用古琴表现现代生活比较难，我不赞成这种改造。中国有这么多乐器，留一个古琴专门表现古人的精神生活不行吗？中国的戏曲艺术也一样，20世纪80年代统计我国还有394多个剧种，现在仅存200个左右，各有特色。现存的这200个左右的剧种当然都可以表现现代生活，都可以演现代剧目，但是我们可不可以就留一个昆曲表现我们祖先的生活呢？为什么？因为昆曲的唱词用的是文言，这是昆曲和其他剧种最大的不同点。京剧的唱词是口语，“我正在城楼观山景，耳听得城外乱纷纷”“一马离了西凉界”，一唱观众就懂。可昆曲是文言，“袅晴丝吹来闲庭院，摇漾春如线”，什么意思？观众光听不看根本不懂。现在有一些剧团“改造”昆曲，结果“你爱我”“我爱你”的这种词都唱，那就不是昆曲了！

我希望我们的民族音乐回归自己的传统，按照中国传统的方式传承。中国的民族乐队不能光学西方的管弦乐队，西方的管弦乐队有它产生的背景，有它的审美习惯。中国现在大的民族乐队就是模仿西方管弦乐队模式的产物，西方管弦乐队有“第一提琴”组，我们就有“第一二胡”组，但是这样的乐队音响完全不是我们的所长，我们的长处是每一种乐器独特的韵味，我们把它凑在一起成为大的民族管弦乐队，奏出来的音响却永远不可能超过西洋管弦乐队，因为这不是我们中国乐队的编制，不符合我们民族乐器的特性。其实，我们有自己的乐队模式，也非常丰富。有南音的乐队，有十番的乐队，有潮州大锣鼓的乐队，有笙管乐的乐队……这才是中国音乐的传统。

总之，中西音乐各有其美，无所谓高低贵贱，也没有先进、落后之别，它们都是自己民族文化的合理的产物。还是费孝通那句话，要“各美其美，美人之美，美美与共，天下大同”。

（原载《人民政协报》2014 年 1 月 13 日第 11 版。本文有删节）

我看汉乐

——在“第八届世界大埔同乡联谊会暨广东汉乐研讨会”上的讲话

广东省文联、梅州市委宣传部、大埔县委宣传部领导，广东汉乐界的朋友们：

大家下午好!

我是第一次到大埔，今天上午的会（第八届世界大埔同乡联谊会）坐在主席台的除了我以外，都跟大埔有关系，就是和我没有关系，但是我还是受到感动。从大埔出去走到世界各地的人们能够如此热情、如此真心地回到自己的故乡，对自己故乡的建设做自己力所能及的贡献，让我很感动。我觉得这体现了客家人对故乡、对祖先一种慎终追远的情怀。

我作为一个外地人，跟大埔、跟汉乐没有地缘上的关系，没有血缘上的关系，但是我和汉乐、和大埔有精神上的联系，而这个精神的纽带，就是我们大埔的汉乐。大埔的汉乐，现在叫“广东汉乐”，昨天星海音乐学院的罗德栽副教授跟我讲，他写过一篇文章，他认为应该叫“客家汉乐”。不管叫什么，我想“广东汉乐”这个名字已经被国务院批准成为国家级的非遗项目了，改名字的可能性不大了。但是我想，汉乐跟客家的关系，包括汉乐的名称，其实有三个层次的意义：第一，广东汉乐是传统文化；第二，广东汉乐是非物质文化遗产；第三，广东汉乐是难能可贵的、是客家或者是我们汉族祖先的、有很大的可靠性和追溯性的这样一个有特色的乐种。

第一，广东汉乐是传统文化。最近这两三年来，党中央和国务院对我们中国传统文化的重视是前所未有的。今年是2015年，整整100年前的1915年《新青年》创刊，以《新青年》创刊为标志的五四运动促成了中国迈进现代化的第一步，但是同时也造成了100年来中国现代化和传统文化之间的矛盾、纠葛，甚至断裂。两年前习近平总书记到曲阜孔庙有个讲话，应该说这是100年来中国的国家最高领袖对儒家的第一次正面的肯定。随后去年习总书记到欧洲访问，在德国、在法国都讲传统文化，而且在巴黎的联合国教科文组织总部专门用五分钟的时间讲佛教是传统文化。这也是100年来中国的国家领导人第一次正面肯定中国的传统文化是儒释道。可能现在的年轻人不理解这个讲话有多么的重要，但是你只要熟悉一点中国的近代史，就会知道这样的讲话它的意义实际上是针对整个中国5000年历史和100年来我们反传统的历史的一个非常重要的反思。很多人尤其年轻人不知道对传统文化的这种讨伐，是近100年来中国知识界或者是主流文化的基本的共识——无论哪个党哪个派，无论是共产党、国民党，甚至是清朝的政府。清政府宣统元年就发布了《废庙兴学令》，要把中国所有的佛教、道教的寺庙改成西式的学堂，学西方的文化。现在的年轻人可能想象不到被我们一直视为封建没落的清政府，竟然也把宗教、我们中国传统的宗教包括儒家都当成封建落后的代名词。当然，由五四开始到“文化大革命”形成了对传统文化扫荡的高潮。近100年来，包括我们汉乐在内的所有传统文化都处在低潮，而且处在濒临灭绝的状态。只有到了近些年，我们才逐渐认识到传统文化是我们的软实力。

去年网上盛传一篇文章，据说是英国的前首相撒切尔夫人说的，因为西方很多人担心中国的崛起，撒切尔说我们不必害怕，中国人只会制造产品，但他们没有思想。我们不知道撒切尔是不是真说过这样的话，但是，可以肯定的是有这样思想的人在西方不在少数，这点我们不从国与国的关系来看，仅从人之常情来看，我们就相信很多西方人不可能不是这么看中国的。比如贫穷的山村里可能有一个孩子跟我们一起长大，年轻的时候胡搞乱搞，也不好好地学习，出去几年回来可能很有钱，开着高级的车，但是你不一定仅仅因为有钱就尊重他，你还要看他的举止、看他的修养、看他对家乡的态度，包括看他如何处理他富起来的财富。国与国也是这样，中国现在富起来了，中国人出国旅游到世界各地去扫货，但是其他国家的人们不会仅仅因为你有了钱就尊敬你，他们也要看你的表现，看你的文化，而传统文化是我们重要的软实力。所以，从这个角度来说当今对传统文化的尊重，包括目前在全国范围内兴起的一股不大不小的国学热，起码反映了我们的国家从上层一直到普通民众，对我们经历了 100 年批判之后的传统文化开始有了新的认识，

第二，我们的汉乐是非物质文化遗产。十几年前，我刚担任中国非物质文化遗产保护中心的副主任，在那个时候我们召开过一次全国性的会，宣传保护非物质文化遗产的重要性。当时参加这个会的有三个省的副省长，这三个副省长讲话的时候没有一个把“非物质文化遗产”这个词顺利念对的，有的念成“非文化物质遗产”！说明“非物质文化遗产”这个概念在 12 年前对中国人来讲还是个陌生的词汇，是个陌生的概念。但是，经过短短的十来年，今天你走到中国任何一个地方，哪怕是穷乡僻壤，一个没有读过书的老农民就会跟你讲：“这是我们县的非物质文化遗产。”短短的十来年时间，“非物质文化遗产”这个概念，包括保护非物质文化遗产的重要性，已经深入人心，而且有了显著的成效。我们大埔县入选国家级的非物质文化遗产，就是这个汉乐。广东省有几十项。我们现在全国的国家级非物质文化遗产有 1219 项，我们成为联合国教科文组织的人类非物质文化遗产现在是 34 项，远居世界的首位，没有任何一个国家可以跟我们比的。

在短短的十多年内，我们不但建立了一个四级的非物质文化遗产的保护体系，建立了一个传承人的保护制度，而且国家还制定了法律。我们中国现在是个法律大国，每年在人大常委会上等待批准的法律就有几十、上百项，这些年我们公布了许多法律法规，但是文化方面的只有两个法：一是《中华人民共和国文物保护法》，一个就是《中华人民共和国非物质文化遗产法》。在国务院要求清理、精简各类节日的时候，还专门颁布了我们每一年6月的第二个星期六为“文化遗产日”。中国的非物质文化遗产保护用我的话讲叫作“起步晚，速度快，成效大，问题多”，我这四句话被一些领导讲话时引用，但他们引用时常常把我这第四句话省略掉。其实，说“问题多”没什么奇怪，因为我们“起步晚，速度快，成效大”，所以就会“问题多”，这个问题是前进中的问题，是从无到有的过程当中的问题。

汉乐作为第一批国家级非物质文化遗产是不容易的，全中国报了2000多项，入选了518项，汉乐的入选在评审时没有任何疑问，说明了它的重要价值。在评审第一批国家级非物质文化遗产项目的时候，我是传统音乐组的组长，当时我们不知道汉乐保护得如何，现状怎么样，所以我这次来其实还有一个想法，就是想看一看汉乐在民间真正保存的现状。我请大埔文化促进会的罗育平先生今天晚上看完全县的汉乐会演之后，带我还去看一些民间私伙局现存的状态。

第三，就第一批国家级的非遗项目518项来说，很大一部分是少数民族的非物质文化遗产，还有很大一部分是近三四百年、明清之后的东西，可以追溯的历史基本上都在五百年之内。我们中国的戏剧现在还有200多个剧种，这些剧种绝大部分历史不会超过二三百年，还有的几十年，像龙江剧是在中华人民共和国成立以后才有的。包括我们的乐种，基本上是明代、清代的。很多人在申报的时候，说得很古老，实际上，真正古老的我想大部分是集中在东南的地域里，也就是随着从宋室南迁、文化南移。客家人，是我们汉族真正的主体，客家文化和世界上所有其他迁徙到异乡的文化一样，它有一个特殊性，就是顽强地保护自己文化的根和源。比如大家都熟悉的犹太人，犹太的文化，还有吉卜赛的文化，这些民族文化它无论到哪里，这个文化都是一个孤岛，他们被其他的异域文化所包围的时候，都有一种顽强的传承自己、保护自己的愿望。所以，这样的一种流落到异方的文化，反而能够体现这个文化的根和源。所以，在追寻中国古老的音乐文化的时候，我的眼光是朝向东南。我一直认为对中国的音乐来讲，东南和西北是两个最有价值的、最值得学者们去研究的地方。东北文化比较新，西南以少数民族文化为主，东南和西北其实是中国汉文化最集中的地方，而东南的文化从泉州南音到潮州音乐，包括潮州大锣鼓、潮州弦诗，与我们的汉乐有着亲缘关系，这些音乐文化从中原随着历代的汉族祖先迁移到这些地方，就是靠的这种传承，靠的对自己祖先文化的一种真诚和强烈保护自己文化的愿望，流传到今天。所以从理论上讲，我们福建、广东的许多乐种应该是真正的中原古乐，包括我们的汉乐，过去叫“中原元音”“中原音乐”，在历史上也有这样的称呼，这些称呼看起来不会是假的，不是我们汉乐的爱好者们自封的，它是有道理的。我们中国现在有 56 个民族，汉族是主体，但是真正寻找汉文化、能够代表汉文化的，除了汉字、汉语和我们明清之后才繁盛的地方戏曲，我想像汉乐、像泉州南音、像潮州音乐，应该可以视为我们汉族音乐文化的正宗。所以，虽然汉字、汉语是我们国家的法定通用语言文字，但是真正讲到文化的时候，我们汉族面对其他 55 个所谓的少数民族文化的时候，我们有时候却会有一种自卑感。我曾经说过，我们 56 个民族除了汉族以外，每个民族在介绍的时候都可以加一句“能歌善舞”的民族，只有我们汉族不是，我们是“吃苦耐劳”的民族！这也许是长期的儒家教育使然。儒家讲究“礼”，音乐舞蹈这类在人类早期文明中产生的文化，在我们汉族的历史上出现了极大的分裂，一直到唐朝，还有“李白乘舟将欲行，忽闻岸上踏歌声”，那个时候，都是联袂而舞，文人喝了点酒还去跳舞。但是宋以后就逐渐改变了，士大夫是不能歌、不能舞的，唱歌跳舞玩乐器的是乐工、乐伎，上流社会的汉人除了古琴，几乎不能玩其他乐器。所以，这样的一个传统，让我们在面对少数民族的“能歌善舞”的时候，常常觉得有一点惭愧。但是，好在在客家的文化里面，还保留着音乐在生活中的存在。音乐是人们自娱自乐的一种高雅的休闲方式，而且人类和这些音乐的关系是如此密切，很多受到这个文化熏陶的人，终身保持着对这种音乐文化的喜爱。所以我想这恐怕也是汉乐作为国家级的非物质文化遗产的独特性，独特的意义。这个汉乐的“汉”字啊，中国以“汉”字为代表的或者命名的很少，我们的民族叫汉族，我们的文字叫汉字，我们说的官方语言叫汉语，其他很少，有一个汉剧，但没有汉舞，只有汉乐。所以我想我这次到大埔来也是表示一种对汉乐的尊敬，作为一个十几年来一直做非遗保护工作的非遗保护工作者吧，我也特别希望我们的大埔、广东文联的领导，把汉乐作为我们少有的带“汉”字的汉族文化的代表来传承、保护，在文化流变的过程中，不失其本、不失其根、不断其源、不改其色、不变其面貌。

最后我要强调，在非遗保护的领域里，是没有创新这个任务的，保护就是保护，创新是另外的事。但是我们中国人做什么事情都是“一刀切”，而且现在“创新”是一个最响、最亮、最普遍的口号。创新对不对？创新对，但创新不是要你什么都创新，更不是要你改变、抛弃传统。我们在座的可能有的人去过日本，任何一个到过日本的人都会有个强烈的感受，就是日本的保守和创新同在。它的文化是两轨，一方面，它的传统的古老的文化，不但不创新，而且它的卖点就是守旧，它的广告词都是这样，强调我这件产品的制作跟几百年前的工艺没有一点儿改变，没有做一点的“创新”，这是保证质量的广告词；而另一方面是新的文化——它的动漫、流行音乐，是日新月异。但是，没有人再拿日本的歌舞伎、日本的大相扑、日本的花道、茶道、日本的和服去“创新”，日本的时装也很厉害，没有一个人敢把和服“创新”成西装的样子，为什么？ 他们不但不“创新”，而且还有敬畏之心，传统文化商品的卖点就是古老，就是“不变”。但是到我们这里所有的东西都创新。

创新是应该的，但创新需要在传统的基础上，同时创新不是人人都能做的，在创新之前，你先要知道传统的东西它好在哪，需要在哪一点创新，如果你对传统一无所知，会引起笑话的。我曾经开玩笑说：我们北方人吃馅饼，馅在里头，面在外面，可是你要创新，把馅放在面的外头！这对你来说是创新，其实意大利人早就这么做了，这叫比萨。你要知道传统文化哪里需要创新，哪里是好的东西不能动，动了就不是你了。所以我想，客家文化之所以在今天这样一个时代值得人们重视，就是因为在客家文化里面是把传承作为第一位的，他们对古老的、祖先留下的遗产有一份感情。

我不讲“创新”，但我主张推陈出新，我用“推陈出新”这个词来代替“创新”，而且我也给“推陈出新”这四个字赋予了一个新的意义：很多人理解“推”是推开、是抛弃、是不要了，“陈”就是陈旧、就是落后，要把陈旧的、落后的东西推开抛弃，这叫推陈出新，其实你可理解错了。首先“陈”不一定是旧，更不一定是坏、是落后，陈年老酒是“陈”，经历过时间淘汰的经典是“旧”，但它的魅力是永恒的。在地下深处几亿年才会沉淀出钻石，你把它挖掘出来它仍然发光。而“推”不一定是推开、推出，可以是推荐，可以是把它推上台，推出来。所以我想对我们的非物质文化遗产来说，不光是广东汉乐，对一切非物质文化遗产，我们首先是保护、是传承，是要让我们年轻一代认识到在这个古老的文化里有着永恒的魅力。我是希望我们的汉乐能够在我们中华民族文化，尤其是我们汉民族文化的悠长的河道里继续流淌，而不是溢出来流到别的河里去，流到密西西比河去，那就不是汉乐了。“汉”字不能丢，汉乐的传统不能丢，我觉得这才是我们汉乐的未来。所以我从传统文化、非物质文化遗产，包括我们汉民族的文化遗产这三个层次来看待汉乐，我对我们汉乐的保护传承是寄予很大的希望的，希望我们汉乐能够在广东、能够在大埔这个“汉乐之乡”一代一代传承下去，而且能够再现辉煌。好，今天我就讲到这里，谢谢大家！

2015 年 10 月 10 日于广东大埔公颜汉乐汉剧厅

聆听母亲的心跳

前不久，中央电视台倾力打造的《中国民歌大会》播出。这一节目在中央电视台综合频道和文艺频道黄金时段连播 8 天，每天 90 分钟。以这样的力度推出中国民歌，我认为有重要意义。

首先，是对中华民族伟大历史文明的延续。我们常常说，中华文明是世界四大古文明中唯一没有中断的文明，但面对与世界经济一体化伴生的文化同质化的浪潮，我们的传统文化也面临着被挤压、被边缘化的处境。从李白、杜甫的诗，到昆曲、京戏，到传统的工笔画、写意画，以及幸存至今的古代建筑，今天现代化浪潮中的浊流，仍足以使我们的传统技艺面临着传承的挑战。假如说是生物基因决定了今天的我们还和祖先一样是黑头发、黑眼睛、黄皮肤，那么，我们的精神基因则需要从历史文明中寻找。民歌的旋律，恰恰让我们从中找到了自己文化上的根，贯通了精神血脉。

其次，是对民族凝聚力的增强。每一个民族都应该为自己的文化自豪，这种自豪感，永远是团结、凝聚、唤起民族精神的最核心的力量。二战时，德国纳粹军队包围了莫斯科，红场上的士兵们在听到普希金、托尔斯泰、高尔基、契诃夫这些俄罗斯文化巨人的名字后，毅然列队开赴前线，用血肉之躯保卫了苏联。我们的优秀文化也正是我们维护民族国家统一的坚实基础。这其中的民歌，无论是陕北高原上嘹亮磅礴、声遏行云的高唱，还是江南水乡婉转柔媚、一波三折的浅吟，都会在我们的血液里引起共鸣，让我们听到祖先的召唤。

现在，我们已经成为世界第二大经济体，但仅仅依靠 GDP 无法证明中华民族的伟大和先进性。我们必须承认，一个民族对世界影响力的大小，是和这个民族文化力量的强弱成正比的。

民歌，包含着我们祖先对世界、对人生的认识，也包含着中华民族的悠久文明和伦理道德；民歌，是我们爷爷、奶奶唱过的歌，是最珍贵、最难忘的乡音。如今，民歌正面临着继承与发展两大课题，我认为，“保护和继承”是首要问题，先要“寻根”。我希望年轻人在听到这些民歌时，能够听到来自“母亲的心跳”，能够感触到土地的炽热，会直面祖先的精神灵魂，从而对传统生出敬畏之心，更加珍惜历史，将优秀的传统文化传承下去。

（原载《人民日报》2016 年 11 月 4 日第 24 版。本文有删节）

让民歌代代相传

民歌，是我们的爷爷、奶奶唱过的歌，里面有祖先的喜怒哀乐，是我们民族的根与魂。最近 30 年，我们取得了巨大的经济进步，亲身经历了从物质匮乏到丰富的过程。但另一方面，我们也看到在现代化过程中多元文化的逐渐丧失，比如城市建设中的“千城一面”等等。中华文化从来是多元一体的，也只有多元的文化才有未来发展的可能。

人类历史发展到某一个阶段才会产生一个与之相关的思想，比如，“世界大同”曾经是历代先贤的终极理想。但是，现在全世界都在吃麦当劳，穿阿迪达斯、耐克的时候，我们突然发现，这个世界都一样了并不美好，这也并不是人类的最终追求。

我们可以把“世界大同”理解为“和”，但“和”不是“同”，中国古代先哲早就说过：“以他平他谓之和”。

民歌的价值，就在于它出生于不同的地域，千变万化的自然环境和各不相同的生产方式、生活方式在造成“十里不同风、百里不同俗”的同时，锻造了中国 56 个民族在 960 万平方公里的江河大地上多姿多彩的方言和民歌。

民歌和所有非物质文化遗产一样是民族的 DNA，是民族精神的根与魂，也是民族的一个标识。艺术的本质就要求艺术品“各美其美”，与科学技术正相反，科学技术必须具有可重复性，科学要求在同样条件下，同一个过程，同一个原料，一定要产生同样的结果。但是艺术完全不同，艺术要和别人不一样。

所以为什么我们要保护非物质文化遗产，为什么提倡“原生态”民歌唱法，就是为了保护文化的多样性，保护我们的根和本。还有一些人认为，不管什么只有西方的好，只有西方的是科学的，只有按照西方模式建立起来的教育方法和学院的唱法才是科学的，我们的“原生态”唱法是落后的。这种观念，不但从本质上违背了艺术的规律，也是缺乏民族自信的表现。在一些“学院派”的艺术教学中，技术至上的做法已经在长期的训练中把艺术本身边缘化了。而“原生态”唱法凸显了我们舞台上专业演员丢掉的那些东西、那些最本质的东西，把“本真”重新放在了舞台上。

《中国民歌大会》之所以得到广大电视观众的欢迎和赞誉，就是越来越多的人在看过这些集中展示的民歌之后认为，祖先留下来的文化遗产是中华民族的宝贵财富，绝不能在我们这一代消失掉，我们有责任把这些美好的民歌传承下去，把祖先留下来的珍宝原封不动地传给下一代。

央视《中国民歌大会》的意义，就像第一集《河水天上来》黄土高原所在的地理位置一样，是站在一个高处的。当然，这个“高”，首先是因为我们的祖先“高”——包括他们艰苦卓绝的奋斗，包括他们的喜怒哀乐，包括他们的真挚感情，这一切和大自然融合在一起，高原、草原、蓝天、白云、江河紧紧结合在一起，就形成了黄土高原民歌特有的辽阔、苍凉、悠远、动人。能够把如此动人但不被很多年轻人认识的民歌集中展示，让年轻一代从民歌中面对祖先的灵魂，听到大地母亲的心跳，其立意之高远，也值得点赞。

民歌之美不但是真实的，也是永远的，只要有人在，这份感情就在，这份美就在。社会再变化，也需要真情。真正的文化大家，自古以来，没有一个是自命不凡、高高在上、瞧不起民间艺术的，都对来自民间的艺术怀有崇敬之心。民歌是历史，是民族史、是心灵史，是我们祖先发自心底的歌唱。明代文人冯梦龙说过：世上“但有假诗文，无假山歌”。是因为山歌“不屑假”，而“真”永远是“美”必须的条件。所以，人类只要有真情在，就有真民歌在，而我们今天的任务，就是让这些在祖国大地上产生的民歌，永远回荡在祖国的晴空丽日下。

（原载《中国政协》2016 年第 20 期）

音乐的民族性与世界性

大家好!

主办方让我讲 15 分钟，还要“精彩”，15 分钟只能“精”，“彩”有点难，直奔主题吧。给我的题目是“音乐的民族性与世界性”，刚才白庚胜主席也提到了“越是民族的，越是世界的”这样一句话，这句话不知是谁说的，好像有 20 多年了，应该说在当时起到了很好的作用，在我们全盘西化的过程中提出来这样一个口号，让人重新想到我们的民族文化。但是仔细琢磨这句话，在理论上还是有问题的，而且是不通的。

首先它把民族和世界对立起来，如果按照常识，我们当年，即改革开放之后所提出的一些口号，今天来看都有一些常识性的问题。比如当时有一个口号是“走向世界”，很多县城都在县政府门前弄一个广场，做一个金属雕塑，拧一个大麻花，莫名其妙的，一定是抽象的，下面写着“走向世界——某某县……”。我第一次看到这个口号时就在想：你要走向世界，那你在哪儿呢？你不在这个世界里吗？包括“越是民族的，越是世界的”这样的口号都存在这样的问题，所以我就想为什么有这么多口号？而且这个口号在当时能起到好的作用？

那么就必须联想到我们这 100 多年来的历史。这 100 多年，我们中国人的政治、文化、价值观、世界观发生了多少变化！“烙饼翻个儿”，翻了多少个个儿？为什么我们提出来“走向世界”这样莫名其妙的口号，仿佛我们不在世界里呢？的确，“世界”这个词进入中国不足两千年的历史，因为它不是中国汉语原来就有的词汇。“世界”这个词是从佛经中来的，《长阿含经》中说：“当于尔时，地为震动，放大光明，普照世界。”这才有“世界”的概念。那么，在佛经传入中国之前，在中国人眼里用什么来代替类似“世界”这个概念呢？是“天下”，“天下”是什么意思？“普天之下莫非王土，率土之滨莫非王臣”，是一个政治概念，一个土地的概念，我们是一个农业民族，我们所有的文化思想与文化思维都跟它分不开。

佛教进入中国，中国人才知道原来有“世界”。大，可以大到三千大千世界，而且有无数个三千大千世界；小，可以小到一微尘一芥子，里头还有三千大千世界。这超出中国人原来的想象。中国人知的是天下，走得到的地方，对皇帝来讲，就是管得了的地方，能收税的地方。这样一种思维方式使得我们直到今天才明白过来，要“走向世界”，才出现“越是民族的，越是世界的”这样的话，就是把民族和世界、把我们自己和世界区分开，有时候是对立起来。为什么要走向世界？因为不能总把自己关在自己的“天下”，关在自己的房子里。而且对世界文化多样性的理解，恐怕也不是原来我们想得那么简单——只要有民族特色的，就必然得到世界的承认。

今天我们讲文化多样性和过去我们讲“越是民族的，越是世界的”不同，认识到人类要保护文化多样性是从 20 世纪末到 21 世纪初才滥觞的一种思想。也就是最近几十年，联合国教科文组织做了两件影响到人类历史的大事。一个是反思人类和地球、和其他生物、和大自然的关系。过去，尤其西方文明认为人类是万物之灵，是这个地球的统治者，我们可以无限制地向地球攫取，地球上除了人之外的所有万物都是为我们人服务的。

中央电视台有一个广告非常好，是一个表，每个时间刻度上是一只我不认识的动物，时针在走，表“嗒嗒嗒”的声音在响，底下一行字出来：

每一分钟，这个世界上就有一个物种消失了。我不知道各位可能正在吃着饭、正在聊天的时候，无意之中看到这个广告时，有没有像一根鞭子一样抽你一下？联合国教科文组织做过一个统计——原谅我对数字是超低能的，永远记不住任何数字——大致意思是说最近这几十年，陆地上的生物消失了三分之二，海洋里的生物消失了三分之一。我这短短的一生当中亲眼见到的生物物种的消失，是我小时候拿着竹竿满大街去粘蜻蜓，当然我应该自我谴责，我也是消灭这个物种的罪人，但那个时候小，无知儿童嘛。最近这几年，我再没有见过一只蜻蜓！因为这么多物种的消失，我们到今天才发现生物多样性和人类生活的密切联系。

第二个人类的反思，就是反思今天的文明、今天的文化和过去人类在整个历史当中创造的文明的关系。现在的人都崇尚科学，科学是什么？科学是最“无情”的，所有新出现的科技手段都是对已有的、过去的、过时的科技手段的全面否定和覆盖。简单讲，现在人都拿手机拍照，只有专业人士才拿照相机；有了彩电后黑白电视没人要了；有了数码相机后，世界上最大的感光照片厂，日本的柯达、中国的乐凯就关门大吉了，不管你有几千职工，也不管这几千职工上有八十高堂、下有三岁孩子。如果我们用科学这种无情的态度对待人类过去的文化，那是一种什么样的结果呢？

所以联合国教科文组织才做了这么一件大事，制定了《保护人类非物质文化遗产公约》，同时通过“人类非物质文化遗产代表作”项目的评选，促进了全世界许多国家对自己传统文化的一种反思和保护行动。包括刚才鲍元恺老师讲他写的《炎黄风情》24 首中国民歌的管弦乐作品，写了 20 多年，以前谁听啊？没想到，似乎今天突然出现了一个作曲家，用几十年的时间，原原本本地用西方的交响乐来写中国的歌曲，就是用交响乐的形式来表现中国民歌，而且民歌的每一个音符他都没有去改。正是由于有这样的一种思想的进步，才可能有今天的“中国民族民间音乐周”，才可能请来自民间的艺术家们到中国最高的音乐殿堂来表演。

所以我曾说《保护人类非物质文化遗产公约》的第一个作用就叫接续历史。什么意思？因为你必须承认，我们的历史尤其是文化史已经出现了断裂，需要接续历史。很多中国人，包括我二十几年前写文章也写过，我们中华民族的文化是世界四大古老文明当中唯一一个没有中断的文明。大家看我最近十几年的文章，再也没有这句话了。为什么？第一，我看到了我们文化的断裂现象，第二，我看到了人家没有断裂的现实。我到印度去，发现人家的民族文化保存得很好，印度的音乐学校教的是印度的音乐，是“西塔尔”，是“拉格”。我问他们：你们想学小提琴、钢琴，学西方音乐怎么办？他们说找私人学或者到英国去学。我在印度十多天，居然没见过几个印度妇女穿西式裙装，都是穿纱丽。今天，连民族服装都没有了的我们，怎么还好意思在这儿说只有我们的文明没有断裂？我们有多少东西没有了啊?!

最后再用五分钟谈一点什么呢，也是我今天忽然想到的，就是现在社会上又重新重视我们的民间音乐，重新认识我们的祖先留下来的音乐遗产，这是非常好的，但这里面也有个态度问题。最近网上有个小小的争论，我估计大家用微信的都知道，一个年轻的女孩子在一个流行歌手和非遗传承人同台演出的时候用法语唱非遗，李谷一当时批评了她，但遭到了各种各样的反对。有一篇文章就是反驳李谷一的，认为这个孩子用法语唱非遗没什么不好。首先，对李谷一在这样一个场合所谈的一番话，我看了以后立刻给她发了条信息，我说：“大姐，我给你点一个赞。”我为什么给她点赞？因为她十多年前有一句话我到现在还记得，她当时说：“唱歌就像我们今天走这个门一样，只有一个门，不管什么唱法，只能从这一个门出去。”意思就是只有一个所谓“科学的唱法”必须遵从。我当时就是反对这种观点的，从窗户不能走吗？你要真是个天才，能把房顶挑了出去，为什么非得从一个门出去呢？但是今天她的观点变了，也就在十几年间我们对传统文化的重新重视，对非物质文化遗产保护的提倡，使这些老艺术家在不断跟着社会前进，不断地修正自己的思想，所以我说“李谷一大姐，我得给你点赞”。

这篇文章批评李谷一，说我用外语唱中国歌不行吗？我说错了，你用什么外语唱中国歌都行、都好，但这个场合不行！李谷一大姐和这个年轻歌手产生分歧的语境是什么呢？这个节目是一档什么节目呢？是一个宣称流行歌手向非遗传承人学习的节目！立意很好，但拍出来一看，是拿非物质文化遗产说事，请一个传承人来给流行歌手当陪衬。这个流行歌手可以任意地理解这项非物质文化遗产，但主要是要表现自己。这个节目我看了两集，一集是这个姑娘，用法语唱所谓的“渔鼓”，但跟“渔鼓”毫无关系，跟给她做陪衬的这个非物质文化遗产项目也看不出丝毫关系，她唱的根本不是“渔鼓”；第二集是我认识的一个昆曲著名的生角，也是与一个流行歌手同台唱昆曲，我只看到这位昆剧名角给这个流行歌手“跑龙套”，听不到一点点昆曲的典雅和固有的精神、气质。也就是说，这个节目就是拿非物质文化遗产说事。而我们国家有《中华人民共和国非物质文化遗产法》，其中就有一条：不能够任意地改变、篡改非物质文化遗产。这个导演、编导学法吗？不懂法没有关系，但是对非物质文化遗产你要有个理解，有个起码的敬畏之心！我们国家保护非遗的政策应该知道吧？第一条就是“保护为主，抢救第一”。你拿非遗来配合你的流行音乐，拿非物质文化遗产传承人给流行歌手垫底，这绝对是错误的。你可以用法语、意大利语，用世界语、用宇宙语唱，都可以，但非遗就是非遗，“渔鼓”就是“渔鼓”，你没权利篡改。

我说这件事，说明我们今天对传统文化的认识有了很大提高，但是远远不够，你看看人家日本人怎么对待传统文化的？他们去听歌舞伎都要穿着和服，穿着自己最好的衣服。大家都知道，日本的大相扑在“明治维新”后被禁了，说那是“野蛮的裸体游戏”，今天怎么样？变成“无形文化财”了，再没有任何一个人说日本人大相扑光着身子是不文明的。支持文化遗产保护，对文化遗产首先要敬畏，没有敬畏，任意篡改或者骨子里还是认为它本身就是落后的、不好的，必须用现在的声光电才能使它走上舞台，这是一个更大的错误。这对非物质文化遗产不是保护，而是在借口将其推向舞台、在对其用现代的思维和声光电来包装的同时，把它的灵魂阉割了。这不是保护，而是破坏。而我们要保护非物质文化遗产的目的，正是要保护我们真正的民族的灵魂，保护我们中华民族的“神”！

2016年11月11日于“中国民族民间音乐周”

三、《捡起金叶三集》

2006 年总理访日国事演出主持词

尊敬的安倍晋三首相、尊敬的温家宝总理，女士们、先生们：

大家好！欢迎大家光临今晚的中国非物质文化遗产专场演出！

正如大家所知道的那样，中国是一个有着 56 个民族的文明古国。近年来，这个历史悠久的古国发生了巨大的变化。中国有一句成语，叫“日新月异”。中国社会近 20 年来的变化，真可以用这句成语来形容。

近年来，“日新月异”的中国又出现了一个新的热门词：“非物质文化遗产”。正处在发展中的中国人民和中国政府一致认为：一个民族只有物质的发展是不够的，中国的现代化不能以中断历史和传统作为代价。非物质文化遗产不仅是一个民族自我认定的历史凭证，也是构建一个和谐多元的世界的保证。今天请大家欣赏的，都是中国的非物质文化遗产，其中有四项已入选联合国“人类口头和非物质遗产代表作名录”，其余的都已入选 2006 年中国政府公布的国家级非物质文化遗产名录。

首先请大家欣赏的是中国文人音乐的代表——古琴艺术，在 2003 年，古琴入选了联合国“人类口头和非物质遗产代表作”。人类不知道创造了多少种乐器，这些乐器都各有其美，各有所长。但是，没有任何一件乐器具有古琴这件乐器身上的这么多、这么丰厚的文化积淀和文化负载。且不说古琴有着 3000 年的历史，在《诗经》的时代就有“琴瑟友之”的记载；也不说它有 3000 到 4000 首传曲，从古代一直传到今天；也不仅仅是因为中国今天的琴家，仍然在使用着一个世界上最古老、文化积淀最丰厚的特殊的乐谱——古琴谱，从公元 7 世纪到今天，这个琴谱仍然还在使用。仅仅看这件乐器本身，它就集中地体现了中国儒家、道家，中国传统文化的精髓；也体现了中国古人对宇宙、对自然、对人生的种种认识。这是一种什么乐器？它是圣人之器，孔子以它弦歌教化众生；司马相如用它来“凤求凰”，追求自己的爱情；诸葛孔明用一张琴在空城之上居然就吓退了司马懿的十五万大军。所以，1977 年，美国宇航局向太空发射一艘名为“旅行者”号飞船，上面有一张金唱片，精选了 27 首音乐来代表人类的音乐。其中就有我们马上就要听到的著名琴曲——《流水》。

中国中央音乐学院的古琴教授李祥霆先生为我们带来了一张唐琴。琴和人一样，每一张琴都有一个独特的名字，这张唐琴有一个美丽的名字叫“九霄环佩”——从九天之上传来的仙女身上叮叮咚咚的玉佩相撞的声音。制造这张琴的年代，是唐至德丙申年，也就是公元 756 年。这一年，诗仙李白刚刚 55 岁，诗圣杜甫 44 岁。这张琴制造出来之后三年，高僧鉴真开始在奈良建造唐招提寺；46 年之后，日本定都平城京，开始了奈良时期。

所以，就凭这张琴，我就可以跟大家说，祝贺大家，你们都是真正有耳福的人。

请听古琴独奏《流水》。

下面大家将欣赏侗族大歌。大家知道，在西方有一种高级的合唱艺术，就是无伴奏合唱。但是那些专业的音乐家在上场之前，一定要用音哨或者音叉给一个标准音，歌者才能找到自己的声部。但是在侗族，所有人都会无伴奏合唱，他们从小就唱，所以，一开口便是他固定的音高。今天，我们专门请了贵州凯里小黄村的八个农民的孩子，她们最大的 15 岁，最小的只有 10 岁。下面，她们将为我们表演《蝉歌》。

侗族大歌之后，是泉州提线木偶《元宵乐》。泉州南音，是中国目前仍在流行的最古老的民间音乐之一。泉州提线木偶所使用的音乐，与泉州南音属于同一体系。

侗族大歌《蝉歌》

泉州提线木偶《元宵乐》

云南彝族海菜腔《金鸟银鸟飞起来》

刚才为大家表演的这对彝族姐弟李怀秀、李怀福，现在在中国已经是知名的歌手。两年前，当这对农民姐弟第一次参加中国一个著名的电视歌手大奖赛时，却被学院派的评委打了低分，认为他们的歌唱方法“不够科学”。但是，在短短的两年后，这个电视歌手大奖赛便增设了一个“原生态组”，这对农民歌手获得了金奖！这体现了民众对民族民间文化的重新认知，也充分体现了中国社会审美趣味的变化。现在，许多中国人认为，这些朴素的、没有被现代化“污染”的草根文化，才是我们民族文化的根。

下面，请大家欣赏一个梦，一个假如不是中国历史上最著名的梦的话，也一定是中国历史上最美丽的梦。这就是中国明代戏剧家汤显祖的名作《牡丹亭》中的《惊梦》。在这段典雅的昆曲之后，请大家欣赏一段目前在中国最著名的二胡曲《二泉映月》。这首乐曲的作者，是 20 世纪初期在中国无锡的一个流浪的盲艺人——瞎子阿炳，这位天才的音乐家把他一生的痛苦都倾诉在这凄婉的乐声中了。1950 年，中国的音乐学家杨荫浏用当时的钢丝录音机为瞎子阿炳录音、记谱，第二年，阿炳去世，随他生命而去的，还有许多和《二泉映月》同样美丽的音乐。瞎子阿炳和杨荫浏的故事至今激励着中国的文化工作者，要用最紧迫的行动，抢救我们所有民间的非物质文化遗产。

昆曲《牡丹亭·惊梦》
二胡独奏《二泉映月》

假如说昆曲是中华民族农业文明的巅峰之作的话，下面我们将欣赏到中国草原文明的两朵奇葩。首先给大家表演的是中国与蒙古国共同申报的“人类口头和非物质遗产代表作”蒙古族长调民歌。长调的历史非常悠久，应该说草原上的风刮了多久，长调就唱了多久。蒙古民族——这个伟大的民族，一代一代就生活在这悠长曼妙的歌声中。这舒缓的旋律，歌唱着他们的喜怒哀乐，歌唱着他们的生活，歌唱着他们昔日、今天所有的辉煌与苍凉。

在长调、呼麦和马头琴的演奏之后，我们将欣赏到维吾尔族的木卡姆。木卡姆是流传在中亚、西亚、南亚、北非等 19 个国家和地区的一种普遍存在的，集歌、舞、乐为一体的艺术形式。中国十二木卡姆艺术，是世界上保存最完整，也是最丰富的木卡姆。这里应该感谢一个维吾尔族的美丽女性——阿曼尼沙罕。她是 16 世纪叶尔羌汗国的王妃，同时又是一个诗人、一个学者、一个智慧的女性。她集中了当时最优秀的艺人整理木卡姆，到了 19 世纪，十二木卡姆完全成熟了。1951 年到 1954 年，中国的音乐学家用四年的时间记录了唯一一位全部传承下十二木卡姆的艺人图尔地阿訇的歌唱。因此，中国的木卡姆成为世界上保存最完整的木卡姆艺术。我们今天专门请来了来阿曼尼沙罕故乡的几位农民，他们是第一次来到这么远的地方！让我们随着他们的歌声走到天山，走到丝绸之路。

蒙古族长调《圣主成吉思汗》
新疆木卡姆

2006 年总理访日国事演出
“中国非物质文化遗产专场”视频

我们只有一个爷爷

——《山村·山鼓·山歌》序

这是一本什么书呢？作者不是音乐学家，但她写了一部传统音乐田野工作的考察报告；作者不是社会人类学家，但她写了一部山村生活方式与生产方式变革的采风记录；作者不是历史学家，但她写了一个在当代社会高速发展中被遗忘的山村和它的代表人物的口述史；作者不是诗人，但她写了一首充满挚爱、忧伤、困惑、失望、求索、寻根的心灵的诗篇。

作者是一个什么人呢？她是山的女儿，因此对山村的鼓声恋恋不舍；她是听着爷爷的山歌长大的孩子，因此对爷爷怀着文化归依与血缘之爱交织的亲情；她曾是一个采茶戏演员，因此对正在消失的传统文化有着刻骨铭心的感情；她是有着浓郁人文理想与情怀的知识女性，因此在面对渐渐老去的爷爷与渐渐沉寂的山村、山鼓、山歌时有一种生离死别的伤痛。

读这本书，人们首先看到的是一个从山里出来的女孩，在商品经济与文化一体化大潮的冲击下复归大山的故事。这其实是一个悲惨的故事，在这个女孩记忆里的一切——那山村、山鼓、山歌，都已经消失（或正在消失）在山村的青青雾霭中了。

爷爷老了，当年的风采已不在。

山村面貌已改，再也找不到农业文明的独特、温馨、闲适、自然，再也找不到大地之子的自足与自尊。

我们所有的文化遗产——从唐诗宋词到民间剪纸和二人转——基本上都是农业文明的产物。今天，当我们的社会正以令人目眩的速度争先进入工业文明、后工业文明社会的时候，我们民间艺术的处境正面临着一个从来没有过的危险境地：每一分钟，就可能有一首民歌、一个乐种、一座古建永远地消失了。我曾把传统文化比喻为一张飘在一列高速飞驰的列车窗边的薄纸，只要一开窗，我们一把抓不住，它就会“唰”的一声飞得无影无踪，再也无法寻觅。

五十年来，对民间艺术有过三次巨大的冲击，而改革开放十多年来的“建设性破坏”，无论其烈度还是广度，不但远远超过中华人民共和国成立初期的那次冲击，甚至远远超过臭名昭著的“文革”十年。“文革”中红卫兵“破四旧”，是暴力的、是短期的、是来自文化外部的、是跟民心相悖的。那个时候，只要有可能，中国的普通老百姓和知识分子，都会自发地、自愿地尽量保护这些东西。实际上，传统文化在被暴力破坏时尚可挽救，但当它被整个民族、整个社会都视为“落后”而急于摆脱的时候，才真正面临釜底抽薪式的最大的危机。知识分子天天写文章说千万不要再拆四合院，可四合院里的住户却把搬进高楼、住新房作为他们的最大愿望。西北“剪花娘子”的剪纸在欧洲可以卖高价，可以出画册，但她自己家里却不贴窗花，墙上贴的是港台歌星的照片。应该说，对传统文化最可怕的颠覆是民众对自己文化的忽略、遗忘与背弃，是民众审美观和娱乐方式在电视等主流媒体的狂轰滥炸下的巨大改变。

当然，“皮之不存，毛将焉附？”东海的渔民已经不用人力撒网了，开的是机动大船，怎么唱撒网号子？江南的农民已经在用插秧机插秧，怎么唱插秧歌？内蒙古的牧民更喜欢骑着摩托车去放牧，怎么唱牧歌？生产方式、生活方式的改变所带来的社会变革、文化变革是历史的必然，无法阻挡更无可奈何。我们不可能在短期内让所有人都认识到传统文化的消失将是我们民族的悲剧，我们更没有权利阻止老百姓按照自己的愿望追求自己心目中的幸福。但是，毛尽脱落之后，皮又焉在呢？本书的作者看到了自己家乡的变化：

> 以前的老房子几乎都换成了新楼房。那几处零星的旧宅与残墙，仿佛要被新的现代的建筑所淹没。外来的民间音乐收集者请山民们唱山歌，必须要付误工费，山民们不再像以前那样不计报酬说唱就唱了……
>
> 农民穿起了西装，打起了领带，女人们也尝试着用起了化妆品，年轻人急着往城里跑，小孩子牙牙学语，就开始教他普通话和英语单词，对于家乡的土话倒不十分流利，像是外地人学讲本地话的样子。试想连土话都讲不好，而用普通话与英语唱打鼓歌与武宁采茶戏，那会是一个怎样的调子呢？

当作者提出这样的问题的时候，她实际上是表达了许多人文知识分子的担忧。假如我们简单地把“皮”理解为物质，把“毛”理解为文化的话，那么，一张光秃秃的“皮”，一张失去了“毛”的“皮”，是不可能带给人们心灵上的温暖的。因为，“人”之所以为“人”，就在于他有精神的追求；“人类”之所以为“人类”，就在于他有历史和文明。而传统文化——所有的物质和非物质文化遗产，都是不可能再生的。我们必须记住：我们只有一个爷爷！

现在，中国社会最大的一个关键词就是“发展”，每个人、每件事，都要“发展”。从整体看，人类文化当然是不断发展的，当然是由不断的死亡和重生组成的。可是，宋词取代唐诗是发展，但不过是把齐言体的诗变成长短句的词，审美的情趣和文化内涵还是一脉相承的；元曲取代宋词也是发展，但支撑它的思想和精神同样没有实质的改变，还是儒释道的思想。在这些“发展”里，表现方式和手法当然在变，但是量变而不是质变。而当今社会的巨变，是人类从来没有遇到过的，甚至人类原有的知识系统已经无法面对。同时，全球一体化的浪潮和强势文化对传统文化的冲击又是如此巨大并无所不在。因此，我多次表明我的主张：在传统文化的领域里，先谈抢救、先谈保护，不要盲目谈发展。发展的道理和愿望是好的，但不能要求一个躺在病床上的老人去参加奥运会，去为国争光。传统文化已经不是年轻人了，它早已经走过了它的青春期和发展期，现在是一息尚存。我们的首要任务，是先抢救，先把它保护下来，让它不至于在我们这一代死亡。

当然，文化传统是要发展的，也应当发展。但传统文化与文化传统是两个概念。传统文化指的是以农业文明为主体的艺术形式及内容，而文化传统则更多的是一种精神，是一种民族精神、文化精神。假如说我们的传统文化已经到了非保护不可的境地了的话，那么，我们的文化传统却是生生不息、世代相传，而且一定会发扬光大的。

我跟作者并不相识，但看了她的书，感到我们的心是相通的，所以便写了这些话，就算是序吧。

2005 年 6 月 23 日于北京酷热之日

（原载陈琴《山村 · 山鼓 · 山歌》，文化艺术出版社 2005 年版）

申报“人类口头和非物质遗产代表作”是少林学建立的一个标志

——2005 年 12 月在“少林学”学术研讨会上的讲话

各位高僧大德、各位同道，我是研究艺术的，我谈的题目是“少林艺术”。少林艺术博大精深，从它的雕刻、书法、建筑这些有形的艺术，一直包括从少林功夫里面所体现出的崇高的审美价值都应该是我们研究的对象。但是今天我先不谈这个题目，我想谈谈另一个题目，因为今天打出的旗号是“少林学”，我今天要谈的题目是“申报‘人类口头和非物质遗产代表作’是少林学建立的一个标志”。

在讲之前我先介绍一些背景知识，可能有些先生没有注意到，少林寺从 2002 年开始为申报联合国教科文组织的“人类口头和非物质遗产代表作”这个名录做了大量的工作。“人类口头和非物质遗产代表作”这个名录是联合国教科文组织从 2000 年开始的，它是一个具有非常重大意义的工作。

大家都知道，由于现在世界经济一体化的浪潮，西方主流文化在借助强势媒体的力量，以一种席卷全球的态势对所有发展中国家或者说对全人类，造成了一种一元化文化要统一的状态，各国的有识之士，主要是知识分子开始意识到我们所谓人类大同其实并不一定是现在大家所呈现的、所看到的经济一体化甚至文化一元化。当地球变得越来越小的时候，确实有越来越多的人意识到这样的世界并不是理想的世界。

我的孩子现在20多岁，读研究生，他在北京长大，我觉得他与在纽约长大的、在东京长大的同样年代的人几乎没有什么区别。他们都讲英语，喜欢吃汉堡包、麦当劳，同一个时间看NBA的篮球赛，同一个时间看美国大片、上互联网，这种文化的一体化已经对这个地球上的文化多样性造成了一种非常大的冲击。而我们国家这20年来的经济的迅速建设在给我们每个人带来显而易见的好处和利益的同时，背后也有一个很大的负面影响，就是我们在这种经济的飞速发展、迅速的奔跑之中在不断地遗弃东西。所以按照这样的速度、按照这样的方式奔跑，也可能跑到终点的时候我们已经全身赤裸了，东西都被丢掉了。

我举个例子，山西是个戏剧大省，20世纪80年代编《中国戏曲志》的时候，山西省还有49个地方戏，包括完整的传统剧目、传人、名角、一系列的文化体系，仅仅20年的时间只剩下28种了。20多种地方戏不是一朝一夕产生的，有几百年的历史，然而就在我们眼前、就在这20年里无可挽回的丧失了，一个传人也找不到了，一出戏也唱不了了。所以非物质文化遗产的保护工作应该说是当代知识分子每个人都应该关切的问题。这个问题就像我们关注食品安全问题；这种精神的、非物质文化遗产丢失的问题，应该是整个社会关注的非常重要的问题。在这种情况下，联合国教科文组织组织了一个“人类口头和非物质遗产代表作”的申报工作，2000年公布了第一批23个，2002年公布了第二批27个。第一批有中国的昆曲，第二批有中国的古琴，这两个项目都是中国艺术研究院申报的。从2002年开始，全国各地的文化厅都非常重视这个事情。少林寺的永信方丈提出把“少林功夫”申报《人类口头和非物质遗产名录》。申报这个名录有特殊要求和规定，首先是按照联合国的要求草拟文本，这个文本有方方面面的内容，其中最重要的就是要用最简练的、概括性的语言把申报项目的文化价值、独特性、在人类文化当中的地位阐述出来，同时还要具备濒危性。所谓保护，最简单地讲就是一定要有价值，同时要有面临濒危的危险，这一点少林功夫和少林文化都具备了，它在价值和独特性方面是毋庸置疑的。我们做的很多弘扬方面的工作，包括今天开这个会议，表面看起来是做了很多工作，但是我觉得少林功夫的濒危性和其他剧种的灭亡不同，它的不同不在于大家不重视，而在于鱼龙混杂……

说到现在年轻人和传统文化的隔绝现象，应该说我是既有忧心也有放心，怎么讲呢？忧心是看到这个现实和现在青年人表现出来的对佛学普遍的一种隔绝，但是要说放心，我对中国传统文化的生命力和魅力是有坚定信心的。而且从历史上看，中国作为一个有着一二百年屈辱史，同时又有几千年辉煌历史的文明大国，我们每一代知识分子，尤其是近二百年来，几乎都经历着一个相同的历程。林语堂讲他们那一代知识分子，就是20世纪前半叶留洋的这批知识分子，他们年轻的时候说英语、穿西装、拿文明棍，过了五十开始穿长衫，手里拿本《楚辞》。我觉得林语堂的总结，实际上总结了在一个既有丰富历史，同时近代又是一个半殖民地国家的土壤里成长的知识分子，有一个大致相同的心路历程，就是年轻的时候都崇洋媚外，等有了一定的积累，尤其真正到了西方、真正到了它的文化里，反过来又对中国文化重新寻根。其实我们每个人几乎都有相似的一种东西，一般在大城市长大的，恐怕都有这个过程。我自己见到的很多年轻人，一些港澳台地区和西方的年轻人，他们都报考我的研究生，对佛学、对中国传统文化重新产生兴趣。在这一点上，我想一方面我们要尽我们的所能，教育和影响他们；另一方面我还是坚信中国传统文化的生命力和魅力，会使绝大部分的青年人最终有一个寻根的历程。

提　问：请您谈谈少林功夫申报国家级非物质文化遗产代表作名录是否存在问题？

田　青：联合国教科文组织的第三批名录公布之后它改了一个章程，各国缔结了一个《保护非物质文化遗产公约》，下面的工作是各国政府来做。我国文化部现在正在紧锣密鼓做这个工作，准备公布中国的《非物质文化遗产代表作名录》，这个工作已经做了大约有一年，各省文化厅报上来有1300多项，就是通过各省筛选之后报到国务院之后有1300多项。现在我们经过三轮的选择、专家论证，第一批是800多项，后来大家觉得多，又精选到600项，然后送到各个有关部委征求意见，各个部委一致的意见认为600项还是太多。对于这个无论是领导还是专家也都有不同意见，一派人的意见认为中国如此丰厚的传统、非物质文化遗产，表现在各个方面，从艺术、音乐、舞蹈、戏剧一直到风俗、民俗、节日，以及民间知识、口头传说、史实等等太多了，觉得几百个是应该的。

但也有一个观点认为，如果太多了就不值钱了。联合国三批“代表作”一共90个，我们也研究了其他一些国家在这方面做得比较好的，比如说日本、韩国。韩国作为一个单一民族的国家，从1954年开始开展无形文化财的评选，每年公布，到现在有130多个。专家们也争论，有一种观点认为韩国作为一个单一民族就申报了100多个，而我们这么一个大国，56个民族，有五六百项“代表作”不算多。但是我个人的观点认为，韩国的100多个，是在半个多世纪中陆续公布的，每一年大约公布几个，最多是十几个。我还是觉得，第一批应该把中国最好的、最优秀的、真正具有国家级水平的文化遗产公布出来。这个申报也是一个保密工作，在公布之前不可以讲。但是关心少林功夫的，可以这么讲，因为少林功夫申报联合国“代表作”名录的时候是候选的第一项，所以国家级名录应该理所当然，应该没有问题，第一批国家级“代表作”无论有多少个，也不会没有少林功夫。

市场经济条件下的非物质文化遗产保护问题

——2005 年 12 月在北京文联“市场经济与文艺”论坛上的发言

我想从论坛的题目说起，昨天下午来的时候我看到论坛的题目：“市场经济与文艺”就有一个感觉，如果在 10 年前文联开这个会，应该顺理成章地叫“文艺与市场经济”，“文艺”与“经济”两个并列词的孰前孰后实际上反映了当前市场经济和文艺在整个社会现实中的地位。今天这么写，好像只有我觉得奇怪，更多的人好像觉得这样写很正常，实际上这也反映了文艺工作者在当今社会中角色的自我定位：我们承认市场经济左右着文艺的生存和发展，文艺工作者越来越多地依靠市场经济。

今天谈市场经济和文艺的关系可以从很多角度得出不同的结论，比如刚才陈维亚谈的就让我感觉到很欣慰，或者说是看到一点曙光，他讲了一面，我今天主要想谈的是另一面，就是在市场经济条件下文艺的根，就是过去讲的民族民间文艺和现在常用的一个词——“非物质文化遗产保护”的问题。

谈到这个问题，我更多的是忧虑，在 20 年前，党中央告诫我们，要深入民间，尊重民间艺术。但最近这 20 年，深入民间，真正去研究、抢救或者保护民族民间艺术的，更多的是艺术家自发的行为。实际上，对我们国家而言，中华人民共和国成立以来 50 年对整个传统文化，即民族民间文化有三次巨大的冲击，第一次是中华人民共和国成立初年拆城墙的那次，大家要建设一个新的国家，急于摆脱农业社会的桎梏，当时就是想尽快地进入工业社会。那个时代有一首歌叫《我骑着马儿过草原》，唱的是："我骑着马儿过草原，清清的河水蓝蓝的天，牛羊肥壮驼铃响，远处的工厂冒青烟。"那时候，我们把冒着青烟的烟囱看成现代化的标志，把烟囱和青烟当成审美对象和歌唱的对象。现在，大家都知道。远处的工厂冒青烟是污染，白烟还凑合，青烟太厉害！这首歌，反映了当时整个社会刚刚踏入工业时代门槛的兴奋——当然，在那种兴奋下我们做了很多今天看来已无可挽回的错事。

第二次是"文革"，"文革"对传统文化的破坏是"空前绝后"的。但实际上，改革开放之后这 20 年来所谓的"建设性破坏"，对传统文化的冲击就其烈度、广度来说，都超过了"文革"。因为，"文革"对传统文化的破坏违背了民心民意，是由外而内的，是强迫性的。虽然"文革""破四旧"气势汹汹，但那个时候所有有良知的知识分子，包括普通的百姓都会尽自己的所能保护传统文化。比如我们前几年做田野工作的时候，就在河北省的农村搜集到几十本工尺谱，当时问这些农民，"扫四旧"的时候这些东西为什么没有扫掉？他说："我爸爸是民兵连长，扫到我们家时就藏起来了，就一直保存到现在。"这种事情当时是非常普遍的，"文革"像烈火，但真是野火烧不尽，它对中国传统文化的冲击毕竟还是短期的。但是第三次的建设性破坏却是釜底抽薪，是连根挖！值得每一个对中国文化有感情的人——无论是文艺工作者还是普通百姓——认真思考，因为这次的冲击，是内在的、自觉自愿的，几乎所有的民族民间的文化都在被我们自己抛弃。今天，在我们的土地上，几乎每一分钟都会有一所古建筑被拆掉，都会有一个歌种、剧种在消失。

从《文艺报》上我看到了一个数字，20 世纪 80 年代编《中国戏曲志》的时候，中国的地方戏剧还有将近400种，20年来有130多种地方戏消失得无影无踪，完全绝了，没有了。以地方戏剧的大省山西省为例，山西省在20世纪80年代有49个地方戏，现在只剩下28个，有21个剧种——不是一首歌，不是一出戏，而是一个剧种，包括它的全部传统，它的全部声腔，它的角色，它的大量的曲目——无可挽回地就在这20年内消失了！

再举两个例子，一个是陕北的剪花娘子，非常有名，法国给她出非常精美的剪纸画册，她到法国去办展览观众排着队买她的剪纸。但是她自己的屋子里是不贴剪纸的，她贴的是香港歌星的照片，问她为什么，她说这个好看。另一个例子是我前几年在山西所谓“发现”——其实不是发现，是相遇了一个民歌手，歌王石占明。现在很多人请他，出场费已经很可观了，但是当年他遇到我的时候是要给我唱流行歌曲的！他当时觉得会唱流行歌曲才时髦。

所以，我强调，目前这样一种釜底抽薪式的对传统文化的冲击是历史上从来没有过的，这种所谓建设性的破坏和我们全民族急于改朝换代，要更新审美意识有关，和强势文化对民族民间文化的挤压也有关。

为什么造成这种现象？这里有主流媒体的狂轰滥炸，也有市场经济的压力，也有国际文化一体化——用一个法国知识分子的话来讲，叫文化侵略。所以讲到市场经济和文艺的时候，不要忘记我们民族文艺的根，现在正在所谓市场经济的大潮下，就在我们眼前消失。当然，不应该把这一切归咎于市场经济，我认为市场经济和文艺的关系也可以理解成水可载舟也可覆舟的关系，如果找到用市场经济能够抢救保护民族民间文化的方式，我觉得这是我们要走的路，但同时要警惕市场经济的负面影响。比如刚才于平司长谈到的旅游业对民间文化的负面影响——造假古董、假文化，它在市场上得到了很大的成功，但是在学术上造假，在艺术上是很差的艺术。

类似这样的情况，我们应该怎么调整和适应，这的确是很大的问题。

我在这里只是想提醒大家，我们在谈到市场经济和文艺的时候不要忘记文艺的根，中华民族的灵魂，我们的文化传统和文化精神。不要忘记我们的草根文化现在正面临着灭顶之灾。如何利用市场经济的杠杆抢救它，让这个水不是淹没我们的水，而是救人于火的水，这是大家应该共同努力的事情。

说了这么多悲观的话，最后告诉大家一个好消息，昨天晚上九点钟巴黎的同志传来消息，中国新疆维吾尔族的木卡姆艺术已经获准进入联合国教科文组织“人类口头和非物质遗产代表作”名录，在此之前，中国的昆曲和古琴已经两次入选，中国新疆的木卡姆终于入选，而且中国和蒙古国共同申报的长调也同时入选“人类口头和非物质遗产代表作”名录，这应该是一个好消息。

民族审美意识的丧失

——2006 年 5 月 22 日在中央美术学院的讲演

大家晚上好，我今天讲的题目是有点悲怆的。我在拟这个题目的时候，心里有点不平静，有点不舒服。

为什么想到这个题目呢？是因为我前些时候去南方出差，从飞机场到杭州的高速公路两边都是中国最先富起来的农民的房子，当地接我的人告诉我这都是农民的房子，说农民生活都很好。的确我看见这房子我也有一种高兴，毕竟我们农民有这么好的房子住。但仔细看这些房子造型的奇怪和丑陋，让人吃惊，这些房子看不出来是什么风格，不中不西、不土不洋，而且在反复重复着一种新出现的丑陋。比如第一个人在房子上用不锈钢造了三个葫芦上面一个尖，现在都是值多少万的，然后后面再造的人也要在楼房上造一个葫芦，放眼望去，都是一模一样的非常丑陋的楼房，当时我就心有所感。

后来又去了浙江宁海，遇到一个收藏古玩的朋友，有一点积蓄，是一个民间收藏家。他自己有三个博物馆，我去过其中的一个，那里有他收集来的上百个南方的木床。然后他又让我看他的仓库，里面堆着很多江南老宅子的木料，雕梁画栋非常漂亮。他说："我听说这些房子要拆了，我就去买，我就想将来买一块地把这些房子重盖出来。"我就从这些破砖烂瓦、破木头上看到被先富起来的农民兄弟丢掉了的了不起的美，从房屋建筑上这种实用的木雕上看到了一种震撼人心的美。我想，也许正是时间历练了这种东西吧，也许我们这个时代有太多缺乏美感的东西。

他就给我讲了一个故事，他说现在中央号召建设社会主义新农村，下面的村长理解的就是把旧房子拆了，盖一模一样的红砖房。我真的怕，这样就把江南的白墙乌瓦、云南的吊脚楼、福建的土堡——所有这些的中国有特色的建筑都拆掉，然后盖成一模一样的整齐划一的、军营式的房子。我就在想，这是怎么了？现代化没有错，这是几百年来中国人所追求的目标，而且我们现在也正在接近这个目标。追求物质的进步也没有错。农民说，你看我的吊脚楼好，你怎么不来住，我这没有卫生间，不能洗澡，城里人都有卫生间，有抽水马桶。这没有错，这个要求完全是合理的，但是问题是，我们在追求舒适的同时，整个民族仿佛丧失了审美记忆，也丧失了审美能力。

当我有这种感觉之后再来看这个社会，我忽然发现：我说我们民族审美记忆的丧失不是耸人听闻。我们不要说我们这个民族的物质生活和精神生活存在的矛盾，也不要讲我们要先富起来，富起来之后，自然就能找到艺术，更不要讲我们这个民族就是一个实用的民族。北京周口店挖掘到的北京人头盖骨旁边有红色染料，还有用贝壳串的项链，就是在那个物质匮乏的时代，我们的祖先还在追求美、创造美。而我们现在却不要美了，我们首先想的是所谓的舒适：我们要盖有抽水马桶的房子，不管我们的房子都一模一样的。毛泽东在讲哲学的时候就说，你看不到抽象的人，只看得到男人和女人；也看不到抽象的房子，只看到北京的四合院和天津的小洋楼。现在四合院快没有了，天津的小洋楼也要消失了。不光是北京和天津，你到一个城市去，坐车到市中心你会发现所有的城市都一样。“暖风熏得游人醉，直把杭州作汴州。”现在你看杭州汴州，没有区别。而且这又不是美到没有区别，而是同样的忽视美。

这种情况不只在建筑领域，在所有的领域都存在这种问题，这就是民族的审美链条在我们这一代中断，好像现代人没有审美的能力了。你看现代人，穿衣服都不会了，没有自己的审美欲望，更没有审美的能力。现在有个词叫“时尚”，穿个衣服还要看时装发布会，发布这个是春天的流行色。公布后做服装的人按照这个流行趋势做衣服，城市的所谓小资就按照杂志的指导去买衣服，但是审美是非常个性的东西：连山顶洞人都知道美，戴用蚌壳系起来的项链，他是在创造，没有人告诉他这么做。而我们现在实用第一，在应该有主观的审美的时候我们用追求时尚、追求时髦来代替了自己的审美。

我觉得造成这种现象的原因很多，也很复杂，我们经常讲中华民族是实践理性的民族，但是我们这个民族现在越来越追求实际，越来越缺少浪漫和诗意。一个官员的政绩要看这个人的国民生产总值；教育也是一样，现在都是应试教育，从小就只讲“德智体”，“美”没有了。过去五四时期，一些先贤们讲要用美育代替宗教，现在宗教也没有了，美育也没有了，从小就是学英语，把你训练成一个所谓现代人。但是在训练成现代人的同时，民族文化里的美的东西都不见了。但也不是说都不见了，凡是能换钱的东西，我们都还保留着，比如瓷器、明清家具。那是一种美，是被经济肯定的美，这种美都在大批复制，但是做的时候不再享受。观看元代明代的观音像是一种宁静的、智慧的、不可抗拒的感觉，但是现在工艺品商店的观音像，都透着一种俗气。可以说现在生产的瓷器没有一件是美的，看到这些就会痛心。

我们本来是一个创造了很多美丽的民族，但是现在都退化了。还有日用品，现在很多日用品都没有了。古代有一种叫绣荷包——古代男人很幸福——你出门在外，爱你的女人会一针一线地给你绣荷包，她会把自己的感情绣出来，把自己的感情变成一种美丽。古人表达爱情的方式是艺术的，文人会写诗，女人会做针线，到了我们这代人还可以写信，从字迹上还可以触到她的体温，甚至泪水。现在是短信，现在也不再抒情，“两点半老地方，等你”或“你怎么还不来啊”。你仔细想就会发现，美在我们的生活中越来越难见。不要说绣花，我们连写字都懒得写。这是一种进步，但是我们担心的是，我们付出的不仅是时间、精力和智慧，其中我们最不应该用来换舒适的是美。

我是研究音乐的，在民族音乐里有时代的变迁和进步，也有太多美丽的歌不见了。元宵节的时候，我在国家博物馆策划了一个“非物质文化保护成果展”。那个展厅里有一件东西非常引人注意，是 20 世纪 30 年代发明的钢丝录音机，把磁粉放在钢丝上。那个录音机还有一个磁带，是我的导师杨荫浏在 1950 年为无锡的一个要饭的瞎子——阿炳录的音乐。这个音乐就是大家熟知的《二泉映月》，我们国家的民乐团每次出国演出都要演奏《二泉映月》。20 世纪 80 年代，当小泽征尔来中央音乐学院就听一个女孩子演奏《二泉映月》，他一边听一边流泪，他说这是应该跪着听的音乐。那么这样的音乐，假如没有录下来，就没有人知道有一首乐曲叫《二泉映月》，也就没有人知道有一个要饭的瞎子叫阿炳。当时那盘磁带一共录了六首音乐，杨荫浏就和他相约明年再来，但是几个月后阿炳就去世了。

其实，在中国这样的民间艺术家数不胜数，但是他们就像草原上的野草一样，一岁一枯荣。他们死了，没有人知道，作品有的就没有了，像草原上的风一样吹过去了，如泥牛入海了然无痕。但是我们现在为什么要这么重视这种消失呢？我们现在的这种无奈的处境，不是像有的人说的那样：所有的艺术都有生老病死，让它自然生长，它要是有生命力，自己就生存下来了。这样说不是不对，是太对了，对到没有用了。而你仔细想想，我们目前所面临的处境，和过去先人们面临的处境是不一样的。拿音乐来说，有很多品种。比如说，插秧有秧歌，薅草有薅草锣鼓，抬木头锯木头也有一个号子，而且它非常复杂。抬木头，上坡也好，转弯也好，都有不同的号子，过去的劳动都是有音乐相伴。但是现在生产方式改变了，生活方式改变了，那些音乐就没有了。原来打鱼可以唱渔歌，现在大轮船是机械化的，用网眼很细密的网打鱼，你是没法在上面唱歌的。过去放牧可以唱牧歌，现在内蒙古农民都骑雅马哈的摩托车，骑摩托车没法唱歌了。

这种文化的中断，社会的中断，一方面让我们无奈，一方面又让我们警醒，我们再不能用过去的观点看文化的变迁了。过去一个艺术品种从出现到发展，到保持一段时间，到消亡，是一个自然死亡的过程。但是我们现在面临的不是自然死亡，现在的社会变化就像是台风或海啸，对所有的传统文化进行扫荡。我们两年前开了一个非物质文化遗产保护的会，请的是北京大学的汤一介教授来做主旨讲座，他就大讲发展。发展当然没有错，而且北京大学从五四就开始讲发展，那个时候是很了不起的。但现在每一个村长嘴里最常说的就是发展，我们现在已经发展到“已忘来时路”的地步了，还用得着我们大讲发展吗？会议之后我们中午在一起吃饭，正巧我们在一个桌子上。汤先生的夫人就问我这个演讲怎么样，我当时就很不情愿地说，我有不同看法。因为他是长辈，我们请他来，也不好多作辩论，但是他点我的名问我，我也就得说我有不同观点。他听说我有不同观点时，他很惊讶，他说我们发展进步有问题吗？我说发展进步都没有问题，问题是我们在发展的同时丢失了很多东西。我们现在所面临的历史的巨变是历史上所没有过的，不能用历史的眼光看现在。什么意思呢？比如艺术在发展，到了宋代，宋词就代替了唐诗。发展到宋词，和唐诗就完全不同了：宋词是长短句，唐诗是齐言体。但是它们形式虽然不同，它们的文化内涵、审美趣味、精神实质都没有质的改变。唐诗的东西在宋词里都能找到，不论是简约，还是凝练，或者音韵的美——就是形式的美，到了宋词还是那样。但是我们现在完全不同了，现在的审美已经和历史完全错开了。

美术我不知道，但是音乐我非常清楚。我们总说中国有九大音乐学院，中央音乐学院是学西乐，中国音乐学院是搞民乐，东北有个沈阳音乐学院，西北有个西安音乐学院，中部有个武汉音乐学院，西南有个四川音乐学院，广东有个星海音乐学院，上海有个上海音乐学院，天津有个天津音乐学院，就这九所。现在有多少所？现在有 700 所音乐学院。东北林业大学也有音乐学院，我说这好，可以天天在森林里唱歌，非常浪漫。南京有一个航空航天大学也有音乐学院。我们的音乐学院也越办越大。但是所有的音乐学院，包括中国音乐学院，号称是学民族音乐，但是包括它的体制、它的教材、它的教学思想，全部是西化的。当然，这是我们近代化的一个很大的革命，我们为此做了很多努力：办西式学堂，学习西方。但是，在五四的时候我们这么做是正确的，因为当时知识分子认为，传统文化拖了我们的后腿，我们要把自己的东西砸烂，学习西方。虽然我们没有日本明治维新所提出的口号那么纯粹——脱亚入欧，但是人同此心啊。这一百年来我们民族一直有这么一个潜意识，就是觉得外国的东西什么都好——我们这里的这个外国指的是欧美，世界也是指欧美。和世界接轨绝不是和柬埔寨接轨，和尼日利亚接轨。中国人说外国的时候 90% 指欧美，80% 指的就是美国。我们在歌手大奖赛的素质问答题，问作家和作品的时候，选手不会，就猜一个，猜的都是美国、英国，还有法国。的确，人家打过我们，我们打不过，我们虚心学习，这没有问题。但是现在我们学了一百年了，我们学到什么程度呢？这个东西无法用量比较。

举个例子，现在的很多人包括在座的大学生，你们对外国文化的了解要远远超过对中国文化的了解。每个学音乐的人都知道贝多芬，但是没有几个人知道姜白石。我们谈起西方文化如数家珍，但是我们本民族的东西常常被忽略。包括刚刚结束的青年歌手大奖赛，加了一个原生态唱法，很多音乐家从来没有听过我们中国还有这样的歌，包括我，有的歌也没听过。我们知道羌族是我国最古老的少数民族之一，北狄、南蛮、西羌、东夷，那几个都找不到了，只有羌族流传至今。它的音阶非常特殊，包括和声，我们没听过。有一对羌族的歌手到中央电视台来唱歌，搬一坛酒上来，把苇子插到里面一人嘬一口酒，然后捂着腮帮子闭上眼就开始唱。他根本不管什么表演，什么和观众交流、微笑。他什么都不管，就捂着耳朵自己唱，那个声音真好听。那首歌起码有一千年历史，它的音就是古音阶。音乐考古很难，它的音阶和现在我们熟悉的都不一样。再比如说，湖北有个民歌，叫“三音歌”。其中的一个音是降半音，他自己一个人唱的时候你会认为他唱得不准、跑调。当十个人唱的时候，一到这个音都唱低半个音了，真棒！你才知道：哦，是他们特殊的音阶，和我们熟悉的不一样。我们的耳朵都让外国的音乐洗了。他们是在古老的音乐体系里歌唱，不说别的，光是那气息的悠长，那声音的渐强，让你训练半个月你也唱不上来。人家捂着腮帮子闭着眼睛就开唱，这种东西真的像大熊猫一样珍贵。为什么？因为现代化和西方文化的一体化，其力量的强大，是你无法抵御的。

前几天我在贵州的黎平，不论从贵阳去，还是从桂林坐车去，都要七八个小时。到那里，你会发现他们穿着自己染得非常漂亮的布，还有百褶裙也非常漂亮。我走的时候县长和我讲，你下回再来的时候，这里就通飞机了。当时我就想通飞机的那天，就是这里的文化开始被扫荡的时候，而且这种扫荡是没法阻止的，或者说你有办法也不能阻止的。所以前几天有一个记者问我，中国的非物质文化遗产保护的最大障碍是什么？他以为我会说经费不足或是什么的，我说不是，最大的困难就是人心变了。我说，古语讲过，破山中贼易，破心中贼难。

我们中国传统的文化在近五十年来有三次大的冲击：第一次就是中华人民共和国成立后，要砸烂旧社会，那个时候就把北京大部分的城门和城墙都拆了；第二次就是“文革”，在座的学生都知道那场浩劫。但是，即使是那个时候也没有今天建设性的破坏损害大，为什么？那个时候“文革”是“破四旧”，但是有很多有良知的人都会去保护一些东西，比如，杭州灵隐寺的牌匾都是清代的，每个匾都是旧的，什么都没有被破坏。为什么别的寺院都是新的，只有它是旧的呢？你去追寻的时候别人就会告诉你一段历史，当时解放军的一个营长是怎么把机枪架起来对着红卫兵来保护这些东西的。英国的一个艺术家在中国的农村搜集中国的民间音乐，他发现每个村子都有古老的乐器，有手抄的工尺谱，还有鼓上有古老的龙，他就奇怪，问这个怎么会留下来，这也是“四旧”啊。农民就说：“很简单，我们把这刷上红漆，写上黄字——‘抓革命促生产，毛主席万岁’就行了。”工尺谱能保存到现在就更奇怪了，那个人说：“不奇怪，我爸爸是民兵连长，搜到我们家，我爸就把它藏起来了，直到今天。”这样的例子非常多。我自己在采风的过程中就遇到很多例子。但是现在不同了，现在是农民自己要把房子拆了要住新的砖房，要有卫生间。

前几天青年歌手大奖赛出了一个笑话，气得我七窍生烟。山西的歌手石占明，他是我带出来的。我几年前到太行山去采风，把他带出来，让他到人民大会堂去演出，得了奖。这次，我又介绍他到二炮文工团去参军了。巨大的生活变化让他承受不住了，我就隐隐发现我做的这个事不对，但是我怎么做是对的呢？两年前我带了山西一个队伍出来表演，这个队伍叫盲人宣传队，十几个人，领头的有一只眼、一只胳膊，在前面带路，后面都跟着。一个村子、一个村子走，去唱歌。然后给他们点儿饭，再留住一宿，第二天村长给点钱，然后再继续走。后来，我写了一个文章叫《向天而歌》，因为他们是瞎子。演员在台上的职业的微笑，我们看得太多了。他们没有，他们看不见你，不知道你听没听，他们就是唱。我第一次听的时候是在一个破庙外，拉着灯唱。当时，听到他们的声音后我眼泪唰唰地流，真是热泪滂沱。这样讲是不是有点夸张了啊？一点儿都不夸张——我从来没这么流过泪，眼泪一股一股的。

我们平常听到的声音都是所谓“科学”的声音。但真正听到原生态的，不“科学”的东西，真正唱出喜怒哀乐的东西，就好像被打了一个耳光一样，一下就蒙了。就像我第一次看凡·高的真品的时候，平时你看的都是印刷品啊。那种油彩堆砌的立体感，让你一下就像被打了一个耳光一样。我就领这几个盲人到北京各个学校演出，谁听谁感动。第一场是到首都师范大学音乐学院，县里专门给他们做了新衣服，都是蓝裤褂，白袜子，黑圆口鞋。当时有个作家，还没听唱就开始流眼泪，我问为什么，她说一开场，看他们坐的就是七歪八歪的，因为他们没有方向感，不知道观众在哪里，幕一拉开他们都是冲着自己心里的方向。那个作家心也软，眼泪一下就出来了。他们再张口一唱，大家都和我一样热泪滂沱。后来到中央音乐学院，有个学生问我：田老师你把他们领来演出，让他们上电视，但是他们以后怎么办？我也很真诚地说，这个问题我想过，但我也不知道怎么办。我有八个字的座右铭：重情，尽责，随缘，惜福。

我为什么说重情呢？现在很多人看重的都是物质，我们搞艺术的要重情。没有情，也没有艺术，没有人生。我说我这个情就包括我自己对民族文化的情，也包括对艺术的情。我看好的艺术，我感动，那么就有了尽责。我是音乐学家，我看到好的音乐，就要把它弘扬出来让更多的人知道。没有办法管他们一辈子，也没有办法给他们设计将来怎么办，这就要随缘。真正的随缘就是我们每个人都只能按照自己的命运轨迹走，包括对别人也如是观。比如二炮文工团的团长找我说你认识的那个民歌手能不能介绍给我们，我们要参加原生态的比赛。第一，我作为一个音乐学家，作为一个非物质文化遗产的保护者，这次大奖赛增加原生态的唱法也是我的提议，我当然要做我的工作了。第二，一个部队能改变思想，愿意培养这样的歌手，我当然要给他介绍。我就给他打电话问他愿意不，他说当然愿意了，于是他就当了兵。你们说我做错了吗？我比他大得多，有人说他是不是你儿子啊，你对他那么好——我对我儿子都没这么好过。但我跟他提两个要求，一是千万不要改变唱法，就算音乐学院的教授教，也不要听，因为你学了以后就不是你了，你就不值钱了。他说好。第二，我说你老婆给你生了两个孩子，进城后还要和她继续过。

后来面对这次巨大的压力，他一唱就破音，然后千不该万不该，他答题，就是三面旗，一个英国的，一个澳大利亚的，一个新西兰的。他当时完全懵了回答说“英国，日本，中国”。气得我七窍生烟。第二天网上就铺天盖地说解放军连国旗都不认识，你怎么保卫祖国？简直是奇耻大辱——全是怒骂。仔细想想他是个放羊的，你让他辨认新西兰的国旗，这完全在他的知识和文化范围之外，他完全是下意识的。下台后问他说的什么，他说不知道说什么。我又内疚，我那天翻来覆去睡不着觉，我把他介绍到部队去，改变了他的生活，但是出了这么一个事。所以我们只能做自己觉得应该做的事，至于结果怎样，是没有办法左右的。

我们民族审美记忆的丧失怎么办？我现在正在做保护非物质文化遗产的工作，不计报酬，不怕得罪人。我很得罪人啊，包括这次歌手大奖赛，评委间争论激烈。原因很简单，我们学了一辈子音乐，你一个太行山放羊的来得个金奖，我们学校还办不办了？我们怎么办啊？这是一个小事但也是一个革命，虽然是一个小革命——衡量是不是革命就是要看这件事是不是伤害了一批人的利益，同时改变了另一部分人的处境。所有的革命都会伤害人的利益。农民分田地是伤害地主的利益，所有的革命都是财产资源的再分配。本来三种唱法现在变成四种——像分蛋糕一样，多增加一个人就伤害一部分人的利益。但是我伤害他们都是无意识的。为什么呢？我虽然当评委，但我和声乐一点关系没有，你看我的嗓子能和声乐有关系吗？

人家苦心经营的菜园子，什么都弄好了，你骑个马进来踩了一圈，跑了。你又不是人家地里的人，人家生气甚至憎恨，我都非常理解，但是我为什么骑马到菜园子里跑一通呢？这和我本人没有一点利害，唯一的就是你们用规范化的声音折磨我，我看到好的音乐想拿出来让大家一起听听，就这么一点愿望。

我这样做的目的其实还有两个，一个是我们现在的艺术教育完全是从西方拿来的，自己本民族的东西丢了。我举个音乐的例子，笛子是六个眼均匀的，民间吹笛子吹半音的时候怎么办？就用指法、口风，堵三分之一、四分之一等等，很多技巧。民间有句话叫“五调朝元”，就是转一圈转五个调后还转回来。音乐学院毕业的学生，在民乐合奏的时候，谱架旁边还有个架，音乐转几个调旁边就有几个笛子，为什么呢？音乐学院完全中断了这个传统。我们中国学音乐没有练习曲，弹古琴上来就弹《关山月》，弹古筝上来就弹《渔舟唱晚》——在音乐中解决技术问题。中国是笼而统之，西方是分得很清楚：练习曲是练习曲，艺术曲目是艺术曲目。弹钢琴、拉小提琴上来先弹练习曲，我们接受这个后，中国的音乐学院也是这样，二胡也要写练习曲。唱歌也是，我们现在学院派的民歌唱法完全是用西洋的唱法唱中国歌。真正的民族音乐实际就是原生态：不同的民族，不同的音乐，不同的技巧，所以，没有原生态歌手，这个比赛没法看。

当然有很多原生态不是真正的原生态。有很多当地民歌非常棒，然后文化馆的干部给他包装。文化馆做了很多好事，也做了很多坏事，农民画就让文化馆弄坏了，我听说有的农民还画石膏像。这个文化馆的音乐组正在教农民美声唱法，所以我们审美记忆的中断是全方位的。造成这些的原因，包括时代的变化，审美观点的改变，最难的还是人心的改变。拿音乐来讲，千人一声，尤其是女高音，听不出来是谁唱的。有一年春节晚会，都是中国的腕儿，有一等的腕儿，有二等的腕儿。一等的腕儿能唱一首歌，像宋祖英；二等的腕儿只能几个人唱一首歌。有四个女高音唱一首歌，录音没录好，重录。四个人再进录音棚谁也听不出来哪句是谁唱的。科学唱法，科学就是都一样的，所以艺术——音乐方面就是生产罐头歌手，和罐头一样，配方是一样的。700多个音乐学院，你们想得生产多少个。但是我们的父母还逼孩子去成为宋祖英，一个宋祖英就够了，没有第二个。我们用机械化生产的方式生产歌手，而这个机械化的方式和传统文化是完全不搭边的。

我常常讲先贤有四个字是最高理想，叫“世界大同”，现在没人提了，因为已经实现了。欧洲杯要举行了，你凌晨四点起来看球赛，同一时间全世界的人都在看。全世界的人同一时间看好莱坞大片，一个英文歌手的新歌，大家能同时听到。大家上网，吃麦当劳、肯德基的汉堡包，穿阿迪达斯，全世界都一样。现在北京的一个青年人，和在纽约的、内罗毕的、河内的青年人，几乎是一样的，他们的共性远远大于个性。当然这是世界范围的事，不光中国。但现在中国足以傲人的有什么东西呢？过去是历史，现在是经济发展的速度，可经济发展的速度不可能永远这么快。日本、韩国、美国也得停啊，所以不可能一直按8%的速度发展。我们很多瓶颈是解决不了的，但是在经济发展停了后，我们的文化遗产也没了，我们还有什么值得傲人的东西呢？还有什么东西能够支持我们的民族自尊心呢？还有什么东西能够支持我们的民族自豪感呢？前面提到的国旗事件让我看到，我们网上的爱国主义是多么偏狭，多么地背离爱国主义。爱国主义没有错，但是一个起码的爱国主义者，要有一颗对同胞的包容心。如果对一个偶然犯了错误的同胞如此的恨不得食肉寝皮的话，怎么爱国啊？这所有的一切，我把它归结为传统文化的丧失。

从五四后几十年里我们在学习西方，在赶超别人，在这个过程中，我们一直跑，把爷爷奶奶塞给我们贴身的东西都跑丢了，我们不知道，跑到目的地衣服也跑丢了，成为一个现代人，但是是一个赤裸裸的现代人，不是中国人。我觉得这样的现代化，这样的世界大同，绝不是先贤抛头颅洒热血要追求的。列宁就说，我们泼洗脚水的时候，把孩子泼掉了。我觉得我们现在对待中国传统文化大抵就是这个态度。有人讽刺我，我在世纪大讲堂做了一个非物质文化遗产的讲座，第二天就有人在我的网页上贴了一个帖子。他说，“田老师，你要早生一百年就好了，那我们的文化遗产就都保护住了。比如，我们的三寸金莲，那个金莲多好啊，我们成立一个金莲保护会，想请你当顾问。”现在很多人都是和他一个思想：全民都在现代化，只有你们这些老人又保护遗产，又不能中断传统。他不理解，但是没有一个保护遗产的人认为缠足是应该保护的。我前阵子写了一篇文章，讲精华糟粕之间的关系。我们不能是精华和糟粕二元论，在精华和糟粕之间还存在许多中间地带。有些人认为是精华，有人认为是糟粕；今天认为是糟粕，明天就可能认为是精华。即使是缠足这样丑恶的东西，你也不能简单地下一个科学的定义说缠足为什么丑陋，因为它残害身体。残害身体追求美的事世界上还少吗？比如女人的耳环，在耳朵上钻个眼，戴大小适中的不特别过分的耳环，现在是一个被普遍接受的审美，现在很多民族都接受这个了，包括中国。但是你在嘴唇上、肚脐上包括其他地方穿孔，这就叫前卫。还有些民族用环把自己的脖子弄得很长、用东西把嘴唇撑得很大，等等。我们在研究的时候会发现“糟粕”二字很难界定，我们唯一能做的就是对这种奇异的现象给予宽容的态度，我觉得这才是稳妥的。海南黎族文身文面，黎族艺术家在提到他们的文面的时候，说这是我们民族历史上一个波澜壮阔的文化现象，他们很自豪。所以对待传统文化，我们应该有取舍，但是仅仅用精华和糟粕这个二元论来看也是不稳妥的。

我觉得今天我们应该有责任恢复或接续我们已经中断的历史文化传统，起码恢复我们民族对美的追求和判断力。我今天就讲到这，我希望能够留半个小时和大家讨论和提问的时间。

学　生：田老师，您好。您是研究中国传统音乐的，我对中国传统文学和传统音乐的关系非常感兴趣。我前一阵看了白先勇先生导演的青春版《牡丹亭》，其中有一首《蝶恋花》。像《蝶恋花》这样的词牌，它的谱曲是固定的吗？

田　青：昆曲作为2001年我国第一个申请进入联合国"人类口头和非物质遗产代表作"名录的项目，最近看起来是有些振兴之兆。但是昆曲的词牌是有固定的音乐和格式的，一般是按照老的曲牌往里填词。另外，昆曲的词是文雅的、是文言，具有极高的文学和艺术性，而京剧和其他戏剧都是白话的。

顺便说一句，明清时代的戏剧极其发达，可以说明清时代的音乐史就是戏剧音乐史，20世纪80年代的时候，全国统计有近400个地方剧种，现在剩下大约二分之一，以山西为例，20世纪80年代有49个地方剧种，现在还有28个，也就是说在这几十年里有21个剧种彻底消失了，找不到了，最后一个会唱的人也死了。现在，一个老艺人的去世，就常常意味着一门技艺、一个乐种、一个剧种的消失。所以说我们拼命地做这些保护工作，不仅是保护一种文化、一种技艺，也可能是为那些边远贫困地区的致富和追求现代生活找到一条更好的路，假如我是这个村子的一个青年，我现在想去深圳打工，刷盘子或去建筑工地打工，当然，我并不是说刷盘子或去建筑工地这些工作就不好。但是，就在我收拾行李要去的时候，当地的文化部门给我的邻居张大爷送来了一块匾，上面写着：非物质文化遗产。张大爷都快死了，他就会用麦秸编草人啊，忽然政府关注了，不仅给他门口挂块牌子，还每月给他生活费，就为了让他传承这门技艺，你说我干吗去刷盘子？我跟他学不好吗？如果这个村子都用麦秸扎一种非常漂亮的草人，我想，这个村子会有很多人来看来买，这样，他们就不必离乡背井，也可以避免用大量浪费自然资源的工业生产和破坏生存环境的方式来改善他们的生活。但是还有很多人不理解、不接受我们的观念，我们依旧很困难。

学　生：您刚才说到我们生产方式和生活观念的转变导致了传统文化和技术的丧失或断裂，而我们在从事抢救和保护这些东西的同时又常常面临着好心干了坏事的尴尬。您怎么看这个问题？

田　青：我在做这些工作当中，秉承着这样的原则：第一，对非物质文化遗产的这些传承者、承继者，首先要尊重他们的意愿。我们任何人都没有权利阻挠他们按照他们自己的意愿追求心目中幸福生活的目标，就像我们要保护四合院，但是这个院里的人都要拆，然后搬到对面的楼房里去，你说这是文化遗产，不能拆，但他们说：你怎么不来住？或比如苗族，我们不可以说你们不能穿牛仔裤，你们就应该穿苗家的衣服，或者说你们不能现代化，你们不能有冰箱，吊脚楼里不能放电视机。我们任何人都没有权利也不应该这样要求他们。我们能做的就是告诉他们，你们的这些东西是好的、是了不起的，我以及还有很多人是喜欢它、认为它有价值的。第二，他们要求我们做的事情我们还是要帮忙，一个苗族的小姑娘托你给她买一条牛仔裤，你还是要给她买一条牛仔裤，但同时告诉她，穿牛仔裤的人太多了，你的这个裙子才漂亮。我们只能影响她。

至于他们要过现代化生活，就如同现在农村要城镇化，小城镇要大城市化，大城市要像欧美的城市化，这个问题是我们无法阻挡的。不能因为我们到一个远离现代化的青山绿水的环境，我们就希望那里的孩子不要上学，就骑在牛背上吹笛子，那样太自私。所以这些事情的确是两难的。

不要让非物质文化遗产在我们这一代消失

——2006 年 7 月在舟山“中华民间锣鼓专题学术研讨会”上的即兴讲话

首先向各代表队的领队，向传承传统艺术的民间艺术家表示最崇高的敬意！

在不久前 6 月 10 日北京举行的遗产日纪念活动里，我们在北京民族文化宫举办了一场演出。这场演出的演员大都是普普通通的农民、牧民，节目都是原生态的音乐、歌舞和戏剧。当时我做主持人，在整个晚会结束的时候，我很激动地讲了这样一段话：面对我们如此丰厚的非物质文化遗产，我们应该心存感激。第一，要感激我们祖先，是他们的天才和创造，才让我们的今天还能拥有这份自豪；第二，要感激那些传承着我们古老的传统文化的普普通通的老百姓，因为他们的坚持和承担，我们祖先的血脉才没有在今天中断。我的这两个感激，一是感激祖先；一是感激人民。至于我们各级政府做的保护工作是应该的、是分内的，做不好应该批评，没有必要特别感谢。当然，今天我们来到这里，还是应该感谢浙江省文化部门和舟山市政府，尤其是舟山市政府，提供了一个能够展现来自不同地区传统文化，交流非物质文化遗产保护经验的平台。

今天我想谈谈我们为什么要开这样的会，为什么要举办这样的比赛，这也就是我们保护非物质文化遗产的意义。2006 年，保护非物质文化遗产突然成为一个社会热点，从电视到平面的媒体都给予高度关注，实际上这反映了全社会包括党和政府对时代发展的崭新认识，是一个进步。

过去我们叫民族民间文化保护工程，现在改名为非物质文化遗产保护。有的人说这仅仅是因为联合国教科文组织有一个非物质文化遗产保护名录，为了和国际接轨，其实不仅仅如此，这个改变反映了我们对社会的认识，简单地说就是现代化发展到今天，我们的经济建设取得了举世瞩目的成就。中国人在经济建设上创造了一个奇迹，那就是在 20 年里从来没有这么多人——十几亿人在经济发展中得到这么大的好处，这么多人的物质生活得以提高，自从有人类历史以来都没有过这么大的进步。但是，历史发展到今天，我们再回眸来看的时候，许多有识之士开始发现我们在向现代化迅速奔跑的过程当中，因为跑得太快了，一边跑一边往下掉东西。我们没有注意到，我们把爷爷奶奶偷偷藏在贴身衣服里的传家宝都跑丢了。我曾经做过这样的比喻：非物质文化遗产就像一张白纸，而我们现代整个社会就像一个飞速奔驰的列车。这张白纸就在窗口上飘着，只要我们一打开车窗，这张白纸就会“唰”一下飞出去，我们一把没抓住，就永远找不回来了。所以今天从中央领导一直到学者，都高度重视非物质文化遗产的保护，有其重要的原因，也有它的道理。应该说人类所有的进步都要付出代价，就像现代化的建设，我们总是先建设，造成污染之后再治理。古人云：“衣食足，然后知荣辱。”当温饱都没有解决的时候，不会考虑保护环境，保护非物质文化遗产。今天我们解决了温饱之后，才有可能发现在这过程当中所忽略的问题，就是民族文化面临着一个断层。

当前的形势大家都清楚，作为学者我可以这样讲，我们当前民族文化的断层很严重，尤其是青年一代对传统文化的认知极其薄弱。518 个国家级非遗项目里包括 6 个中国传统节日，这些传统节日原本承担了很多的社会职能，其中一个功能就是发泄情绪。每个民族都有狂欢节，我们中国过去把元宵节叫“闹元宵”。一个“闹”字就确切、生动地说明了元宵节的意义。这个民族劳累了一年，春耕夏作，到了这天可以做平常不能做的事情，可以吃平常不能吃的好东西；在这一天我们允许自己放松，甚至放纵。这是人类社会自我调节的一种方式，但是我们现在没有了。所以现在我国3亿人半夜3点爬起来看一个叫作厄瓜多尔的国家队踢球，而且全世界只有中国从头到尾转播每一场足球赛，当然我不是反对看球，但是深思起来有很多令人担忧的问题。整个民族无意识地被媒体、被商业炒作拉着走，这种“从众”的现象从来没有像今天这样突出。为什么大家从众？从众似乎就是追求时尚，否则就觉得自己落后了。中国人在这个问题上是最有危机感的民族，我们唯恐别人说自己落后，害怕别人说自己没有发展、没有进步、没有时尚。

今天我们的孩子跟世界其他国家的孩子一样，都得学英语，上互联网。他们追求的都是要穿耐克的鞋，穿阿迪达斯的运动服，吃麦当劳。我们自己的文化在世界一元化的现代化浪潮中岌岌可危。再说一句不恰当的话：我们明天都现代化、国际化、都市化了，但是民族文化的特性不断消失。我们终于成为一个现代人、一个国际人，但是我们已不是中国人了！

有记者问我，你能不能简单地讲什么是非物质文化遗产？我回答说，所有决定我们是中国人的，除了黄皮肤、黑眼睛、黑头发之外的一切东西都是非物质文化遗产。我们有自己的语言，我们有自己的审美观念，我们有自己的娱乐方式，我们有自己的文化传承，我们有自己的风俗，我们有自己的饮食习惯。这一切都决定了我们是中国人不是外国人，但是今天的这一切都在淡化、弱化、消失。

中国20世纪80年代编《中国戏曲志》的时候做了统计，民间戏剧有近400个。但是今天大约只剩下200个，尤其是最近20年的时间消失最严重。山西省统计的数字比较准确，20世纪80年代有49个地方剧种，今天还剩 28 个，其中 21 个剧种消失了。剧种的概念是什么？就像乐种一样，它有自己传承及形成过程，有上百年甚至几百年的历史，有独特的、跟其他剧种不同的表现手段与唱腔形式。除了内容结构、伴奏乐器、表现程式外，还要有一套自己的剧目。每一个地方剧种都有几十个乃至上百个剧目，还要有著名的、能够吸引人的名角，同时还有几十年才能培养起来的代代相传的观众群。但是现在仅山西一个省的 21 个剧种就没有了，所以我们今天提到非物质文化遗产的保护，作为文化人，想到的就是我们中华民族有着几千年的历史，有着几千年的辉煌，而这些非物质文化遗产都是活着的历史，这有别于《二十四史》中记载的文字的历史，它一直活到今天、传到今天，这就是非物质文化遗产。假如这些东西在我们这一代消失，那么这一代就是罪人！我们现代化成功了，但是把历史丢掉了，为现代化付出的代价是历史的中断，是审美记忆的消逝，是传统文化的断裂。为了现代化我们可以付出很多东西，但是我们没有必要，也没有权利把祖先传给我们的东西付出。

而作为国家政府考虑的是什么？为什么国家现在大力地扶持、支持这个工作？胡锦涛主席在很多国际场合都强调要保护文化多样性。什么叫保护文化的多样性？很简单，未来的文化不能是一元化的文化；不能全世界 10 亿人同一天晚上起来看一场球赛；不能全世界的年轻人同一天进入电影院看同步上映的好莱坞大片；不能让所有的歌手在不同的舞台上都唱西方舞台上的歌；不能让西方文化变成唯一的文化。我不是说好莱坞大片不好，也不是说世界杯足球赛不精彩、不应该看，问题是这些世界的主流文化已经以排山倒海之势进入中国，在给我们带来享受的同时，把我们的历史打断了，把我们的传统文化挤压到边缘和角落。今天国家提出了保护文化多样性，其实就是保护中国文化在世界存在的地位和影响力。文化的影响力是巨大的，美国不光是靠它的大兵，靠它的武器，可以说，美国是用文化征服世界。20 世纪五六十年代经常提起的“和平演变”这个名词，有兴趣的人可以去查查它的内容和方式，就会理解为何中央领导大力扶持、宣传保护文化的多样性，为什么大力扶持非物质文化遗产的保护工作，因为“和平演变”这个被遗忘的名词在某种程度上已经慢慢变成了现实。我们的青年人不再对自己的节日感兴趣了，过春节、过端午节没意思，却要过情人节、过圣诞节，这才洋气和时髦。当要追求洋气和时髦的潮流与我们急于发展的欲望结合在一起的时候，就带来许多问题。我们在发展、在追求进步的同时，一时难以分辨哪些东西是好的、哪些东西是坏的。

所以我要讲一个问题，一个最重要的问题就是赶快改变思想。我们每个人都谈与时俱进，什么叫与时俱进？当今的与时俱进就是要跟上中央的文化政策。我们 20 世纪五六十年代曾经谈的“古为今用，推陈出新”的观点，那是中国工业化刚起步时的思想，是那个年代的思想，今天我们还在谈这样的观点，还会认为是进步的思想吗？今天中央保护非物质文化遗产的精神是：“抢救为主，保护第一”。

我们知道日本现代化程度比中国高，但是日本的传统艺术一点也没有变啊，他们从来没有在演能乐的时候加入电子琴，虽然日本的雅马哈电子琴是世界上产量最多的，但他的传统艺术中绝不会加入电声。弹三味线绝不会加入流行歌曲，如果要发展，你可以去搞交响乐、去搞摇滚乐、去搞新的艺术形式。他们的发展和保护没有矛盾，是“大道朝天，各走一边”。巴黎城区的所有建筑都不允许随意改变外貌，受法律保护。法国是私有制国家，看门不顺眼把它拆下来可以吗？犯法！城市的外貌像人的外貌一样，是一个特征，是一个文化，他们最先认识到这点。房子里面装抽水马桶、装空调都可以，房子的外表却不能改变。但是现在从萧山机场到杭州的路上看不到一栋白墙乌瓦，过去江南的景观几乎已经全改变了，统统变成了不伦不类、不中不西的“建筑垃圾”，谁的责任啊?！今天我们从事文化工作的人应该认识到，在这个问题上我们落后了。不是发展就是进步，保护也是一种进步。巴黎老区的所有房子都受保护，那创新怎么办？他们专门开辟了一个区，这个区是用来发展的，建玻璃大楼，建新的凯旋门，结果是世界各地的游客看完了古老的巴黎还要去看新巴黎。

我们自己把所有的传统风貌都“发展”了，把旧的庙宇、祠堂拆了，然后盖仿古的建筑。上行下效，北京的平安大道就是这样盖起来，把一路上真正清代、明代的建筑都拆了，然后造仿清的建筑，有钱有权的人就可以决定这个事。现在都在说，北京城如果保留好四合院，不单是保留文化，仅仅从功利的目的来讲，也给中国留下极大的财富。外国人没见过四合院，他希望住在里面享受一下，而我们自己却把它都拆了。当年梁思成跟毛主席建议我们要保留原有的北京古城，但当时的思想是要迅速工业化，“脱农入工”，把农业文明包括农业时代所创造的一切文化，所留给我们的一切美丽都抛弃掉，因此梁思成的英明建议被否定了。今天我们仍然没有采用他的建议，我们还在拆，而且是大拆特拆。现在很多地方错误地理解“建设社会主义新农村”，以为“建设社会主义新农村”就是把旧的祠堂，旧的老宅子整个推掉，重新建成一模一样的、军营一样的房子。如果真是这样，在960万平方公里的土地上如此地建设社会主义新农村，把整个中国建成一座座如同兵营一样的建筑，我们将怎么对子孙交代啊?！他们会说你们这一代人拙劣到如此程度，不知道什么是美吗？我们所有对古代的甚至几十年前的美好记忆，就随着这样的“新农村建设”统统消失了。

所以今天，国家如此重视非物质文化遗产保护，包括518项进入“名录”的项目，我们下一步要做的事是逐步建立一个管理、审查的机制。进入“名录”以后要制订保护计划，要提出如何保护它。国家有资助经费，也要履行检查的义务。当前形势的严峻，大家仔细想一想，我们已经没有多少时间了！我作为中国非物质文化遗产研究保护中心主任，上任后对我的部下讲的第一句话就是：我们在和时间赛跑、在和现代化赛跑。其实，“现代化”在我们心里就是西方化的代名词。我们提倡的和国际接轨绝不是和柬埔寨接轨，绝不是和厄瓜多尔接轨，甚至主要也不是与欧洲国家接轨，其实就是与美国接轨。而西方化的结果就是自己丧失了自己，丧失了祖先留给我们的东西。过去我们的先贤很早就提出了“世界大同”的理想，但是现在世界基本大同了，但现在这个“大同”是别人同化你，使你失去了自己的文化。

我们每个文化人，都应该向传承民族民间文化的普通的农、渔、牧民致敬，我们应该感谢他们，因为时间差，在他们还没有富起来进行破坏性发展的时候，使我们还能够看到祖先留下的东西，还能够保留优秀的民族文化。所以今天做保护工作包括从事艺术工作的人，在思想上要赶快与时俱进，从“古为今用，推陈出新”与时俱进到“抢救第一，保护为主”中来。这才是先进的，不是锣鼓乐非得加上电子琴才是进步的。

现在很多传统礼仪、民俗都没有了，我们有很好的东西，有锣鼓乐、笙管乐，有上百年积累的丰富的传统曲目，我们现在抛弃了外国人都认为是了不得的自己的东西，而去学习西方。看到好东西自己不知道好，这难道不可怕吗？现在有很多人，把传统文化当作垃圾，而把西方的垃圾当作珍宝。

前段时间有记者问我，目前非物质文化遗产保护的最大困难是什么，我认为不是经费的问题，也不是人才的问题，最大的问题是思想陈旧，是意识的问题。我要明确地告诉大家：“什么都要发展”的思想是陈旧的！世界先进国家都不是这个概念。我们怕被别人说落后，我们自卑，所以从五四开始我们就犯这个错误，毁灭自己的文化，以为这样就是进步。

把古老的东西保护下来，是我们这代人责无旁贷的、推卸不了的责任。假如我们今天推卸责任，完成不了这个任务，我们就无法面对我们的子孙。

现在的孩子学“烟花三月下扬州”古诗，会问自己的妈妈：白墙乌瓦江南水乡哪去了？我们将无从回答。我们如何告诉我们的孩子？难道将来由于政策的原因，我们不但要跟孩子解释什么是亲哥哥、亲姐姐，还要从小对孩子讲什么是蓝天、什么是白云吗？我们将来要跟后代解释多少由于政策失误而造成的恶果啊！

人的生命是有限的，人的能力和认识也是有限的。人类的智力和审美能力不会随着时间的演进而自动进步，从这个角度来说不是一代比一代强，不是我们今天创造的一定比祖先留下来的东西好。北京的景泰蓝这次进入了“保护名录”，但是这个品种岌岌可危。过去景泰蓝是非常珍贵的，现在路边小摊到处都是，变成了庸俗不堪的东西。北京的雕漆更甚，过去的大漆是一层一层地刷，要刷几十层然后手工雕，很有层次感。后来中国人现代化了，改手工雕为筑模子，“多快好省”，结果没人要了。前不久宁夏有个保安腰刀的厂长给我写信，说他们目前由于资金等问题很困难，无法机械化大量生产，请教我有没有好的办法解决目前的问题。他的问题突然让我想起去日本的时候，看到日本倭刀的传统手工艺一点也没有改变，一把倭刀能卖几千美金。我们用廉价的材料和机械化生产代替手工生产，这是砸了自己的饭碗。我也曾经在新疆看到路边卖的维吾尔的英吉沙刀，粗制滥造，用塑料代替宝石来装饰刀柄，遍地都是，一代名刀从此消失，用所谓的机械化生产代替了祖祖辈辈传下来的手工技艺。我们今天不要再犯这错误了，所以要跟时间赛跑，要跟这种传统的思维方式做斗争，要树立先进的、进步的思想。真正现代的思想不是一提发展都要发展，传统的艺术就要保持它的原汁原味。随着时代的发展，我们会发现上帝是公平的，他不但让那些先富起来的人先丢掉了自己的灵魂，他还给那些至今还在贫穷中挣扎的人留下了财富，留下了给他将来富起来的一条发展的路。

通过这次锣鼓邀请赛，我们看到了艺术本质的东西。大家应该端正一下思想，就是如何对祖先的文化重新建立一种崇敬之心。我们为什么要祭祀祖先、要重新恢复祭海的仪式？人对自然要有敬畏、要有感激。我们舟山 400 多种的水产是大海给予的，我们应该有一个仪式来表达对大自然的感激。今天，我是有感而发，我常年在民间进行采风工作，对民间的东西是熟悉的，不是无的放矢。我希望通过交流展示，大家共同努力把祖先传承下来的东西保护起来，不要让我们成为愧对子孙的一代。

非遗：记录民族文化的鲜活化石

近几年，申报非物质文化遗产成为时尚。何为“非遗”？是指被各群体、团体有时为个人所视为其文化遗产的各种实践、表演、表现形式、知识体系和技能及其有关的工具、实物、工艺品和文化场所。各个群体和团体随着其所处环境、与自然界的相互关系和历史条件的变化，不断使这种代代相传的非物质文化遗产得到创新，同时使他们自己具有一种认同感和历史感，从而促进了文化多样性和人类创造力。其实，最简单的说法就是精神层面的草根文化。中国政府在申报非物质文化遗产方面做了大量的工作，赢得了国际同行们的尊重和赞叹。

一、世界非遗我国占有数量最多

目前，我国国家级的非物质文化遗产名录已经公布了两批，整个非物质文化遗产共有 10 大类 1028 个项目，其中有 4 项进入了联合国保护名录，被称为“人类口头和非物质遗产代表作”。它们分别是昆曲、古琴艺术、新疆维吾尔的木卡姆艺术和蒙古族长调民歌。

过去，世界非物质文化遗产每两年评一次，每次每国只能申请评一项，现在中国已经是世界上拥有人类非物质文化遗产最多的国家。

但是，如果按照联合国教科文组织这个速度，1000 年之后，中国的非物质文化遗产也评不完。所以我国多次和联合国教科文组织官员交流，联合国教科文组织的这个看起来很公平的办法背后却隐藏一个巨大的不公平：把一个有着 5000 年文明史、有着 56 个民族的国家的非物质文化遗产，和太平洋的一个部落式的岛国放在一起评选，这是公平的吗？我国几次把联合国教科文组织的官员请到国内，参观国内的非物质文化遗产，他们被打动了。

从今年开始，联合国教科文组织改变了方法，将不再限制同一国家的申报项目。

二、近现代史改变了日本文化观

我们为什么要保护这些非物质文化遗产？就是要保护住中华民族的根和民族的魂，同时还有很重要的一点，就是要保护文化的多样性。

“文化自觉”的概念最早由费孝通提出来。一个民族只有做到文化自觉，才能够提保护非物质文化遗产，保护传统文化。但是，文化自觉是很不容易的。最早提出保护非物质文化遗产概念的是日本人。到过日本的人都会惊讶，设施非常现代化，有最先进的电子设备，日新月异的动漫，而这个民族又非常传统，对传统文化到了顶礼膜拜的程度。比如相扑，一身的肉就挂着一块遮羞布，在台上摔来摔去。但日本没有一个人说科学发达了，要给相扑运动员设计一套运动服。为什么至今没有一个日本人提这个口号，为什么日本人要穿和服去看歌舞伎、去看雅乐，而且把它当成一年中最大的一件事情？

仔细看一下日本的近现代史，就会发现日本的社会思潮在一个点上发生了翻天覆地的变化，这个点就是二战战败。为什么日本人早在 1952 年就公布了保护非物质文化遗产的法律，他们怎么会有这样的思想转变？我的回答就是：两颗原子弹。

国破家亡，让日本人认识到这个民族、这个国家可以听美国人的，可以没有独立的政治、没有独立的经济，甚至没有一支军队，但是只要这个民族还有和服，还有大相扑，还有柔道，还有歌舞伎、茶道、寿司、日本料理……只要这些东西还在，这个民族就还在。对日本人来讲，这个观念的转变是翻天覆地的。

三、热爱祖国要熟悉祖国的文化

其实中国人的国际观有时候很狭隘，100 个人说和国际接轨的时候，心里想的是美国，绝对不会想到和坦桑尼亚或者柬埔寨接轨。我们以孩子去美国留学、拿到美国绿卡为荣，我们国家的幼儿园以双语教学为傲，我们考公务员、研究生首先要考英文水平……

现在一个在杭州出生的 80 后，和一个纽约 80 后、首尔 80 后、东京 80 后有什么不同吗？除了母语不同，大家同样每天上互联网，在同一个时刻看同一场 NBA 的篮球赛和欧洲杯足球赛，穿同样的阿迪达斯运动服，背同样的 LV，甚至他们做的梦都是一样的。就在这种情况下，我们提出保护非物质文化遗产。假如再不保护，20 年以后真的就世界大同了。

但是，现在我们也不能完全悲观。于丹成了明星，而她成为明星的途径是讲《论语》，就凭这一点我觉得还有希望。毕竟人们开始关注这些东西，而关注、熟悉这些东西后，你才能够爱上它。我们爱祖国，要爱它的什么？我想，先要爱祖国的文化，因为中国的文化，才决定了你是一个中国人。

很多海外人士认为，“文革”后中国就没有传统文化了，传统文化都到了台湾地区，大陆没有了。我当时就说了《红楼梦》里的一句话“瘦死的骆驼也比马肥”。

四、警惕非遗“重申报”轻保护现象

现在我国已经有两批、共 1000 多项国家级非物质文化遗产保护项目，以及三批非物质文化遗产传承人，共 1488 个人。2009 年，国家通过财政拨款的方式给这 1488 个传承人每人每年 8000 元。8000 元不算多，但对一个甘肃的皮影艺人或一个陕北的剪窗花的艺人来讲，就够他一年的收入。有了这笔钱他能安心地带徒弟，安心地创作。

那么除了这些工作，目前还有哪些问题？首先是各地重申报、轻保护的现象。大家都要申报成为国家非物质文化遗产，尤其是很多的企业，它的目的很简单，通过申报成功非物质文化遗产来扩大知名度，从而增加收入，这与我们保护非物质文化遗产的初衷有很大的距离。包括一些地方政府通过申报来扩大地方的知名度，推动旅游，这都带来一些负面的影响。

但我认为，最大的问题还在于观念和文化自觉。日本人的文化自觉是靠两颗原子弹，韩国文化自觉的到来在 1965 年，韩国单一民族超过半个世纪的分裂，这样的代价让他们认识到一定要保护韩国的非物质文化遗产。那一年韩国公布了非物质文化遗产保护法，而北京市政府同一年却给中央打了一个报告，要求把紫禁城的城墙拆了，理由是它代表封建，幸亏中央没批。

最近，我为全国民族器乐大奖赛做评委，发现了两个很糟糕的倾向：一个是我们的音乐院校重技术轻艺术，重艺术轻文化。所有的民族乐器技巧演奏，从三弦到板胡，所有选手基本都是表演外国乐曲，而且是快速进行的曲子，比如《野蜂飞舞》。这个曲子用钢琴和小提琴演奏，确实是很精彩，但换成其他的乐器，尤其是当选手拿三弦演奏时，不仅曲子自身的特色不复存在，连三弦音色的华丽味道也没了。

为什么我们一定要把自己的短处跟人家的长处拿来比？还是观念问题，不知道自己好在哪里。

五、保护非遗，促进民族伟大复兴

这些年，每隔一段时间我们就会在报纸上看到某某在维也纳金色大厅举办了什么音乐会，好像去了金色大厅就代表走向世界了。我很负责任地告诉大家——这是秀。维也纳的金色大厅是谁花钱谁就可以在那儿演。

我国驻维也纳领事馆的文化参赞前几年曾写过一篇文章，要求国内的音乐团体别再来了，他们送票送不出去了。因为所有的音乐家都要在维也纳演一场，以示走向世界。怎么演呢？第一不卖票，所有票都是送的。

而中国人在国外演出的音乐本身也很有问题，我们没有把最好的拿出去。没有一个洋人学琵琶，为什么？他们觉得这乐器声音刺耳、演奏技巧复杂。洋人学的最多的亚洲乐器一个是日本的尺八，一个是印度的西塔尔。西方人觉得东方是跟优雅、智慧挂钩，认为这个意境是他们心目中追求的。听了半天摇滚，身心俱疲，想听一阵清风。我们可以推什么乐器出去？像古琴，我就认识几个西方古琴家，他们弹古琴觉得特别自豪。

只有保护住我们的非物质文化遗产，保护住我们民族的精神 DNA，我们才能够真正成为一个有文化自觉的大国，才能够真正做到中华民族的伟大复兴！

（原载《科学导报》2009 年 10 月 19 日。本文有删节）

端午节说申遗

2005年，韩国江陵端午祭被联合国教科文组织宣布为“人类口头和非物质遗产代表作”。由于它与中国端午节的历史文化渊源，导致中韩两国学术界和民间舆论一度出现激烈争议。

端午节是中国古老而重要的节日，起源于中国并传承至今，形成了一系列丰富的节日文化。但韩国的“江陵端午祭”也有着一套完整的、与中国端午节既有关联又有差异的民俗活动。中国的端午节主要纪念的是伟大诗人屈原，并在全国各地有着丰富多样的内容和形式，可谓普遍性与地方特异性并存；韩国的“江陵端午祭”是从酿制神酒开始，主要包括在大关岭举行的萨满祭祀、祭拜山神以及大关岭国师城隍和女城隍等一系列祭祀仪式。中国端午节民俗活动有包粽子，赛龙舟，挂菖蒲、艾叶，熏苍术、白芷，喝雄黄酒，儿童戴荷包、五毒兜兜等，意在驱毒辟邪；韩国的“江陵端午祭”活动则有官奴假面戏、农乐竞赛、鹤山奥道戴歌谣、拔河、摔跤、荡秋千、汉诗创作比赛、射箭、投壶等，多为民众娱乐活动。

历史上，以儒家思想与汉字系统为代表的中国传统文化曾是韩国的官方文化，许多韩国大学者都精通汉文化。另外，在中国佛教徒心目中享有无限崇高地位的地藏王菩萨是与新罗国太子金乔觉（696—794）的名字联系在一起的。金乔觉于唐中叶渡海来安徽九华山苦修数十载，圆寂后被尊为地藏王，至今香烟不断。

对儒家文化的尊崇是韩国长期存在的历史文化现象。明清之际，中国发生民族文化大动荡、大交流，韩国文化人认为“华夏文物，荡然扫地”，慨然以“小中华”自居，将延续“汉家衣冠”、保存汉文化视为己任，在被迫“剪发薙辫”的中原大地东面，朝鲜半岛坚守着儒家礼仪和有明一代的文化，成为汉文化在东亚的优秀继承者。

在韩国成功申报的联合国人类口头和非物质遗产代表作的“宫廷宗庙祭礼乐”中，较完整地保留了来自儒家的中国古代礼仪文化的精神和风范，不但是儒家慎终追远、敬祖孝宗思想的体现，更是“八佾舞于庭”礼乐形式的延续和传承。而在中国，这样的皇家祭祖仪典却早已中断。

这些现象是中韩两国人民友好交往、互相影响的历史证明。也正因为如此，中韩两国的不少非物质文化遗产项目都具有同源性、相似性甚至同一性，属于两国共享的非物质文化遗产。比如中国国家级非物质文化遗产保护项目朝鲜族农乐舞及象帽舞、长鼓舞，在韩国也同样留存。还有一些项目，因历史上曾长期互相影响，现已难分彼此，甚至“水乳交融”。

更为重要的是，无论中韩两国谁申报的非物质文化遗产，都不仅仅属于中国或韩国，而且属于世界。在保护非物质文化遗产方面，我们也应该像我们的祖先一样，互相学习，彼此尊重。在申报联合国非物质文化遗产保护项目的过程中，两国的学者更要客观、公正、科学地对待历史、尊重历史，弄清古今源流之变，以宽广的胸怀，引领公众，反对狭隘的民族主义，倡导文化的包容性和多样性，对两国共有的项目，可以由两国政府在学者的参与下争取共同申报。

[原载《人民日报》（海外版）2009 年 5 月 28 日]

接续历史，弘扬传统
——中国非物质文化遗产保护的现状与未来

一、非物质文化遗产：新兴的“老”概念

我今天讲的题目是“接续历史，弘扬传统——中国非物质文化保护的现状和未来”。非物质文化遗产保护和非物质文化遗产这两个概念，是最近十年，尤其是最近五六年，从一个陌生的名词到社会关注的焦点。在这个过程当中，从政府到学者到普通群众，都对中国的非物质文化遗产有相当大的热情。

2000 年，我国开始为非遗项目申报联合国教科文组织《人类非物质文化遗产代表作名录》。2001 年联合国教科文组织公布了第一批非物质文化遗产，中国的昆曲名列第一位。当时进入这个名录的，还有日本的能乐。但是当时我们所有的新闻媒体，只是用一个很小的篇幅报道了这件事情。而日本却是用通栏的大标题，把能乐进入联合国的非遗名录当成他们国家一个非常大的荣誉来报道。

这说明在 2001 年的时候，我们对保护非物质文化遗产还没有一个足够的认识。这个观念上的差距比 2001 年中国和日本经济上的差距还要大。可喜的是就在这个月，媒体公布中国的经济总量已经超过日本，而中国对

非物质文化遗产的保护、全社会的关注程度和我们已经取得的成就也是有目共睹的。中国现在是进入联合国《人类非物质文化遗产代表作名录》最多的国家。现在我国昆曲、古琴艺术等 26 个项目被列入人类非物质文化遗产，另外还有羌年、中国木拱桥传统营造技艺等三项被列入联合国亟待抢救的非物质文化遗产名录。而且就在上个月，文化部和中国艺术研究院中国非物质文化遗产保护中心，在人民大会堂举行了中国入选联合国教科文组织非物质文化遗产项目颁证仪式，向参与申报工作的 95 个单位颁发证书。中共中央政治局委员、国务委员刘延东，文化部部长蔡武等领导出席了颁证仪式，并再一次表示国家对非物质文化遗产保护工作非常重视。

日本在非物质文化遗产保护方面，是世界上做得最好的一个国家。我们现在的非物质文化遗产概念，最早就是在日本产生的，它用汉字写作“无形文化财”。日本人把这个概念带到联合国教科文组织，先翻译成了法语，然后又翻译成了英文，而我国驻联合国的官员和翻译们又把这个词从英文翻译回来，就变成了“非物质文化遗产”。

二、非遗在现代化夹缝中生存

据统计，在改革开放之前，全中国有 300 多个地方戏剧种，这些剧种都是我们祖先留下来的宝贵的非物质文化遗产，也是中国传统文化的宝库。但是地方戏剧一直面临的问题就是如何适应现在的社会。

讲到中国传统文化，唐诗、宋词、元曲，到明清的高峰艺术就是戏剧艺术，这是中国在世界上足以自豪的事情。欧洲有许多国家，但是欧洲现在只有一个歌剧，一个芭蕾舞剧，一个交响乐，在文化上早就统一了。比如说话剧虽然用不同的语言，有英语的话剧、德语的话剧，但是形式是一样的。交响乐也是一样的，只有风格的区别和流派的区别，所有的管弦乐队全是一样的。芭蕾舞剧有法国的、俄罗斯的流派，但是作为剧种只有一个。可是中国有几百种剧种完全不同，有不同的音乐、不同的伴奏乐器、不同的程序、不同的程式、不同的剧目、不同的唱腔。我们和欧洲文化界交流的时候，他们也感到很遗憾，在文化上他们逐渐的统一化、趋同化，而丧失了多样性。

但是中国这几百个剧种，在改革开放之后，已经丢失了一半还多。而剩下的这些剧目都面临着同样一个问题，就是如何适应现在的社会。而所有这些剧种的传承人、演员和从艺的人员，也都有一个共同的思想，就是要让这个剧种现代化。而现代化的思路也统统是一样的，要请一个现代作家编新戏写现代生活；请一个音乐作曲家写唱腔，他使用的唱腔一定是现代的管弦乐队伴奏的；请一个戏剧学院毕业的、学话剧出身的导演或者是影视导演，用西方的观念来拍这个戏。结果这一百多个地方戏，现在越来越失去特色。

有个明显的例子，前些年非常盛行得到人们喜爱的黄梅戏，现在没有人看了。其中有一个原因我认为是最重要的，就是它不是戏了，它变成歌剧了。而所有的这些地方戏，最后越来越统一化了，乐队加上小提琴、大提琴，由现在音乐学院毕业的作曲家来配器。这些戏剧演员也都自觉地、自愿地学习“科学发声方法”，最后是唱歌，而不是唱戏了。2002 年时我在全国青年歌手大奖赛上批评“千人一声”，我当时指出：“这不是青年歌手的问题，甚至不是老师的问题，这是一个时代造成的。当我们从农业社会发展到工业化时有一个标准化的思想，所谓的科学化思维就成了艺术发展的重要思想。按照一模一样的东西，要规范化、科学化训练出来的孩子，大家的声音都一样。”这在后来引起了音乐界很大的反思。

所有到过日本的人可能都会有一个非常鲜明的印象，就是日本这个国家，一方面是非常现代化的，而另一方面，却同样是古老的，它保存着许许多多日本的传统文化。日本的传统文化在日本社会受到高度的重视，所有的日本公众都把欣赏日本的古典艺术，这些非物质文化遗产当成自己一生当中很荣耀的事情。然而日本早在明治维新时期，就已经经历了“西化之痛”。明治时期提出“脱亚入欧”口号，理论核心就是倡导“全面西化”，整个日本社会积极学习西方。当时日本的“演剧改良运动”，主张摈弃东方戏剧的抽象主义精髓，采用西方戏剧写实主义理念，采用“具象”的舞台布景和舞美设计，甚至主张抛弃“歌舞伎”传统的音乐手段、歌唱方法和表演程式，采用西洋歌剧的音乐创作手法和“美声唱法”。相扑被作为“野蛮的裸体游戏”明令禁止。但是现在，民族感情经历了一个巨大的转变。二战的失败让日本民族深刻地反思，一个国家可以没有军队，可以没有独立的经济，但是只要还有能乐，还有歌舞伎，还有三味线，还有寿司、和服、花道、茶道，日本民族就还在。

于是日本率先颁布法律要保护这些文化遗产。日本于 1950 年制定了《文化财保护法》。日本的《文化财保护法》共有 7 章 112 条，附则 18 条，共计 130 条。把日本的文化财分为有形文化财、无形文化财、民俗文化财、纪念物、传统建筑物群、保存技术 6 类，以立法的形式加以保护。1954 年之后，又制定了对无形文化财传承人的保护制度，以“人间国宝”的尊称和相应的待遇表达对传承人的全民礼遇。当代日本呈现给世界的面貌，一方面是高度的现代化，一方面是相对的古老和对传统的高度尊重。明治维新后，日本的达官显贵曾纷纷穿起西式的“燕尾服”出席音乐会；今天，日本的观众却重新穿起华贵的和服、以一种近似宗教崇拜的态度去观赏“能乐”或“歌舞伎”。而明治维新后曾一度遭禁止的大相扑，不但继续着“裸体的野蛮游戏”，更被日本社会视为“国伎”而普获尊崇。

另一方面来讲，“软”实力的丧失将是我们长时间面临的重大问题。在这里不妨提出一个“文化自觉”的概念，“文化自觉”是保护“文化多样性”和保护非物质文化遗产的前提条件。“文化自觉”是已故的中国学者费孝通晚年最重要的学术思想，他主张每个民族都要通过文化自觉来重新审视自己的文化和他人的文化，找到本民族文化的“安身立命”之地，最终达到“各美其美，美人之美，美美与共，天下大同”的境界。保护本民族的文化遗产，应该是该民族文化自觉后的具体行动。任何来自外部的“越俎代庖”式的“保护”，都是暂时和难以真正起作用的，使“文化多样性”成为人类文化的基本范式并使各民族的非物质文化遗产得到传承和发展，最终还要依靠各民族自己的觉悟和行动。当一个民族或群体没有意识到本土文化消失的危险与后果时，一切外来的努力都不能代替这个民族的“文化自觉”。就像生物体对待暴力侵袭与“温柔抚摸”的自然反应不同一样，一种文化和另一种文化遭遇、碰撞的时候，强势文化、外来文化对弱势文化、本土文化的态度，常常是造成后者对前者是接受还是抗拒的关键因素。当异质文化强大且采取温柔而不是攻击的姿态时，接受便代替了反抗，最终变“他”为“己”，使接收者在不知不觉的状态下以忘掉“己”文化为代价融入了“他”文化。刚才提到日本保护非遗的例子，就是因为日本经历了翻天覆地的文化自觉。压力与恐惧，似乎是我们这个近邻首先“文化自觉”、较早将非物质文化遗产保护制度化并成为社会共识的重要原因。

改革开放短短三十年里，我们国家的面貌改变这么大，这是人类历史上从未有过的。但在自豪的同时，是不是还应该有一定的担心？担心传统文化的断代、担心民族历来引以为自豪的东西通通被一个“改天换地”的自豪所替代。现代化就像一块巨大的橡皮，抹掉历史、抹掉祖先的痕迹、抹掉那份温润地带着祖先体温的文化。假如说“文化大革命”是用暴力的手段，比如说烧书、“破四旧”，使传统文化逼迫消亡的话。那么这二十年，现代化建设是从软的方面或者是让老百姓自觉自愿地抛弃传统文化。

一方面随着我们的宣传，全社会对非物质文化遗产保护的关注程度空前的高。但是另一方面我们会发现，虽然我们做了大量的工作，但是必须承认，我们所做的这一切，我们的力度、广度和我们能做的事情，和整个社会发展的力度、速度比起来，还是太弱了。现在整个社会还在拼命的现代化，而且全社会的大部分人满脑子想的就是现代化，就是过上同样一个标准的生活。你看见少数民族的服装，都这么漂亮，都这么美。但是你知道吗？绝大部分少数民族的朋友已经不要穿这衣服了。当一代苗族、布依族、侗族的少女、少年们要把他们的绣花裙子扔掉换成牛仔裤时，你怎么办？她发自内心觉得穿牛仔裤、T 袖衫比这些民族服装漂亮，怎么办？今天要保护文化遗产，但是保护文化遗产又绝不能变成妨碍、阻碍，或者不允许文化遗产持有者要按照自己的意愿、按照自己的审美改变它，甚至抛弃它的行为。你只能讲道理，只能启发，只能告诉他这是有价值的，你不能丢掉它（非物质文化遗产），这是一个“金饭碗”，但是你没有权力阻止他。一个外国人到村子里，用一条牛仔裤和一个苗族少女换一件精美绝伦的刺绣，这绝对是不等价的交换，但是这个拥有了刺绣的外国人和换取牛仔裤的苗族少女一样欢天喜地，这就是我们意识上的差距。这是老百姓发自内心的一个愿望，你无法指责，你也不能说他不对，我们的困难就在这儿。

三、非遗保护法：未来保护工作的重点

中国人有一点是值得自豪的，就是只要我们明白过来就做得很快、很好。从 2001 年昆曲进入人类非物质文化遗产的时候，当时联合国教科文组织的申报活动是每两年一次，每一次一个联合国的成员国只能有一个项目入选。经过我们的不断努力，现在进入非遗名录的已经有 20 多项了。2004 年 8 月，全国人大常委会批准加入联合国教科文组织《保护非物质文

化遗产公约》，2012 年 5 月，在中国艺术研究院挂牌成立了联合国教科文组织支持的亚太地区非物质文化遗产国际培训中心，这表明国际社会对我国非物质文化遗产保护工作的充分肯定。

第一次全国非物质文化遗产普查工作初步查明，全国非物质文化遗产资源总量共 87 万项。建立了较为完善的国家、省、市、县四级非物质文化遗产名录体系。2006 年和 2008 年国务院公布了两批、1028 项国家级非物质文化遗产名录，命名了国家、省、市、县级非物质文化遗产项目代表性传承人。2007 年至 2009 年评定并公布了三批共 1488 名国家级非物质文化遗产项目代表性传承人。命名了闽南文化、羌族文化、客家文化（梅州）、武陵山区（湘西）土家族苗族文化生态保护实验区等 6 个国家级文化生态保护实验区。正在稳步推进非物质文化遗产专题博物馆和传习所建设，逐步加强各级非物质文化遗产保护工作机构和队伍。

我们国家建立四级非议保护制度正在努力把“中央重视、地方忽视”的“倒金字塔”形给纠正过来。例如浙江省做非物质文化遗产保护调查的时候，两年动员了 23 万人次，每个村子都有“三老”：老文化人、老村干部、最年长的老学究。通过这次普查，不但让社会普通的民众了解到，甚至让专家都吃惊，原来还有这样的东西。我们还有一个创举叫作整体性保护，把产生非物质文化遗产的根基和周围的一切整体性保护起来，包括服装、音乐在内的活态性保护。中国太大，情况太复杂了，你必须针对不同的事物制定不同政策，不能什么都“一刀切”，要发展就所有都发展。最根本的还是河北梆子还得像河北梆子，越剧得像越剧，新题材的歌剧就别非得让越剧承担这个角色。把这些思想理顺了之后，只要大家都有心，虽然我们的保护工作面对许许多多想不到的困难，但是总有希望！

非物质文化遗产的保护有一个最大的特点，一个是强调动态的保护，第二个是保护这个传承人，能让这个传承人一个是有饭吃，再一个是有可能传承他的技艺。国家在去年的时候，每年财政拨款补助 8000 块钱，这个 8000 块钱对于广州沿海地区的人来讲可能很少。但是对于甘肃的皮影艺人来讲，够他一年的生活。

而且最重要的一个消息，就是上个星期，第十一届全国人大常委会开会，审议“中华人民共和国非物质文化遗产保护法”，我们从 2002 年就开始向人大常委会提出，当时的题目叫“中华人民共和国民族民间文化保护法”。我们多年千呼万唤始终在期盼，在不断地修改。今年看起来，假如没有意外的话，应该能在本届人大常委会通过。法律通过以后，非物质文化遗产保护才真正有法可依，也可以讲这部法律通过之时，中国的非物质文化遗产保护才可以进入一个新的阶段。

比如说刚才讲的传承人，我们制定一些制度，也是四级的传承人制度。比如说这个人被认定为国家级的一个项目的传承人，现在有法律保护了，这个传承人就有他的责任、有他的待遇，同时也有他的义务。比如说国家每年可以给多少就业上的补助，不但要补助你的生活，你作为国家级传承人，还有一个任务就是让你的技艺传承下去。比如说规定你每人要带几个学生和徒弟，假如说你不传承，不做这个工作，根据法律你这个传承人资格就被取消。包括这个项目已经入选国家级，经过检查你没有任何保护工作，而且在你保护的过程当中甚至出现了伤害，或者让这个非物质文化遗产继续流失，根据法律规定要摘掉你的牌子，所以对于法律工作我们寄予了很大希望。

我记得 2006 年第一次在国家博物馆办展览的时候，在展览结束的地方设置了一个空白的展板，让人们在上面签名，表示对非物质文化遗产保护工作的态度，仅仅半天的时间这个展板就写满了字。我亲眼看到一个老奶奶在签字，她表示自己要参与中国的非物质文化遗产的保护工作，所以一直到今天，中国的非物质文化遗产保护工作，由于公众的高度关注，由于政府的高度关注和支持，取得了极大的成就。

我们对于中国的非物质文化遗产保护工作的未来也充满信心，也期待“中华人民共和国非物质文化遗产保护法”顺利通过，也希望中国在越来越现代化的同时，能够更好地保护传统文化。我想我们中华人民共和国的未来，一定是一个一方面有着日新月异的现代化，有着每天都在变化的东西让我们自豪；同时也有着更多的亘古不变的遗产同样让我们自豪。也就是为我们产生的变化自豪，同时为祖先留下的这些没有变的，而且不能变的遗产自豪。

2010 年 9 月 1 日于北京国际图书博览会

传统文化：传承还是发展？

——2011 年在成都金沙讲坛的演讲

大家早上好，非常高兴来到金沙讲坛。听说金沙讲坛有很多朋友经常地甚至每期都来听讲，我也曾经在国内这种市民讲坛讲座，上个星期刚刚在深圳市民讲坛做了讲演，他们主办讲坛的朋友跟我讲，很多热心听众每期都来听。我当时开玩笑说，这些人就是当年红军长征走到陕北的基本队伍，虽然只剩下很少人，但是这些人都是精英，都是精华，是革命的种子。我想今天在座的各位朋友也都是对我们的文化、对我们的社会有着强烈关注，而且多年来一直在关注社会发展和社会进步的朋友，所以我今天愿意和大家分享一下我对非物质文化遗产保护和传统文化的一些想法。

正如刚才主持人所讲，明天成都的第三届国际非遗节就要开幕了，首届的时候我曾经来参加。国际非遗节在成都落户应该说是成都文化生活中的一件大事，因为“非物质文化遗产”这个词在几年前还是一个陌生词汇，但是短短的几年时间就成为社会关注的一个热点，在这方面，成都的市民和政府都在推进非遗保护方面做了很多工作。

我们知道在 2001 年，也就是 10 年前的时候，中国的一个传统的艺术——昆曲入选第一批联合国教科文组织的“人类口头和非物质遗产代表作”项目，10 年前，这个消息传到中国的时候并没有引起社会的特别关注。我记得非常清楚，当时这个消息在《光明日报》——我国文化类的最大报纸——是登在报屁股上，一个小小的豆腐块文章。而同时入选第一批《人类非物质文化遗产代表作名录》的还有日本的“能”，日本人念“nuo”，实际上就是我们中国的“傩”，就是戴着假面的舞蹈。日本的“能”其实就是从中国的“傩”演变过去的。但是日本的“能”和中国昆曲同时入选联合国的《人类非物质文化遗产代表作名录》的时候，日本各个报纸几乎都是通栏标题来报道，他们把这看成日本民族的一个骄傲，日本有一种文化形式，一门艺术被联合国承认，而且成为全人类的遗产。

相比之下，我们的社会在当时几乎是不起涟漪，没有引起社会的关注。这说明什么？说明我们 10 年前还没有意识到非物质文化遗产保护的重要，我们的脑子里还没有这根弦。那个时候我们脑子里装的是什么呢？装的满满当当的没有一点余地的一个词就叫“发展”，“发展是硬道理”，我们要现代化，我们在搞经济建设，在搞物质的建设，在“一心一意”奔向“现代化”。

但是，随着我们经济建设以惊人速度取得如此大的成果之后，全社会逐渐反思，甚至说有一个“猛醒”，这个“猛醒”用学术的词来讲就叫作“文化自觉”。就是随着我们取得的举世瞩目的物质上的巨大进步、经济上的巨大成就，越来越多的中国人认识到我们现代化的终点、我们现代化的目标，或者说我们现代化的目的绝不是丢失我们的民族性，绝不是以牺牲我们的传统、牺牲我们民族的固有文化作为代价。

通俗一点说，我们现代化之后还应该是“现代化的中国人”，而不是变成美国人。我看在座的有很多年纪比较大，跟我岁数差不多的人，我们可以想一想我们这代人所经历的这一生，我们这代人中的很多人晚年所做的一件最愚蠢的事情就是我们自己含辛茹苦，舍不得吃，舍不得穿，然后为美国培养接班人。我们这代人中的很多人把将自己的子女送到美国去作为我们一生当中最重要的一个目标！当然，很多人成功了，我们把自己的儿女送到美国留学，然后自豪地跟同事邻居说："我儿子在美国！"最后再自豪地跟他们说："我儿子在美国拿了绿卡。"等我们住医院了，躺在床上时才想到，不光是你平时看不到儿子，你病的时候他也不在身边！而且我们舍不得吃、舍不得穿是在为美国培养一个建设者！而当他带着他在美国出生的子女回到我们身边的时候，作为爷爷奶奶你会发现你跟你的孙子、外孙无法交流，因为他们已经不会说中国话了！那么我们这辈子是在干什么呢？我们在为美国经济建设做贡献?！而且，我们所付出的这一切都是心甘情愿的。

我们仔细想一想，我们为什么这么做？我想我们这些做父母的之所以这样做是希望子女好，是希望他们生活得比我们好，而且我们也一直认为美国的一切都是先进的，都比我们好，所以我们这么做。我们再仔细想一想，从什么时候我们开始有这个观念的？这一想不得了，不仅仅是我们这一代，包括我们上一代、再上一代，也就是近一百多年来或者说从鸦片战争之后，我们所有的中国人都生活在这样一种心理背景下，认为中华民族是落后的，是腐朽的，是没落的，因此挨打。我们要富强，要让子孙过好日子，那么怎么办？那个时候的人开始反思，反思的结果就是我们落后不是因为我们不行，不是因为我们无能，是因为我们的祖先不好，是我们的传统文化不好，这就是五四时候大部分知识分子得出的结论。就是说祖先给我们留下来的传统文化是有问题的，是因为这份遗产所以我们挨打。那么应该怎么办呢？就是"砸烂孔家店"，就是抛弃我们自己的传统，然后接受西方的一切，我们认为这就是"进步""发展"！这样的认识在那个时候是带有普遍性的，几乎不分党派。当然也有人有不同意见，但是整个时代主流的思想是批判传统文化。

几年前我们刚刚开始做非物质文化遗产保护工作的时候，有一个记者问我，非物质文化遗产都包括哪些内容。我当时忽然想起鲁迅先生在 1923 年的时候说过的一段话，他说："我们目下的当务之急，是一要生存，二要温饱，三要发展。苟有阻碍这前途者，无论是古是今，是人是鬼，是《三坟》《五典》，百宋千元，天球河图，金人玉佛，祖传丸散，秘制膏丹，全都踏倒他。"我在几年前再想到这句话的时候，当下彻悟，当年他要统统踏倒的一切就是我们今天统统要保护的！我们为什么要保护？因为这些东西基本上都被踏倒了。

所以我想，今天的中国人，在经济上、政治上各方面都有了从来没有的进步之后，套用鲁迅的话说："目下的当务之急"，就是要把我们曾经抛弃的传统文化统统找回来，把还留在我们身边的、还能够找得到的这些非物质文化遗产统统保护起来，传承下去，而这个过程就是我说的"文化自觉"。我们过去的 100 年是在一种强烈的民族自卑和要富强、要奋斗的非常矛盾的心理纠结下走上现代化道路的，我们不能说当年五四时期的观点是错的，因为每一个时代有每一个时代面对的环境，也有每一个时代的人要处理、要解决的问题，在那个时候不清算、不批判中国传统文化的糟粕就没有办法引进新思想，但是我们那个时候是矫枉过正，所谓"不过正不能矫枉"，所以那个时候是中国人自己提出要"砸烂孔家店"，要批判自己的祖宗。

有人曾做过这样的调查，问一些西方人所最熟知的中国人的名字，在几年前一般的西方人知道的，是孔子和毛泽东；但是现在不一样，现在西方人不知道毛泽东是谁，知道姚明。但问对整个人类的文化发展有一定了解的人，他肯定会知道孔子。而今天和 100 年前我们"砸烂孔家店"不同，现在在全世界都可以看到孔子学院。前些时候国家博物馆在北门前立了一个孔子像，后来有人问天安门前怎么立孔子像？市政当局也出来说：你们占的地方归北京市管，不归博物馆管，所以半夜里又把孔子像请进博物馆里面去。

这个现象也反映出一直到今天，在如何对待传统文化这个问题上我们仍然有分歧。今年2月份国家公布了《中华人民共和国非物质文化遗产法》，这个法律通过就标志着保护非物质文化遗产已经上升为国家意志，上升到法律层面。但是这个过程却是非常复杂，充满了困难甚至有激烈思想交锋。这个法原来的名字叫“民族民间文化保护法”，很早以前就提到全国人大常委会，后来我们签订了联合国《保护非物质文化遗公约》，但这个法律通过非常困难，主要的原因就是很多人有这样的认识或者疑问：“传统文化当中的精华当然要保护，糟粕呢？糟粕也要保护吗？”

我想，我们每个人在这个问题上都会有一致的答案，就是我们不要保护糟粕，我们不想也不能保护糟粕。但是接下来一个问题就是：是精华还是糟粕，由谁来判断，由谁来决定？你仔细想想就会明白，精华与糟粕这样的概念在我们最近的几十年里就有过多次180度的变化。

大家都知道“文革”“扫四旧”，那个时候几乎所有的人类文明都被看成是糟粕，不但巴尔扎克是，高尔基也是，中国就剩下鲁迅的作品和八个样板戏……其他的通通是糟粕，从中国的古典名著到西方的文化艺术通通是糟粕。我曾经写文章讲过一件事情，20世纪80年代初，重新印刷世界名著出版发行，许多青年人知道第二天要卖世界名著，早早的就到王府井新华书店排队。我文章中说这些排队的人当中可能就有很大的一部分人是当年“破四旧”烧书的人，他们当年就是红卫兵，他16岁时烧书，到20岁时明白过来去买书。那么现在谁有权利、谁有这份自信说我今天认为的糟粕过了10年以后还是糟粕呢，大家不要以为这件事情简单，很不简单。

我举一个极端例子，我刚开始做非遗保护的时候，学生帮我做了一个网页，当时我收到一个帖子，是讽刺我的，但是他的语言非常有水平，他表面上是吹捧我，他说：“田老师你做非遗保护工作太重要了，太好了，我们太佩服你了，现在我们成立了一个金莲会，就是三寸金莲的金莲会，我们要把裹小脚这事保护起来，这事太好了，我们请你做顾问，请你指导……”他可能是戏弄我，但是我很认真给他回了一个帖子，我说第一，什么叫遗产？遗产必须是先人留下的，而且，还要存在才叫遗产，我们现在有很多假非遗，包括新创作出来的，那都不是遗产。遗产要有传承，现在没有人裹小脚，不是遗产。第二，现在包括我没有一个人认为裹小脚是美，但是我们必须认识到在裹小脚的时代，人们是认为裹小脚是美的呀！所有裹小脚都是她亲妈给她裹的，当然痛苦。那么今天我们能不能说，凡是用暴力手段或者非正常的、外力手段以改变肉体的自然状态来追求美的行为、风俗就都是糟粕呢？恐怕不行。在座的女士们，请问你们有几个耳垂上没扎个眼的？其实，这只是度的不同。现在大多数人能接受耳朵上挂耳环，但在身体其他部分比如说肚脐上挂个环，大部分人恐怕就不太能接受了。

我们再想一想，比如非洲有一个部落会把下嘴唇上放个木塞，越放越大，最后嘴唇上有一个大木塞。缅甸有一个民族是姑娘在脖子上挂一个铜圈，一个一个往上加，最后把脖子弄得有一尺长。我们认为不美，他们认为美。包括文身，包括最先进、最崇尚科学的西方，两个世纪以前，欧洲的贵族妇女为了追求美，拼命勒细腰。为了把腰勒细，很多人会摘掉自己下面的两根肋骨。这个摘肋骨的西方人和裹小脚的中国人有什么本质上的不同吗？都是违背天性的，都是野蛮的，都会给人带来痛苦。但是人，尤其是女人为了追求美，宁远忍受痛苦，女人为了美，为了减肥，所付出的代价和勇气真是感天动地，千秋万代值得钦佩。

再举一个例子，海南的黎族就正式通过海南省文化厅申报了一项非物质文化遗产——黎族的文面，在脸上雕刻花纹。我看过他们的申报书，我们可能认为这个很可怕，因为汉族人在脸上刺字是古代的五刑之一，叫

“黥面”。但是黎族人就认为这是美，在由当代黎族最优秀的文化人撰写的申报书里面说，几百年来，文面的传统构成了黎族“历史上最壮观的一种文化现象”！

这些例子就说明在文化这个问题上千万不能一刀切，千万不能简单粗暴的对待，因为文化是世界上最丰富，同时也最复杂、最难以说清的事情，时间、空间转换之后，人们的态度会完全不同。所以我一直在强调这样的观点，就是对于传统文化，对于在迅速的现代化的过程当中已经边缘化、绝大部分已经消失的文化遗产，首先要把这些我们能够找到的先保护下来，留给我们的后代去判断，不要替我们的后代做决定。

我曾经写过一篇文章为北京市政府的一个法令拍手，什么法令呢？就是把实行了 13 年的北京市春节禁放鞭炮的法令由“禁放”改为“限放”，这是一个非常大的进步。北京建城以来几百年只有在我们改革开放中间的那 13 年里大年三十没有人放炮，只有这 13 年是无声的寂寞的春节！当时为什么要“禁放”呢？因为在改革开放初期，大部分人的思想就是和国际接轨，外国的一切东西都先进，当时我记得“禁放”理由两个：第一，学习外国“先进经验”，新加坡就禁放，不许放炮，但不知道新加坡为什么禁放；第二就是每年放鞭炮会崩瞎孩子的眼睛，而且造成空气污染，于是北京市率先决定禁放鞭炮。我当时对这个禁令完全不以为然，因为这让我想起了当年曹操禁酒的事。大家知道魏晋时很多人喝酒误事，有很多这方面的故事，所以曹操要禁酒。当时孔融给曹操写了一封信，他说曹公这个决定太正确了，太英明了，这酒的确误事，要禁；但光禁酒不够，还要禁女人，因为女人更误事。曹操一看就笑了，怎么能禁女人呢？那么禁酒和禁女人有什么区别呢，所以曹操最终没有禁酒。

禁放鞭炮也是同样的逻辑。放鞭炮和把孩子的眼睛崩瞎之间没有必然的联系，一个政府应该管的是什么？应该管的是鞭炮的安全生产、运输、销售，包括对孩子进行安全教育，你甚至可以立法规定几岁以下的孩子必须由大人陪同才能放炮，或者制定一些行规比如说什么样的鞭炮只能什么样的厂家才可以生产，严格控制环境污染，严格安全措施，这些都可以做到。但是为什么简简单单的禁放呢？他们的思想就是放鞭炮一点用都没有。什么有用？科学有用，经济有用，放炮没用。

他们不知道，在中国几乎所有的民俗其实都蕴含着深刻的含义，我们先不讲这些节日的起源和意义，仅讲我们一年劳累了 360 天，到了春节要释放一下难道就不可以吗？全世界几乎每个民族都有狂欢节，就我们汉族没有，我们温良恭俭让，我们听话，我们守纪律，就大年三十放放炮，崩崩晦气，发泄一下，兴奋一下，过个瘾……就这么一天，就这么一点点欢乐还不给我！所以后来把“禁放”改为“限放”以后，我记得第二天北京的报纸登了一条消息，说“限放”第一天，大年三十北京市几百个医生值夜班，在医院等着崩瞎眼的孩子，结果一晚上都白等了，一个都没崩瞎。

我们常常对精神的、文化的东西完全采用实用主义“有用”与“无用”的观念，的确，放鞭炮可能崩瞎孩子眼。但是全国一年死于机动车交通事故的人你们知道多少人吗？去年有一个材料说一年死于机动车交通事故的有 78 万人！但是没有一个人说要禁止机动车，也没有人说因为机动车造成污染、撞死人就把机动车取消了。我们为什么不能像控制机动车的污染一样控制放鞭炮的污染和安全问题呢？还是我们对传统文化的内涵和它的意义了解得不够。

今天，毕竟时代在进步，越来越多的人认识到了非物质文化遗产是什么，它就是决定了我们中国人除了生物的 DNA，除了我们的黑头发、黄皮肤、黑眼睛以外的那些决定了我们的精神、文化面貌的东西。每个民族都要有自己的传统，都要有自己的文化，这些传统和文化里有些可能和现代生活不协调，但是如果没有了，这个民族的传统就没了。比中国人放鞭炮更邪乎的事有的是，比如西班牙斗牛节，还有奔牛节。但是这个民族如果没有了这个节日，这个民族的传统文化就打了折扣，而且这个民族从中得到了他们的欢乐。我是每年三十一定放鞭炮的，我不看春节晚会，因为越看越没劲，我宁可放炮，我高兴，带着孩子放炮，我需要这点欢乐，我劳累了一年了，年三十了，我就要高兴一下。

我们对待传统文化的不断反思或者说不断进步，虽然不是一帆风顺，但毕竟今天越来越多的人认识到了传统文化对我们这个民族的重要。最近的例子就是明天成都第三届非遗节要开幕，而今天在座有这么多位牺牲了假日跑到这里听我讲非物质文化遗产保护和传统文化的问题，我想这都是进步。

今天，当我们重新审视我们对待传统文化态度的时候，我觉得中国人有两个错误的思想应该改变：一个就是认为中国的传统文化是我们落后的原因，因此要通通打倒，通通踏倒，现在这样的思想基本上没有，没有一个人说中国的传统文化都是糟粕，都要打倒的。但是接下来还有一个思想至今影响着非遗保护和传统文化的传承，而这个思想有更多的人会不加思索地接受，什么思想呢？就是传统文化也要发展，非物质文化遗产不单要保护还要发展。但是我说，我认为你们错了。什么叫发展，怎么发展，发展的结果是什么？你仔细想一想。

我举个例子，比如我们为自己的文化自豪，我们有唐诗、宋词、元曲，这都是历史上每个时代不同的文化高峰，大家知道明清时候的文化高峰是什么？有小说，还有戏剧。对中国的老百姓影响最深远的是戏剧。你们知道过去一个农民不识字，没上过私塾，但他会孝顺父母，国家危难的时候他可能会去参军，这种忠、孝、仁、义的思想从哪里来的？是谁给他讲过岳飞的故事？谁给他讲过杨家将的故事？是戏剧。

中国所有地方戏在 20 世纪 80 年代的时候统计还有将近 400 种，但是改革开放30年之后一半已经没有了，在现代化的过程当中丢失了。所谓没有是什么意思？就是再也没有人演这个戏了，剧团消失了，观众群也消失了。观众怎么消失的呢？都进城了，当农民工了。去年春节晚会上有一个组合叫“旭日阳刚”，年轻人都知道，两个农民工唱得不错，后来我在网上找来听了，很豪放，有一种阳刚之气。但是这两个农民工唱的不是川剧，不是河北梆子，不是秦腔，唱的是流行歌曲，他们手里拿的也不是二胡、唢呐，是吉他。农民工进城以后也已经和传统的地域文化、地方文化完全脱钩了，进城就看电视，电视里就是现在的主流文化、流行文化。

地方戏剧的消失意味着什么？剩下的这些剧团怎么办？他们压力非常大，包括川剧，川剧是大剧种，在座年轻人有几个喜欢川剧的呢？川剧院应该怎么生存下去呢？于是咱们提出来传统文化要发展。

那么下面我要问你要怎么发展？发展的模式是什么？发展要往前走，往前走怎么走？目标是哪里？于是就有这样的现象，不光是川剧，所有地方的剧种，只要他能有一点钱，或者他想通过这个办法养活自己的时候，一定要创新。但创新怎么创？什么是新？于是，都要尽量请名作家写剧本，要贴近生活、反映现代生活，邀请音乐学院毕业的作曲家来作曲，请话剧或者电影导演来导戏，然后请舞美设计师用声、光、电来包装。结果是什么？结果就是同质化和自己特色的消失，而消失了特色之后，你还有什么存在的必要呢？同质化是艺术的末路，但是现代化带给人们的“发展”观念，实际上造成了所有艺术的同质化。

在CCTV电视青年歌手大奖赛上，我第一个批评现在的民族声乐“千人一声”的问题。现在我们培养的歌手你光听，听不出谁唱，但是在20世纪中叶我们没有电视，只听收音机，你一听：这是马玉涛，这是王昆，这是郭兰英，这是黄宏，这是才旦卓玛，不用看，一听就知道谁唱。现在你光听绝对听不出来谁唱，他们唱得都一样——当然，现在看我也看不出来了，因为他们化妆也都一样，鼻子矮的垫高了，都粘个大眼睫毛，穿的都是 18 世纪贵族的蓬蓬裙，发型都一样，流行这样就都这样，这是艺术的没落。

第一届成都非遗节的时候，搞了一场演出，当时我还是国家非遗中心的副主任，请我来审查节目，我当时就提出来川剧一定要上一个完整的曲目。这么好的川剧，这么了不起的东西带给世人们的印象是什么呢？不光中国人，现在外国人都知道川剧，但是你问他川剧是什么，他告诉你——变脸，变脸已经成为川剧的 LOGO，甚至代表着全部川剧。不单中国，你现在到外国去，唐人街都有人在那里变脸。但是川剧是什么？就是变脸吗？为什么要变脸呢？所以第一届非遗节的时候我就强调一定要把变脸放在剧情里面表现，要让大家知道为什么在这里变脸。这点他们做到了，但是我提出川剧最棒的、有特色的是帮腔，我希望你们是最好的帮腔，结果审查节目时我一听帮腔怎么是美声唱法，因为川剧院认为在音乐学院学过的人最好，但味道全没了！他认为川剧演员原来唱的土腔不好，四川音乐学院声乐系培养的，这是好！

这就是“发展”，我们今天所有的地方戏，只要能演一定是发展了。再举个例子，现在所有的地方戏的伴奏乐曲里面都加上大提琴了，有的还加电子琴。我问他：为什么这个地方戏要加大提琴呢？他说：没有大提琴没有低音。我再问：为什么要有低音呢？他说不出来。这很简单，因为外国交响乐有低音，我们自己是落后的，非要发展成那个样子，才叫发展，才叫进步，于是发展结果就是老观众不听了，因为这不是川剧了；年轻人更不听，我爱听大提琴直接听马友友，我喜欢听音乐剧我就看音乐剧，干吗听一帮川剧演员唱川歌呢？我不是反对发展，是我亲眼看到发展到一条窄路上去，加速自己的灭亡，它发展的理念就是用西方现成的东西来改造我们，这个思想的根源就是我们民族文化的自卑感，也是让我们越发展死亡得越快的根本原因。

我再举个例子。几十年前，很多民族器乐的优秀演奏家，用半生的精力在做一件事，做一件失败的事情，什么事情？乐器改革。就是因为认为民族乐器不科学，比如笛子，匀孔笛，要吹准了，要有口风，要有指法，不容易控制。于是要科学化，竹笛要加键，像长笛一样。二胡，弓子在两根弦上拉；小提琴科学，弓子可以拿出来，小提琴有指板，手指头摁着弦可以在指板上揉；二胡不行，于是也要加指板。笙越做越大，现在简直跟管风琴一样，吹都吹不动，得踩。这是我们几十年前走过的一条路，这条路我们走得很苦，但结果是什么？结果是我们特色没有了，变成了不伦不类的“四不像”。我们认为西方的一切都是先进的，我们的都是落后的，于是用西方现成的东西来改造自己，就像我们听改革的川剧，味道没有了，像唱歌一样，加上声光电，它会增加新的观众吗？还是能保住老的观众呢？我想都不可能。

对待传统文化，一定从根上首先把民族自卑感变成自豪感，但是这个很难，怎么能够从自卑变成自豪呢？你得认真学习传统文化，你得从无知到有知，从没有感情到有感情。去年昆剧古琴研究会做了一件事情，就是昆剧、古琴进大学、进小学，让孩子从小认识这个文化。尝试到小学里去，45 分钟一节课，给孩子弹一段古琴、讲两个古琴的故事，然后让孩子上来自己弹拨两下，孩子很有兴趣。我们把这个活动叫“播种童心”，就是在儿童心里播上一个种子，我不希望这 50 个孩子将来都成为古琴家，不可能，但也可能 20 年后、30 年后，不管在世界任何一个地方，忽然听到古琴的声音了，他会有感触，这叫乡音。为什么妈妈做的饭最好吃？首先要认识它，然后熟悉它，熟悉之后才能产生感情，当你真正看到了中国传统文化的奥妙之处，你理解了，才能由自卑变成自豪。

为什么我反对现在地方戏的改革之风呢？包括北京演《赤壁之战》，在舞台上做一个很大的船，周瑜、诸葛亮站在船上，我觉得这样的一种发展实际上是丢掉了自己最好的东西。我们知道当年梅兰芳去欧洲演出，一些欧洲的大戏剧家比如布莱希特、斯坦尼斯拉夫斯基，看了中国的京戏大为赞叹，为什么？因为西方如果演戏要有船的话，一定得拿木头做一个大船；中国戏剧不是，中国戏剧当时使布莱希特吃惊的就是写意的手法、虚拟的手法、抽象的手法，我们拿两面小旗加上惟妙惟肖的艺术化的动作，行船的感觉就出来了。

西方演歌剧《堂·吉诃德》，要马，就得拉匹真马上台。中国戏剧用一个马鞭，靠非常美的舞蹈动作，就把马“牵”过来，怎么上马，怎么骑马，怎么马奔驰，都能表现，这是中国艺术和西方艺术不同的地方。西方艺术家塑造天使，好好的一个孩子，肩胛骨上要画俩翅膀，我看着就难受；中国人不是这样子，你到敦煌去看飞天，把人横着画，衣裙飘飘，那就是飞呀，非得长俩鸡翅膀才能飞吗？这就是中国人的传统和西方不同。假如我们把这些东西丢掉来学西方的东西，拾人牙慧，不会有前途。而且当我们在舞台上搭实景的时候，西方人已经开始不要这个东西了。所以，我们首先要知道我们的艺术、我们的文化好在哪里、什么是精华。好的东西、独特的东西我们一定要保护，千万别丢了。

当年有一个戏剧学院毕业的年轻艺术家曾经跟我讨论这个问题，他说梅兰芳就创新呀，为什么梅兰芳能创新我不能创新？我“蛮不讲理”跟他说：“对了，就是梅兰芳可以创新，你不能创新！”他说：“为什么？”我说：“很简单，梅兰芳会演 400 出大戏，你戏剧学院毕业三出折子戏都没有演好，你创什么新呀?！你还不知道老东西好在哪里，你创什么新呀?！”年轻人都想创新，这是对的，但是你先要知道哪些是好、哪些是新，先把传统学好了再来创新不迟，你看到一个外国的东西以为是新，等你拿过来，人家已经扔了，你拾的是牙慧。创新，尤其在文化上的创新是非常困难的事情，不是想创就能创的，而且我所担心的就是在所谓的“创新”过程当中把自己的传统、自己的灵魂丢掉了。

我们对自己的文化的确要重新认识，去年有个好消息，就是联合国教科文组织公布了第三批“人类非物质文化遗产代表作”项目，现在，中国共有 26 项“人类非物质文化遗产代表作”项目，全世界遥遥领先。其中有一项很了不起，中医针灸。为什么了不起？因为西方长期以来认为中医，包括针灸、中医药都是东方神秘主义，是不科学的。什么叫“不科学”？就是无法用现代的实证科学来验证，他们都认为不科学。针灸，这个穴位扎下去就有感觉，但是你用解剖刀把这地方剌开一看和周围没任何不同，因此西方科学排斥这个东西，什么叫穴位？什么叫经络？你得剌开让他看见，他才承认是，于是他认为中医不科学。

但是西医比中医科学吗？中医把每一个人的个体都看成一个小的宇宙，即使是同样的病，不同的人他的药方有增有减，都是黄芪，这个人五钱，另一个人是四钱，你说谁科学？西医是“一天三次，每次两片，小儿酌减”。什么叫小儿酌减？ 6 个月也是小儿，12 岁也是小儿，什么人都是一天三次一次两片，不分男女，不分胖瘦，180 斤体重跟 60 斤都是一天两片。不但人不分，任何一个药出来以后先拿小白鼠试，小白鼠试完了猴试，猴没问题了人就没有问题，这叫科学吗？人跟猴能一样吗？人跟小白鼠能一样吗？可是我们认为这是科学呀。但是大家要注意到，每隔 10 来年就会有一批西药被公布下架，不能再用了。中医有吗？《本草纲目》中哪味药不能用了？谁科学？

现在欧盟还不允许中医药进入欧洲，这实际上是不同文化的一种碰撞，问题是中国人在近百年来认为西医是科学，中医是不科学。现在我们去一般的中医院看病，还有中医吗？还有望、闻、问、切吗？你挂的是中医号，到那里他开的是化验单，验血、验药、CT、照 X 光，回来给你开的方子：

牛黄上清丸 10 丸，都是成药，那叫中医吗？我们在追求科学当中已经把自己的科学弄没了，我们在追求美的过程当中把自己的审美传统中断了，甚至丧失了审美的能力。现在年轻人还有审美能力吗？你们要看时尚杂志才知道今年的流行色，今年流行短裙子我穿短裙子，得别人告诉你什么是时尚，你来追求。什么叫时尚？“一时之尚”，明天就变了！可是我们就是在被商业牵着走的过程当中把一个人最起码的审美能力丢了，你不知道什么叫好看、什么叫美了，流行什么我穿什么。

所以我想在对待传统文化发展这个问题上一定要慎重，我不是说发展不对，我提的是慎谈发展，谨慎的慎。我们国家有政策，在非遗保护领域里叫“保护为主，抢救第一”。这八个大字有力量，“保护为主，抢救第一”，这些东西不抢救都丢了，你先别忙着发展，先保护，先传承。很多传统发展了就不是那个东西了，“赖汤圆”就得用糯米，就得馅在里面；想玩摇滚就去玩摇滚，想听川戏就规规矩矩坐下来听川戏。

艺术本来是多样的，文化本来是多样的，保护非物质文化遗产就是保护文化的多样性，而保护了文化的多样性人类才会有一个美好的将来，我们不能希望将来世界上只有一种文化。

所以我想明天开幕的非遗节非常重要，它起码表示我们的民族开始重视或者重新审视自己的传统文化了，而且在这个问题上传承保护是第一位的，要慎谈发展，先保护下来。这是我们这一代人首先要做的。

前些时候我在东南大学演讲，讲昆曲，讲过之后，一个大学生站起来问我一个问题，他说：“田老师你说昆曲好，但是我们青年人已经不喜欢了，只有老年人喜欢，昆曲应该怎么办？”按照一般的逻辑和现在主流的思维，我应该这么回答：“那我们昆曲要贴近生活，要走进年轻人，我们要尽量让你们喜欢，我们要改变自己，用大提琴伴奏，你喜欢的话，加上摇滚的节奏……”但是这么回答之后，昆曲为了你的一时之尚、一时之好，改变了自己，等你老了以后，再不想听摇滚节奏了，想安静一点、想听点委婉的东西了，你再来找我，我已经改变了，怎么办呢？所以当时我回答了他两句话，我说："第一，你也会老的！"第二句话是："昆曲等了你六百年了，不在乎再等你三十年。"

我觉得我们的传统文化应该有这份自信，我们一定要保留住自己的美，保留住自己的特质。这就是我今天要说的，谢谢大家！

中国非物质遗产保护工作的成就与困难

——2011年10月15日在“2011北京·中国民俗艺术国际论坛”上的演讲

中国的非物质文化遗产保护在这些年里取得了非常大的成就，很多人认为这是中国政府在中华人民共和国成立50年来在文化领域里所取得的最大的一个成就和最得民心的一个事情。在六七年前，“非物质文化遗产”这个词对绝大多数中国人来讲还是一个陌生的词汇，但是今天中国的非物质文化遗产保护已经取得了很多成绩，而且非物质文化遗产保护的概念深入人心。孔子说过“吾日三省吾身”，中国的儒家认为作为一个君子的标准就是能够反思，每天都要反思三次，检查自己哪些地方做得对、哪些地方做得不对，哪些话说得对、哪些话说得不当，这叫“三省吾身”，作为人类我们有几千年的历史，但是我们究竟有过多少次全社会的反省呢？一个君子每天要反思三次，作为人类，我想一百年总要反思一次吧！进入21世纪后，人类关于20世纪那一百年的反思得出两个重要的结论或者是两个重大思想的进步，我称之为“21世纪人类的两个最有价值的认识”：一个是反思人类和环境的关系，因此产生了环保的理念，知道人类是整个自然当中一部分，生物的链条、自然的链条，不能破坏，人类不能贪婪的、无限的向自然攫取，这是人类取得认识的一个进步；第二个进步、第二个重要的反思就是人和历史的关系。人类在21世纪的进步是如此的巨大，现在在座的每个人手里都有手机，随时可以和千里之外、万里之外的人联系，这一点在十几年前是不可以想象的。人类的科技取得了这么巨大的进步，但是在人类物质生活取得巨大进步的同时，也应该反思我们在取得物质进步的同时丢掉了哪些东西，丢掉了哪些珍贵的、失去就再也不会复得的东西。我们所谓的非物质文化遗产保护的理念，就是在这个反思的基础上产生。为什么今天中央开的这个会重要，它标志着这个国家的最高层领导已经注意到 GDP 不是全部，而一个民族如果中断了它在文化上和历史的联系，或者在这个时代只有经济的发展、只有 GDP 而没有文化的话，这个民族是没有前途的，所以最近几年全社会开始关注非物质文化遗产的保护。中国有一个特色，什么特色呢？就是任何事情如果政府不去参与、不去做，这个事就很难做，全靠民间的力量很难。而政府一参与就有两个结果，一个是中国政府的效率是全世界最高的，没有一个政府可以做得到，修一条铁轨、高速铁路三年就铺成了，没有一个政府有这样的效率。但是另一个结果就是只要政府一主导就会出现问题，就像高速列车也可能出轨，所以要调整。我今天的题目讲的就是我们取得的成就和面对的困难，我就想从这两方面讲。

首先讲成就，我前天从香港回来，我们在香港做了一个展览，展览里把非物质文化遗产保护的成就归结为九大点，我现在再简化归结为三个成就。

第一个成就：全社会普及了非物质文化遗产保护的理念，并且摸清了家底。中国自中华人民共和国成立以来进行过三次大的文化普查，第一次是 20 世纪 50 年代初期，重点是民族调查，那一次文化普查的结果奠定了我们今天所说的中华民族有 56 个民族——56 这个数字是怎么来的，这个数字怎么来的。就是在第一次民族调查的基础上才有的。

第二次大的文化普查是从 1977 年开始，用了 30 年，到 21 世纪“中国十大集成”的出版，有《民歌集成》《传统民间戏剧集成》等等，这十大集成被称作“中华文化的长城”，在那个时代虽然做了这么大的事情，但是由于各种原因，包括技术手段，没有能够取得应该有的影响。比如说我参与的两卷集成，一个是民歌，一个是民族乐曲，因为当时都是用简谱印，所以很难在世界上交流，没有起到应有的作用。

第三次普查是在前两次的普查尤其是第二次普查的基础上进行的，从2006年开始到2009年在全国范围内进行了文化普查。在文化普查的过程当中，举办了一系列训练班，训练各地的地方文化干部怎么做这次文化普查，由专家学者讲授，也吸收外国的经验，比如法国人在做非物质文化遗产、文化遗产调查的时候，提出一个口号就是“大到教堂，小到汤匙都不要漏”。我们借鉴了法国人、日本人、韩国人进行文化遗产普查的经验，专家们编了详尽的手册，分门别类，说明调查中应该注意哪些内容；在全国各地举办了一系列的培训班后，用了三年多的时间进行普查。普查的结果是初步摸清中国现有的非物质文化遗产项目还有78万项之多，普查的结果让我们略感欣慰，这是我们所取得的第一个大的成就。

第二个成就：初步建立了非物质文化遗产保护体系。这里包括四级名录体系的建设，包括国家级生态保护区的建设，包括非物质文化遗产传承人名录的建设。我国是受到联合国教科文组织提出建立一个“人类非物质文化遗产名录”的启发，当时联合国教科文组织的规定是每两年评一次，每一次一个联合国的成员国只能有一个项目入选。2001年，中国的昆曲艺术首批成为联合国“人类口头和非物质遗产代表作”，当时第一批联合国的“代表作”是28项。2003年，中国的古琴艺术成为第二批。在2001年昆曲成为联合国“人类口头和非物质遗产代表作”的时候，整个社会当时一心一意奔现代化，所以那个时候在中国各大主要的媒体版面上只是在右下角登了一个豆腐块式的文章；而日本的“能”同一天成为联合国“代表作”，日本的媒体都是全面的报道。我们从日本人对待文化遗产的重视中得到了很大的启发，我们也在反思，日本这个民族是第一个在世界上用法律的形式保护文化遗产的国家，1952 年就公布了他们的《无形文化产业的保护方法》，而中国晚了半个世纪。当然，日本人的文化自觉也有一个轨迹，并且经过了反复，明治维新时提倡“脱亚入欧”，歌舞伎也曾经学习西方的美声唱法，好像歌剧一样，用歌剧的布景，包括日本的大相扑在明治维新之后被法律禁止，认为那是“野蛮的裸体游戏”。那个时候的日本全盘学习西方，但是二战之后，日本人第一个开始反思，开始文化自觉，认识到民族文化是这个民族的“魂”，只要日本还有能，还有歌舞伎，还有大相扑，还有寿司、榻榻米，那么这个民族它就存在。而中国在 50 年之后，当所有城市都变得一模一样，当这个世界越来越同质化的时候，当中国人终于有一天觉得我们现代化了，这个时候我们才开始想到在这个过程当中丢掉了很多祖先留给我们的文化遗产。所以在这个反思的基础上，我国经过努力建立了一套系统，一个就是非物质文化遗产名录体系，它包括县、市、省、国家四级名录。现在已经公布了三批国家级名录，包括一千多项，省一级的名录有七千多项。

在四级名录的基础上，还有一个传承人名录制度。现在全国有 1148 个传承人，两批传承人宣布之后到今天，这一千多个传承人中有六七十个已经去世了，这些传承人在日本叫“人间国宝”，我们叫作“传承人”，在他们身上具体地承载着非物质文化遗产，具体承载着我们的文化和历史，所以把这些传承人保护起来。中国政府在这方面也做了很多很了不起的事情。比如每一个国家级传承人在 2009 年是每个人八千块钱，2010 年每个人一万块钱，一千多个传承人就是一千多万，而且地方政府要配套，就是国家给了多少钱，地方政府也要给他钱。对于一个在广东从事牙雕的艺人来讲一万块钱微不足道，但是对一个在鲁西、在甘肃背着一个木箱子在农村演皮影为生的传承人来讲，这一万块钱就可以让他在当地过上体面的生活，就可以让他不必为衣食所忧，也可以让他得到青年人的羡慕，因此，才能招到这门技艺的传承人。

我们当时做这个努力的时候，我的脑子里常常想象一个镜头，假如我是一个陕北的农民青年，本来今天要去深圳找我的表哥到工地上去建设或者到餐馆里去洗盘子的时候，当地的文化局给我的邻居张大爷送来一块金光闪闪的大匾挂在他的墙上，并且给了他一个一万块钱的大红包，钱多少不说，这块匾让这个家族都感到荣耀，那个时候我可能就因此改变了我的生活轨迹，我不一定到深圳去打工，我为什么不跟邻居张大爷学习他那一套我本来瞧不起的手艺呢？原来这个手艺不单可以养家，还受到人民、受到政府这么大的重视。所以传承人制度的建立对非遗保护起了非常大的作用。

另外我们还做了一件事情，就是积极地申报联合国的人类非物质文化遗产代表作名录，现在中国有 28 个项目入选，同时有 6 个亟待保护的项目，一共有 34 个项目进入联合国名录。进入联合国名录最大的影响或者贡献就是这件事情极大地刺激了中国地方政府保护非物质文化遗产的积极性，当然，地方政府的参与一方面使非物质文化遗产保护的经费、措施得以落实；但另一方面也造成了很大的破坏。比如旅游，比如为了提高地方的知名度，而伪造遗产、篡改遗产，这样的事情时有发生。而各个地方政府普遍存在重申报、轻保护的现象，申报国家级非遗项目非常积极，申报世界遗产更积极，但是一旦申报成功就完事大吉，具体的保护没有人管。所以就在上个月，文化部又发布了一个文件，建立了非物质文化遗产名录的退出机制。保护不利或者篡改或者改变了非物质文化遗产原来的面目，就要黄牌警告，警告无效就要摘牌、取消资格。我们初步做的这些工作当然取得了很了不起的成就，“非物质文化遗产”这个名词在几年时间里，从全社会一个陌生的名词，到一个热点，到建立了这么多的体系。此外，还包括生态保护区的建立。在保护的过程中，许多学者发现许许多多的非物质文化遗产不能够进行单向的保护，因为它是民俗的一部分，我们不能够把一个遗产和它的环境、土壤、当地人民的生产方式、生活方式割裂开来，所以在闽南、在羌族地区，建立了一系列实验性的生态保护区，希望把这个地方从自然环境到生活方式，到它的各个门类的非物质文化遗产完整地保护下来，这也正在初步实验性地展开工作。这就面临着我要说的第二个问题，非物质文化遗产保护最大的困难是什么？

刚才我已经说了一些困难，包括地方政府对非物质文化遗产保护的重申报、轻保护，为了旅游、为了经济而对非物质文化遗产造成破坏，这种现象都普遍存在，但是这个还不是重要的困难，还不是主要的困难。最主要的困难是人心。我举一个例子，上个月第三批非物质文化遗产国家级名录的颁证仪式在人民大会堂举行，中央领导也来参加，在这个颁证仪式结束之后，我们选了五个在第三批名录里的节目表演，其中有一个是苗族飞歌，我专门从苗寨里请了唱得非常好的两个大嫂到人民大会堂来表演。当天晚上审查节目的时候我发现这两个大嫂穿着苗族刺绣的传统服装，每个人戴着 20 多斤的银饰非常庄重地走上台，但是不会走路了，仔细一看，两个人为了到人民大会堂来演出，头一天晚上每人买了一双黑色的高跟的牛皮鞋穿上。我当时就想，这是非物质文化遗产保护一个最大的难题，就是我们任何人都没有权力不让当地的老百姓按照他们的理想和愿望追求他们心目中的幸福。我们有什么权力说你不能穿高跟鞋？苗族人一定要永远穿那身衣服吗？我们不能这样说，但当时我是艺术总监，为了这场演出的完整和风格的统一，我临时派人到大栅栏给二位大嫂买了布鞋，所以第二天是穿着两双绣花布鞋上去表演的。

这个例子说明，我们希望保护非物质文化遗产，我们希望保护文化的多样性，但是当地的老百姓并不这么想。我们说吊脚楼是人类建筑史上的奇迹，应该保留，当地的老百姓说我宁可住红砖砌成的有下水道、有卫生间的房子。所以我们当前所面临的，我认为最大的困难不是钱的问题、不是政府重视不够的问题，而是如何让保护文化多样性的理念真正得到普通民众的支持。这个困难如何克服？我个人实际是悲观的，因为整个民族十几亿人都要过现代化生活的愿望之强烈，以致要保护文化多样性，要保护非物质文化遗产的努力显得非常弱、微不足道。但是人类要前进，我相信同质化的社会毕竟不是一个美好的社会，我也相信人的认识是有反复的，我寄希望于之前提到的二位大嫂那样的人在高跟鞋穿腻了之后再回过头来找自己的绣花鞋，也许这是唯一的可能。

非遗保护三人谈

——2011 年中国音乐学院“名家三人行”对话

谢嘉幸：今天我们荣幸地请到了我国非物质文化遗产保护的顶级专家田青老师，请他就非物质文化遗产保护为我们做一个报告，我和瞿小松老师给他敲边鼓，大家欢迎！

田　青：刚才谢老师说我是“顶级”，其实我是不大认可的，因为“顶级”就证明我没发展了。“三人行必有我师焉”，今天我们“三人行”，谢老师和小松都是我的老师，有老师就能发展。下面言归正传，为什么我要讲传统文化呢？第一，除了讲传统文化别的我不会讲。第二，之前接到邀约电话时，我正在卢森堡“中欧文化论坛”，在这个会上，在这样一个和中国相比非常小但是非常现代化的国家里，我深深感觉到“现代”这两个字和“传统文化”之间的张力，感觉到两者之间的矛盾、亲疏，甚至恩怨。在这次会上，有一个丹麦的学者说了一些话很有趣，他说：“我们丹麦各个地方没有任何新的建筑，全是古老的房子。”他很痛苦，他说：“我们丹麦人不会盖新的房子，这可怎么办？”当时我就接话说，“很容易，你请我们中国人去盖新房子，然后我们请你们来北京保护旧房子。”

中国最大的问题就是我们只会盖新房子，而且所有大城市、中等城市完全一模一样，我常常到一个城市出差睡了一宿觉，醒来看窗外，“不知此地何地”。因为放眼望去，全中国的城市完全一样，全是新的高楼。这跟我们年轻时完全不一样，那时候中国每个城市的名字都是一幅画，每个地方的感觉都不一样。我年轻的时候经常在天津、北京两地穿梭，虽然当时津京两地也就隔着100多公里，可这两地的文化多元性以及个性都非常的明显。毛泽东同志在讲哲学的时候曾经举例说过“人”这个概念，他说：没有抽象的“人”，只有“男人”“女人”；也没有抽象的“房子”的概念，天津是小洋楼，北京是四合院。而现在，北京的四合院和天津的小洋楼都是非常稀罕的，跟熊猫一样珍稀、濒临灭绝。

我刚从国外回来，感觉现在西方对我们的现代化充满着尊重，尤其是欧洲，他们希望中国能救世界。包括对中国文化，能明显感觉到欧洲人想跟我们交流的欲望远远超过我们想和他们交流的欲望。以前，中国人在非常努力地学习西方文化，了解的也很多，在我们上学的时候，我们向往的、学习的几乎都是西方文化。包括我自己，在音乐学院学习，都是从分析贝多芬的sonata（奏鸣曲）开始。但现在是他们更愿意和我们交流。

改革开放30年来，我国的现代化建设取得了举世瞩目的巨大成就，这也是人类历史上没有过的。十几亿的人在30年里有这么大的变化，这个变化里带给我们的当然主要是正面的东西，几乎每一个中国人——应该说各个阶层甚至各个民族都不同程度地从物质生活上得到了极大的改善。而且我们做了很多西方人想都不敢想的事情，包括中国现代化的速度，比如修建高铁，从说修开始到建成也就三年。通过这个问题我想说的另一点是，我们现代化的速度这么快、成就这么大，所带来的负面的东西远远不是动车开得太快会撞车这么简单，我所关心的是我们坐着这样的车，从北京开过去，几个小时就过了长江，到了“烟花三月下扬州”的地方了，可是你从车窗里向外望去，那个唐诗宋词留给我们的“江南”没有了，莺飞草长没有了，城市里甚至城市周边全是高楼大厦。你到江南先富裕起来的地方看，比如从杭州机场进城的路两边，看到的是什么呢？是修得不伦不类的上面有“铁葫芦”的房子——三层的小楼，最上面是一个不锈钢的葫芦。不知道第一个这样造房子的人是怎么想的，然后就有了第二个人、第三个人……群体效仿。现在江南民居的特点就叫作不中不西、不伦不类，而且不干不净，外面很漂亮，里面照样很脏。

这些年我曾经在山西坐着汽车走高速路，放眼向路两侧望去，映入眼帘的是每个村子几乎都有个教堂的十字架，这很奇怪。五台山是中国佛教的重地，可到那一看，教堂已经把五台山包围起来了，基督教正在以前所未有的、超过上个时代传教士想象的速度在中国发展。从上海黄浦滩满口说洋文的白领们，到山西农村过去拜佛磕头的老太太们，现在统统成了基督教徒。基督教成了现代化的一个内容，而佛教太古老了，算是传统文化。所以现在中国传统文化与现代化的矛盾或者问题，如谢教授刚才所讲，是一个古老的问题，应该说是中国近代以来，从 1840 年鸦片战争以来，困扰着中国一代又一代的知识分子和一代又一代仁人志士的重要问题，是政体问题之外最重要的问题。

但是卢森堡，现在是大公国，并没有妨碍它现代化，所以政体是另外一个问题。如果讲文化，那么，在文化领域里困扰了我们几百年的，其实就是三个问题：第一个问题是古与今，传统与现代，昨天和今天；第二个问题是中与西；第三个问题是雅与俗。古今、中西、雅俗，这三对矛盾实际构成了我们这几百年来知识界争论的所有问题，只不过在不同的时期，有不同的热点、不同的侧重。

雅与俗、中与西的问题我们今天不谈，今天就谈古与今的问题。一个理想的社会和一个理想的文化形态，应该就像一个家庭一样，即使作为一个临时的家庭，也应该有家底，应该有可以谋生或者安家立业的手段。就当前社会来说，作为一个国家、一个民族的文化，一个最好的文化，应该是既有传统同时又有创新能力。

所有中国人都最爱说的一句话就是，我们是文明古国，而且是“四大古文明”里唯一没有中断的文明。我过去也常这么说，在我过去的文章里面能找到这样的话，但是后来在我去了趟印度后我就不说这句话了，因为人家那边的文明并没有中断，我们凭什么说人家中断了。佛教在那边是没有了，但是除了佛教，人家还有婆罗门教、耆那教，还有很多传统文化。他们的音乐舞蹈不但一直没有断，而且保留得很好。去印度最让我吃惊的是，我去了将近 20 天，居然没有看见一个穿着西装裙子的印度妇女，无论是高雅的知识妇女，还是家庭主妇或者偏远地区的农村妇女，全都穿着纱丽。纱丽当然也有区别，有雅俗的不同、贵贱的不同，甚至风格的不同，但我分辨不出来。另外，印度的音乐学院也让我们很震惊。

瞿小松：中央音乐学院研究世界音乐的陈志明教授，他曾跟我说过所谓印度的音乐学院，除了有一所教西方音乐，其他都是教授印度传统古典音乐的。

田　青：我没有打听到这一个音乐学院，我所打听到的是他们学小提琴、钢琴都到英国去学，而他们印度的音乐学院教什么？教印度自己的东西。中国的音乐学院现在有多少？大概 300 所，这是一个保守的估计。如果加上所有的，比如现在师范院校都改成大学了，音乐系都改成音乐院了，我听到的一个数字是 700 所。这个数字是很可怕的，即使我们有十三四亿人口，700 所音乐学院仍然是很可怕的。这些音乐学院培养出来的人去干什么？用 700 所音乐学院训练孩子早晨起来学习“西洋唱法”的发声？如此大规模的工业化生产方式……

谢嘉幸：我插一句，赵沨老师还在的时候，他曾经说这个学院建起来，本来应该把周边传统的资源利用起来，但是压根没有，这些传统资源都不在他们的视线里面，这是一个很奇怪的文化现象。

田　青：这牵扯到文化教育的政策和思路，前一段时间，很多地方把一个城市里的几个学院合并到一块，叫作“强强联手”办大学，就好像是把 50 个舢板捆在一块就叫航空母舰！这样的事例真是太可怕了，真是误人子弟。

先不说教育问题，我们继续谈传统文化和现代的问题，而且这是三大矛盾中的主要矛盾。中国的传统文化虽然不像我们刚才说的没有中断，但是我们也的确有着悠久的文明，这点我们不可妄自菲薄，当然也不要过于的骄傲。我们平常总说我们有四五千年的文明史，但一到埃及就傻了，人家动不动就一两万年。我们可以跟美国人说我们有 5000 年的文明史，他只有 200 年，但问题是他这 200 年傲视你这 5000 年！所以中国人面对传统文化的时候，是值得反省的。近 200 年，对于传统文化，中国人经历了两次 180 度的转变 。我常常认为我们的现代化对传统文化造成的冲击和破坏，要超过“文化大革命”对传统文化的破坏，我有两个理由。第一，“文化大革命”对传统文化的破坏，是靠政治暴力强加的，是违背了中国最广大人民的意愿的，中国绝大多数民众对“文化大革命”从内心深处是不理解、是抵触的。

英国伦敦大学有一个叫钟思第（Jones Stephen）的音乐学家，他前几年研究中国华北地区的民间笙管乐。我的同事陪着他一个村一个村地走，搜罗到了很多手抄的工尺谱，他感觉很奇怪。到了第二个村的时候，村民们又拿出一摞工尺谱，这个英国人是个“中国通”，他说这是“四旧”啊，“文革”时“扫四旧”难道没扫吗？这个村民就跟他说：“我爸爸是民兵连长，‘扫四旧’的时候就都藏到我们家了，一直保存到现在。”我再举个例子，你们如果有空去杭州的灵隐寺，会发现每一副对联、每一块牌匾都是清代以前的，而且都是原来的。原来“文革”时有一个普通的军官，架着机关枪在门口说，谁敢进来我打谁，于是灵隐寺才躲过劫难。

我刚才举的这两个例子说明“文革”破坏传统文化是违背民心民意的，那个时候，中国普通老百姓不管是凭着良心还是凭着对传统文化的热爱，都会想尽办法来保护它，因此，“文革”这样的浩劫也无法消灭中国几千年的传统文化。

但是，今天的现代化不同，现代化是中国几代人的梦想，从康有为、梁启超到孙中山、毛泽东，到在座的每一个人，现代化是我们的理想、我们的愿望，现代化意味着我们能过上现代化的生活，意味着我们国富民强不再受人欺负。从鸦片战争开始，这是中国几代人的愿望！为什么辛亥革命能够这么快一下子把一个几百年的帝国推翻？因为它符合民心民意，那是人心所向。

但是在今天，我们取得了现代化这么大的成就之后，却应该有所反思。一个民族要前进就像一个人要进步一样，人怎么才能进步？比如说刚刚谢教授说我是“顶级”的时候，我不但不陶醉，反而立刻要表示反对，因为人必须要看到自己的不足，才能看到自己前进的方向。作为一个民族，就更不应该陶醉于现在的成就，虽然这个成就确实值得我们骄傲。如果我们真正想在世界上继续赢得人们尊重的话，我们必须在看到现代化建设带给我们这么多的便利、富裕和自豪之外，还要清醒地看到有哪些东西是负面的，是需要我们克服的。

我们今天保护非物质文化遗产的困难所在，不是有了经费就能保护好了，最大的困难是非物质文化遗产的拥有者们自己都已经不喜欢这份遗产了，他们要现代化。这就是我讲的传统文化与现代化矛盾的一个方面——知识分子和非物质文化遗产拥有者的想法不一样，你希望要“原汤原汁”地保护，但他们希望过上现代化的生活，我们作为一个非物质文化遗产保护工作者或者作为一个社会知识分子，没有任何权力不让当地的老百姓追求他心目中的生活——每个人都有权利拥有自己的理想，自己的追求，包括对过上现代化生活的追求。

什么叫社会知识分子？在刚刚出版的第 4 期《中国音乐学》上，刊登了我在上海音乐学院的演讲，题目叫“一个音乐学家的社会责任”，大家有兴趣可以看。一个有社会责任的知识分子，也就是一个对民族自觉有承担或者愿意为大众服务的知识分子，不管你是音乐家还是什么人，其实都不会有一个一以贯之、一成不变地对待文化的态度，态度总是因时而异的，只有一点是从来不变的——对主流观念的怀疑。

一个社会中知识分子的观点如何全看他所在的环境，他一定会受空间和时间的局限与制约。比如他生活在一个天主教国家，他可能天生就反对天主教，而如果他生在伊斯兰教国家，他可能就会反对伊斯兰教。我从前总是说鲁迅先生当年要反对的、要统统踏倒的，全是我们今天要统统保护的。同时我相信，假如我生在五四时期，以我的性格而言，很可能是个疑古派，我可能会从内心里就喜欢那些反对传统文化、激烈的“革命”主张，年轻的时候人容易极端。

看一个知识分子的观点是否对社会有益，要看他所处的时代背景。比如谢教授刚才说，整个社会都崇洋媚外、崇尚科学主义，甚至唱歌都要科学唱法，我就觉得要提倡原生态，告诉人们科学不是万能的，科学和艺术是两回事，而且千万不要以为我们是大学生、大学老师，就天生比民间高。我提醒大家，古今中外，一切真正的、顶级的大艺术家，没有一个人对民间采取居高临下的态度。古今中外，从白居易到柴可夫斯基，概莫能外。真正的顶级大艺术家，都认为人民的、大地泥土里的艺术是自己的母亲。如果上了几天学，到了一个大学里，就瞧不起民间、瞧不起土地，往小说，是不智、没有眼光；往大说，就是忘恩。

第十一届中央电视台“青歌赛”，云南的原生态歌手李怀秀姐弟的演唱，民族组基本上除了我之外其他评委都打的低分，而且我的最高分和那个最低分相差十分！反而是不打分的美声及流行唱法组评委，都站起来鼓掌叫好。后来让那个打最低分的评委解释原因的时候，他说确实是唱得很好，他也没想到他打的是最低分，但觉得毕竟是民间的唱法，还有待提高。我尊重他的观点，但是我更有批判他的观点的权力。怎么能够因为上了大学有了学位，就敢说只要是民间的就要提高，怎么提高？跟谁提高？

“羊倌歌手”石占明刚唱出名来，就立刻有好几个人要给他当老师，他问我意见的时候我不同意。我们 700 所音乐学院培养出来的学生们，都到哪去了呢？“会唱的去唱，不会唱的去教。”现在，你打开电视，总还是那几个人在唱，上不了电视的可能就到了文化馆。他自己都没唱出来，怎么能教你呢？

但是就是这么多学了一半的人，没有真正学会的人在做教师，教了一代又一代，包括现在考级的一批批人，真的有这么多人会教钢琴吗？我有个朋友问我他的孩子学什么乐器好，我说什么都别学，让他玩。如果他想学音乐就让他敲鼓，没有鼓就拿筷子敲桌子，只要他高兴。现在 90% 学钢琴的家庭 ，可能都是为了满足父母从 20 世纪五六十年代看西方电影的幻想。90% 为了爹妈，这还不可怕，可怕的是这 90% 中的很多人经过 10 年的训练之后，得到的结果就是他从此憎恶钢琴，此生再也不摸琴了。这样的音乐教育是悲哀的。

回到传统文化的话题上，传统文化现在面临的困境就是最广大的民众要过现代化的生活，苗族的妇女要穿高跟鞋，住在高脚楼里的要住那种丑陋的但是有卫生间的砖房。我听说城建部当年曾经策划出两个方案，一个是北方农村的标准建筑，一个是南方农村的标准建筑，试图加以推广。值得庆幸的是最终没有执行，我想，如果真正执行了、推广了，那中国 960 万平方公里的土地上就全是兵营了。

谢嘉幸：而且房子建起来不仅要欧式的、罗马柱等等，还要取一个欧式的名字才可以。

田　青：这就是我们这个时代的现象。我吃了好几年“加州牛肉面”，后来才听美国人说加州没有这个牛肉面，完全是被中国人编出来的。叫“加州牛肉面”它就能够卖出去，所以那些高档别墅都叫“罗马花园”之类的洋名字，而千万不能叫宋家庄、杨家庄，哪怕是个有文化的名字也没有人买。现在整个时代处在这样一个环境下，所以我们一定要看到，时代造成了人们的思想状态。五四时期我们贫穷落后挨打，于是先进的知识分子们开始反思，认为是我们的传统文化出问题了，所以才提出“砸烂孔家店”这样的话。

谢嘉幸：我们学习西方文艺的东西比较多，但不是其文艺的根本，而仅仅是继承传统。这是为什么？

田　青：为什么不学古希腊和罗马？古希腊、罗马文化并不好模仿，我们做不出来。今天，我们已经不再需要有人告诉我们说：要学习西方先进文化，要一心一意奔现代化。经过 30 年的奋斗，在现代化已经成功或者接近成功的情况下，就不应该再说鲁迅当年在整个民族受到威胁的情况下说过的话了。没有一个真理永恒不变，每一个时代的思想者应该敏锐地看到所处时代的主流思想存在的问题，这才是你的责任。

我经常爱引用鲁迅先生说过的那句话："我们目下的当务之急，是一要生存，二要温饱，三要发展。苟有阻碍这前途者……全都踏倒他。"他认为传统文化阻碍中国的现代化，当然要踏倒。但是今天，经历了五四、"文革"、现代化之后，基本都踏倒了。在很长一段时间里，人们把所有的传统文化都当成土的、落后的、应该被淘汰的，然后一窝蜂地按照一个模式来发展社会，也包括文化建设。

上个月在人民大会堂给中央领导演出时，我说了一段话：山西是我们中国的戏剧之乡，现在还有 1000 多个古戏台，20 世纪 80 年代据不完全统计有 49 个剧种，现在还剩下 20 多个。一个剧种之所以被称为剧种，一定要有一个不同于其他戏的完整系统，包括整套唱腔、不同特色的伴奏乐器、独特的表演形式、著名的代表性剧目、杰出的代表人物——角儿，还有需要通过几十年才能培养出来的基本观众——粉丝、戏迷。而改革开放 30 年，在实现现代化的路上，我们丢失了许多文化遗产，仅仅山西，就有大约一半剧种消失了！

山西现在剩下 20 多个剧种，应该如何对待这些面临困境的剧种呢？我们可以看看西方。西方世界相当于我们"剧种"概念的戏剧品种有多少呢？西方主要有三个剧种：话剧、歌剧和舞剧。当然，话剧有语言的不同，舞剧有芭蕾舞、有现代舞……各个艺术形式都有风格流派的不同。但他们文化的同一性却十分明显。比如音乐，西方有多种音乐形式，但整个西方的音乐思维是一样的，乐队的组织形式更是一样的，比如管弦乐队，无非是单管、双管，没有大的区别。在欧洲，追求"一体化"的愿望和努力是根深蒂固的，经历了两次世界大战之后，他们实现了经济一体化、实现了统一货币、成立了欧盟，但文化的“一体化”实际上带来了文化的“同质化”。现在，除了我们知道的管弦乐、铜管乐、四重奏等等这些形式之外，欧洲音乐是不是没有其他形式了？当然有，伦敦也有专业的复古乐队，戴着假发、小提琴用羊肠弦、演奏中世纪音乐，但在西方整个的大文化里也被视为异类，不是主流。

有了这个对比，想到欧洲经济一体化、政治一体化、文化一体化对文化多样性的破坏，就知道山西留下的这 20 多个剧种的珍贵了！这次在中欧文化论坛上，欧洲学者跟我们谈的遗产全是物质的遗产，一说到遗产就说建筑。一起去的一个朋友问我，他们那边有没有非物质文化遗产？当然有，“非遗”这个概念就是欧洲人先提出的。那为什么欧洲人没有我们这么多非物质文化遗产呢？其实就是因为非物质文化遗产不多，才会萌生出保护文化多样性的观念，才会提出保护非物质文化遗产的观念。同样，为什么日本人在 1952 年就为保护非物质文化遗产立法？因为他们经历了一个文化自觉的过程。

欧洲文化的多样性是怎么破坏的？二战之后，欧洲一片废墟，物质的遗产、非物质的遗产都消失得差不多了，而与此同时，美国文化全面进入欧洲，对欧洲文化和欧洲人文化上的骄傲感是一个巨大的冲击。而欧洲人几百年来就有一个共同的愿望，就跟中国人想实现现代化一样，他们是想要一个统一的、和平的欧洲。现在他们的国境没有了，货币统一了，有了欧盟，但在统一的过程当中，他们忽略了保护自己文化的多元性，所以，他们最早觉悟，尤其在美国文化“倒灌”欧洲之后，欧洲人开始醒悟要保护文化遗产，保护文化多样性。

我曾经写过一篇关于文化自觉的文章，其中就举了日本的例子。现在很多人惊叹于日本能将现代化和保护传统都做得很好，并行不悖，确实如此，这一点也正是中国人需要学习的。而日本人为什么在 1952 年就提出来保护无形文化呢，其实，是两个原子弹。

在中国，无论何时，崇洋媚外都是一个贬义词。而日本人在明治维新时就从上到下要“脱亚入欧”，决定不再做亚洲人，要做欧洲人。他们的国策就是全盘西化。音乐上也一样，日本人在明治维新时就提出学习西方，用西方“科学唱法”改造歌舞伎的传统唱法，戏剧也要学西洋的话剧，舞台上全用西式的布景，抛弃东方的固有的文化传统和审美观。

但是日本人在 1952 年却终于达成一个全民共识，要通过法律的形式保护日本的传统文化。二战后，美国战胜了日本，占领军控制日本的一切，麦克阿瑟代替了天皇，政治、经济都要受美国控制……在这个时候，日本人才发现日本固有文化的重要性，他们认识到，现代化不能以中断传统文化作为代价，一个民族只有保护好传统文化才能真正地面对现代化。

瞿小松：所以我们说到“音乐纵横”这个概念，纵向的时间以及横向的文化品位。现在中国的音乐学院的主要体系是学习西方文艺复兴之后的音乐，培养出来的很多人可能也就是傲慢无知的乐匠。所以我希望音乐学院能够成为文化人的场所，在这我们可以听到不同的东西，看到每个人不同的视角，请各界的佼佼者，分享他们的行业、人生体会。

田青刚刚说到“文革”对传统文化的破坏，其实还有一种观点就是认为“文革”以后30年对传统文化的打击和破坏超过了“文革”。“文革”以国家的力量，全面打击传统价值观，无论中西的传统价值观都是被禁止的。所以“文革”之后要重建价值观，是在一个价值观的废墟上产生的，产生了一个对现代化非常简陋的理解。

刚才讲到丹麦的古城保存得好，在20世纪90年代的时候，苏州市住房和城乡建设局的人去斯德哥尔摩，负责接待的人员带领参观，介绍了一些11世纪建的广场和楼房，还有一些20世纪才修建的，最后介绍到城中心的两条现代化街道时，他们都脸红，当时他们也想追求现代化把大片老楼推掉建高楼，可是市民不干，于是也就停下来了，所以斯德哥尔摩才是现在看到的样子。在巴黎，所有的新建筑也都在巴黎城区之外。后来回到斯德哥尔摩，当地人问“苏州城建”的人对斯德哥尔摩有什么印象，“苏州城建”的人说：“你们太落后保守了，应该把所有楼全部推掉建高楼。”

我觉得中国的知识分子有一些是反古的，如果用批判意识看中国的读书人的话，他们的民族主义其实是很强的。这个民族主义里有一些是实用主义，比如信仰、儒道等等一些很日常的伦理，教大家怎么做人、处事。而当这些都“打”掉以后，只剩下了群众主义，我认为这是中国现代化可悲的地方。

在欧洲，比如意大利，文艺复兴的房子算是新的了，我们可以看到中世纪的广场都还在用，每年会组织一些活动让大家去玩，从外面看住房也还是很有传统的美感。所以我们可以知道意大利人在现代跟传统也是有联系的，欧洲所谓的现代化并不是我们想象的高楼大厦，那不是文化的标志。如果把那个作为文化标志的话，将是一个很可悲的事情，这个世界会非常单调。

田　青：小松总结了“文革”当中最可怕的事情，就是把“破”和“立”完全对立起来。中国人过去讲到人和自然的关系说“天人合一”，“文革”的时候我们却提出“人定胜天”，要“改天换地”。中国人从来没有如此狂妄过，在中国所有的古代绘画、诗词里，看到的都是大面积的山水，一个小小的人站在桥上，可能还有个古琴，没有古琴的就坐在溪边观看着湖光山色，整个一幅画，山水蔚然，充满了生命力，人在自然中只是小小的一部分，可是后来我们却变成了“改天换地”。

“不破不立”的提法在哲学上是错误的。为什么要把北京城全拆了再建？梁思成就曾提出要保留北京的格局，保留四合院，在现在的石景山建一个新北京，这就是不破而立。假如那时候的领导人听从了梁思成的话，那么现在我们就有两个北京，一个新北京，一个老北京。旅游者来了看完了高楼大厦，再去看四合院，多好？但是现在我们没有。

瞿小松：这是一个悲哀。据说当时美国轰炸日本的时候，梁思成曾经建议千万要把京都保下来。

田　青：解放战争时解放军把国民党军队围困在北京的时候，梁思成曾经专门给解放军画了一个北京必须保护的古建筑的图，都是极有价值的文物级的建筑，所以，解放军围北京不打，打天津。可是，北京的这些没有毁于战火的建筑却是在和平年代我们自己拆的。1952 年日本颁布了世界上第一个文化遗产保护法，1956 年韩国颁布文化遗产保护法的同一年，北京市委向中央写了一封信，要求拆掉故宫的城墙，理由是那是封建主义的大宅院，妨碍了市民通行，真是悲哀！

观众一：田老师你好，我是来自中国传媒大学的学生。我想请教两个问题，第一个是作为中国昆曲古琴研究会的会长，您在近10年的所感所见，能不能给我们说一下古琴传承的情况。第二个问题是，您作为专家学者，从历史的角度，您会怎么样来看这个时代？谢谢。

田　青：我先回答你第二个问题。我们当前的时代是中国历史上从没有过的伟大时代，我为我生活在这个时代自豪。有史以来，中国目前的状况应该是最好的，在世界上的地位也是最高的。我们常常说唐代好，其实唐代那时候只有周边的国家知道我们。我觉得这个时代是个很伟大而且充满着变革的时代，它确实为我们每个人都提供了一个普通时代和战乱时代所不能提供的好机会，包括发展自我的机会。当然，每个时代都有自己的问题，我今天说的，都是问题。

再回答你的第一个问题，古琴这些年来从一个被人们逐渐淡忘的文化形态到现在变成了一个不大不小的热潮。前几年有个教授说现在京城有“新四大俗”：喝普洱、弹古琴、听昆曲和练瑜伽。古琴从被人遗忘到短短十年变成“新四大俗”，我作为中国昆曲古琴研究会的会长，分外自豪。想俗不容易，我刚才讲五四以来中国文化的三大矛盾是古今、中外、雅俗，俗和雅是嬗变的。在20年前邓丽君是俗是雅？绝对是俗。可现在她成了经典，我们到台湾去都会到金宝山去给邓丽君献花，跟看贝多芬一样的。

关于古琴现在的发展，我客观地讲：第一，形势喜人；第二，就像我刚才讲中国现在处于一个伟大的时代，但背后肯定也有负面的东西。古琴为什么突然变成“新四大俗”了？包括我们到江南一个以古琴文化著称的名城做古琴活动的时候，他们在舞台上表演古琴，一个琴家在聚光灯下、在一个角落里弹琴，然后一帮女孩子穿着性感的服装在那翩翩起舞。古琴变成了一个符号、一个象征，而不是传承真正的古琴文化。

上个月，在中国昆曲古琴研究会的代表会上，两派古琴家就争论起来了。过去古琴分好多派，广陵派、武夷派、川派等等，现在古琴只剩两派，一个叫“钢派”、一个叫“丝派”。“钢派”主张用金属弦，“丝派”主张恢复丝弦。“钢派”认为古琴首先是乐器，要有音乐，要好听，音量要大，要发展。“丝派”主张恢复传统，认为音量不能大，因为琴是用来自我修行的，是给三五知音、清风明月、良辰美景弹的，而不是给“听众”表演的，给大众弹古琴就好像在哈根达斯店里卖涮羊肉。虽然我喜欢涮羊肉甚于喜欢哈根达斯，但是我主张你吃冰淇淋就吃冰淇淋，吃涮羊肉咱们就好好吃涮羊肉，都要地道。

古琴在成为世界遗产以后一下子热起来了，有俗化的危险。但是请放心，起码我个人很警惕，我希望古琴保持它的文人文化的地位，中国的文人文化就只有古琴了，我希望古琴就是文人的，不是媚俗的。但是话说回来，有的人说某某学古琴是“附庸风雅”，我支持“附庸风雅”，从欧洲的文化史和中国的文化史看，推动文化前进的很大一部分力量来自这些所谓“附庸风雅”的人，从贵夫人到帝王将相，没有梅克夫人就没有柴可夫斯基。无论如何，“附庸风雅”总比赌博、嫖娼好。当然，这与古琴的意味相差太远了。

观众二：田老师你好，我是中国音乐学院音乐学系本科一年级的学生，从小学习贝多芬，对传统音乐也没有太多接触，希望您能给我们提一点在以后音乐学习上的一些建议或者意见。

田　青：我建议你，想学什么就学什么。首先要把学校教给你的东西学好，但这不是全部，你还要充分打开你的视界去接收更多的资源。在音乐学院除了学习西方理论技术，中国自己的东西也要学。我的学生常让我开书单，我认为是没必要的。人与书之间有个缘分，只要你有兴趣，那见到什么就学什么，艺多不压身。

非遗保护中的民俗文化

古老传统包括民俗，在面对现代化的时候，都是弱势文化，你不保护它、不格外地提倡它，它就会消失，而且消失速度跟经济发展的速度一样快。

一个民族在走向现代化的时候，尤其文化走向现代化的时候，要有文化自觉，文化自觉是保护文化多样性和保护非物质文化遗产的前提条件。

民俗文化和非物质文化遗产究竟是什么关系？面对传统文化，任何人的知识都显得浅薄，而任何分类都会带来问题。比如在我国的非物质文化遗产国家级名录里把非物质文化遗产分成十大类，包括口头文学、传统音乐、传统戏剧、传统美术以及手工技艺、传统医药、传统曲艺等等，还包括民俗。按照这个分类，非物质文化遗产涵盖着民俗文化，或者说民俗文化是非物质文化遗产的一个大项。民俗文化反过来又包含了非物质文化遗产的一些门类，比如说过年时唱戏，传统戏剧是不是在民俗里面？过年不光演戏，贴窗花、贴对子、传统的食品及传统手工技艺也是非物质文化遗产的一部分。蒙古族的那达慕大会是民俗活动，有歌唱、演奏，还有赛马、射箭、摔跤，而这些项目都涵括在非物质文化遗产的分类里面，比如，民歌、马头琴划归到传统音乐里，摔跤、赛马放在传统体育里，如果离开这些活动项目，那达慕就不叫那达慕。所以民俗又包含所有的非物质文化遗产的内容。假如说民俗就是一个民族的所有习俗、风俗和有关的文化形式的话，那么民俗文化的概念就太大了，包括几乎所有的非物质文化遗产。

过去很长一段时期，有些学者会把中国的民俗文化以及包括民俗在内的所有传统文化看成是一种腐朽、没落的文化，甚至看成我们这个国家和民族100多年的屈辱史的根源，认为是文化里的“糟粕”影响了民族的进步。不能否认，一些民俗的确包含着糟粕的成分。

对待传统文化，态度要辩证客观。糟粕当然不要保护。但什么是糟粕？什么是精华？谁来判定？不但时间会让人们对糟粕有截然不同的看法，空间也会造成不同的认识。不同的时代、不同的地域、不同的人对美的要求不同，审美观也有很大的差别。当人类经历观念的反复之后，现代人起码应该有一个意识，即文化是多元的，自己不喜欢不一定就是糟粕。

传统哲学讲究容忍、包容，要有度量，要有涵养。对这些文化怎么对待？我认为应该先保护起来，但是保护也要分层次，有保存、有传承，当然还有弘扬。有些东西是精华，但是你只能保存，甚至不能传承。比如说很多与生产方式、生活方式密切相关的文化艺术形式，随着生产生活方式的消失，它们也会消失。

中国正在以人类从来没有过的速度向现代化奔跑，在奔跑的过程中，身为中国人，不能把爷爷奶奶塞在贴身口袋里的东西掉了都还不知道，现代化的代价不能是终结中华民族自己的文化传统。保护非物质文化遗产、保护传统的民俗文化，是保护我们民族的根和魂，是保护我们民族精神的DNA。美国的华人第二代被称作“香蕉”人，意思是只有长相是华人，思想、观念全部美国化了。这个“香蕉”人现象，值得我们深思。我们应该清醒地意识到，现代化的目的不是为了把中国人变成和美国人一样。

今天经济发展的速度有多么惊人，我们的传统文化消失的速度就有多么惊人。古老传统包括民俗，在面对现代化的时候，都是弱势文化，你不保护它，你不格外地提倡它，它就会消失。有个哲学命题叫“不破不立”，这个命题在哲学领域可以讨论，但在城镇建设上却是个大问题！为什么非得破才能立？破与立有没有可能共存？一定要把北京的四合院拆了盖高楼大厦？人类所有的有着古老文明的城市几乎都是两个部分，包括罗马、开罗、德里。我前几天在报纸上看到一篇触目惊心的文章题目：“中国有五千年的历史，但是没有五千年的房子”。这是教训。除了春节、清明、端午，你愿意过情人节也可以，为什么非把中国的传统节日去掉呢？再加一个新的不行吗？现在觉悟还不算太晚，一个民族，尤其在面对现代化的时候，必须要有文化自觉，文化自觉就是重新寻找文化定位，找到遗失的自我。

时代的确在变，农民歌手“旭日阳刚”唱歌带着城市少有的力度，甚至有点粗糙，但是很豪放。可是，这个“豪放”不是秦腔、老腔的豪放，不是河北梆子的苍凉。他们手里拿的也不是板胡，而是吉他。这个现象背后所透露出的现实是：不但城市青年对传统文化隔阂了，随着大量农民工的进城，随着农村的空巢化，我们产生在农业文明时期的所有传统文化，都面临被遗忘的命运。

很多民俗是精彩的，是我们祖先天才的创造，里面不但有他们的喜怒哀乐，有他们的心跳呼吸，有民族代代相传的血脉，还充满着美感和合理性。因此，我国包括民俗在内的所有非物质文化遗产，我认为都应该先保存下来。

昆曲只有老年人喜欢，青年人不喜欢，怎么办？大多数戏剧院团团长的思维方式是：我们要创新，尽量让年轻人喜欢，我们要引进新的东西，加入吉他、电子琴，用摇滚节奏来代替水磨腔。你们不是嫌昆曲慢吗？我们就快些。光唱你听不懂，我们加舞蹈，加街舞。

对此，我的回答是两句话——第一句话是“你也会老的”，第二句话是“昆曲已经等了你六百年，不在乎再等你三十年”。我的意思是，等你有了文化，等你有了心境，你再来找昆曲的时候，昆曲还在这里等着你；假如我现在改了，把水磨腔变成摇滚了，把曲笛变成吉他了，现在是迎合你了，但等你老了想找婉约之美、想找清幽之美、想找淡雅之美的时候，你往哪去找呢？中国人一定要有这份文化自信，同时，还要有远见、有眼光，知道什么才是真正的好东西。

（原载《人民日报》2011 年 6 月 10 日）

纪录片与非物质文化遗产

——2016 年 9 月 22 日在甘肃嘉峪关“第五届中国（嘉峪关）国际短片展演高层论坛”上的讲演

纪录片自诞生一刻起，就和非物质文化遗产——尽管这个词在当时还没有被发明出来——有着不可分割的关联。让我们现在再看一看被公认为纪录片鼻祖的这部《北方的纳努克》[①]中因纽特人（也就是爱斯基摩人）一家的生活场景吧，如果当时加拿大有非遗保护协会的话，按照现在的标准，会评出多少项非物质文化遗产呢？独木舟的制作技艺，苔藓生火技艺，渔猎技术（海象、北极狐），皮毛加工，雪橇制作与雪橇犬驯养技艺，还有最著名的——冰屋搭建技艺。如果没有纪录片，恐怕近 100 年前的这些非物质文化遗产，我们就只能停留在想象中了。

1927 年，由中国学者徐旭生、袁复礼、黄文弼等人，和瑞典人斯文・赫定等外国学者共同组建的西北考察团中，配备了一套当时最先进的摄影机，并有一位专业纪录片摄影师随行。此人就是因《意志的胜利》而出名的德国人李伯冷（Paul Lieberenz）。他所拍摄的考察过程，被剪辑成了一部纪录片《斯文・赫定 1928 年的戈壁远征》，这部片子也被后来的影

① 罗伯特・弗拉哈迪导演，1922 年上映。

视人类学家们认为是中国境内拍摄的第一部影视人类学纪录片。在这部纪录片中，记录了大量我国 20 世纪 20 年代的西北人民的生活场景，地域跨度从内蒙古、甘肃、宁夏，一直到新疆，其中也包含了大量的非物质文化遗产（尤其是前半部分）：小到棋牌游戏、蒙古摔跤，大到百灵庙庙会。

在此之后，我国自己的人类学家，凌纯声、芮逸夫在他们的湘西苗族、瑶族调查中，也使用了影像记录的方法。当然，大规模的通过纪录片的方式拍摄我国的民族民间文化、非物质文化遗产，特别是少数民族的非物质文化遗产，当属中华人民共和国成立后为了配合民族识别工作所开展的“少数民族社会历史科学纪录片”创作工作。这项工作开展了十多年，为我们留下了 20 余部宝贵的民族志纪录片，包括我们耳熟能详的《黎族》《彝族》《鄂伦春族》《赫哲族的渔猎生活》《苦聪人》等等。其中，《独龙族》中首次用影像的方式记录了独龙族的文面习俗、彝族火把节等当今的非物质文化遗产。

人类传承文明的方法有三：物质文化、文献、非物质文化，其中非遗恐怕是最难以捕捉、最不易保留、最难以还原的一种。物质文化，如青铜器、建筑等，可以深埋或屹立数千年不朽、不倒；文字文献，古有“绢保八百，纸寿千年”之说，我国目前发现的最早的纸本文献属魏晋南北朝时期，更不用说还有秦简、甲骨文。而非物质文化，是无法用具象、静态的物理载体所保存的。非物质文化遗产不是静止的雕塑，更像是流动的音乐，它是过程性的、稍纵即逝的。因此，对非物质文化遗产最好的保存方法，就是纪录片。人们可以通过纪录片记录一项非遗的具体实践，包括所有的环节与技法，从头到尾地展现非遗的过程，保留最丰富的细节。

非遗一直是纪录片工作者的一个母题。其实无论是人类学纪录片，还是民族志纪录片，所记录的内容中，就像我刚才所举出的例子，大部分都属于非遗的范畴。我国创造性地将非遗分为十类，其中每一项都是纪录片创作者们所热爱的题材。音乐、舞蹈、戏剧、曲艺、美术，这些表演性的非遗，本身带有巨大的艺术表现力和感染力，是绝佳的创作源泉；传统医药所蕴含的种种奥秘、体育游艺与竞技的紧张与激烈、传统技艺所承载的工匠精神、民间文学和民俗中所承载的大量民族文化与记忆，也都是纪录片所最擅长、最有施展空间的拍摄领域。可以说：非遗是最适合用纪录片的视听方式去记录的一项大的文化命题。

从 2006 年我国正式开始非遗保护工作以来，已经产生了大量的非遗主题或与非遗密切相关的纪录片作品。其中值得一提的包括：中央电视台所摄制的“中国记忆”系列纪录片，是最早的以非遗命题的纪录片创作，至今已制作了几季，每季 30 集，内容包括了最早的第一批国家级非遗中的大量项目。该系列还有很多分支，如“中国记忆·传承大师”，就是《人物》栏目专门拍摄第一批国家级传承人的人物志纪录片。同时，现在每年文化遗产日的直播活动，也使用了“中国记忆”这个总的品牌。稍晚，中央新闻纪录电影制片厂摄制的一套《人类非遗》纪录片，拍摄了当时我国所有入选联合国《人类非物质文化遗产代表作名录》的十余项非遗，包括昆曲、古琴、木卡姆等。之后，大量的非遗纪录片出现，很多地方台也都开始了自己的非遗纪录片创作。很多单个的非遗项目也都创作成了纪录片，如《昆曲六百年》。值得注意的是，近年来与非遗相关的故事片和电视节目创作也呈现增长，比如《雪花秘扇》中的女书，吴天明遗作《百鸟朝凤》中的陕西吹鼓乐，北京电视台的电视栏目《传承者》等。

但我国的非遗题材纪录片创作仍然有很大的提高空间：

1. 目前我国非遗纪录片的主要形式是电视专题片类型，即摆拍、搬演加解说，往往拍摄周期较短，叙事方式雷同，对非遗的挖掘不够，对非遗自然状态记录不足；同时由于有着收视率压力，因此总是被迫地制造悬疑、人物关系、矛盾冲突，往往是把非遗当成了背景。

2. 长制作周期的非遗纪录片并不多见。很多非遗的发生周期很长，根脉复杂，如想创作出高水准的纪录片，需要长时间的跟踪挖掘，需要大的资金支持，目前此类资金的资助来源较少，总额有限。

3. 纪录片创作者和非遗学者的联系与合作较少，能形成学者型纪录片的机会不多。往往是外行拍、内行看，不利于高学术水平的纪录片产生。

4. 对非遗纪录片的利用不足，发行、推广管道匮乏。

各位都知道，联合国教科文组织于 1997 年正式提出了人类口头与非物质遗产代表作这一概念，我国的第一项世界非遗——昆曲是 4 年之后的 2001 年第一批入选的。而大家可能不知道，比非遗提出早两年的 1995 年，联合国教科文组织还提出了另一项遗产：世界记忆遗产，保护记载人类共同记忆的文献遗产。我国于 1997 年入选了第一项：中国艺术研究院的传统音乐录音，超过 7000 小时，50 个民族的音乐录音。其中最著名的，就是杨荫浏先生 20 世纪 50 年代初期所录制的瞎子阿炳的《二泉映月》。其实，在世界记忆遗产名录中，有大量的入选项目不是纸质文献，而是影音文献，是纪录影像。比如英国的反映一战中索姆河之战的纪录片；美国史密森尼学会的布须曼人类学纪录片。这些纪录片本身，也成了人类共同遗产。

文献性，是纪录片的第一性。各位纪录片创作者们，请把镜头对准非遗。你们不只是记录了非物质文化遗产，你们的纪录片本身，也将成为这一代人共同的记忆，人类共有的记忆遗产。

从春节放鞭炮看遗产保护理念的提升

1993 年 12 月 1 日，为了建设所谓“现代城市”，北京市政府颁布施行《禁止燃放烟花爆竹的规定》，学习所谓“新加坡经验”，禁止北京人在春节放鞭炮。北京老民谚道：“新年到，新年到，闺女要花儿，小子要炮，老头要顶新毡帽。”本来，春节放鞭炮是一个古老的、延续了千百年的民俗，但在这条法规颁布之后，小子们酷爱的鞭炮成了禁品，人们传统的、延续了数百年的欢乐被剥夺了。老百姓认为，不许放鞭炮的春节没有年味儿！在民众反映日益强烈的情况下，2005 年 6 月《北京市烟花爆竹安全管理规定（草案）》经北京市政府常务会议讨论通过，并经北京市人民代表大会批准后施行，终于将“禁放”改为“限放”，容许市民在规定的时间和地区燃放鞭炮，结束了北京城建成以来仅有的 12 个“哑巴春节”。从 2005 年开始，北京市民终于可以过一个“有声有色”“有年味儿”的春节了。北京市政府的这个重大改变不仅是一个简单的行政法规的改变，也不仅仅是政府制定政策更加人性化的表现，而是反映了中国社会观念的一个重大进步——保护非物质文化遗产意识的萌芽和日渐成熟。

春节等传统节日之所以是重要的非物质文化遗产，是因为在这些节日之中包含了丰厚的文化内涵，包含了我们民族千百年来的理想和精神，包含了我们民族世世代代的追求、习惯、风俗，它们和其他所有非物质文化遗产一起塑造了我们民族的形象，其中每一个习俗的形成，都有着漫长的形成过程和与其相关的条件、道理、文化、历史。而这些风俗一旦形成并被一个民族代代传承，它们就成了这个民族身份的基因和“身份证”，成为这个民族的整体记忆。中国的春节是全民族的节日，无论城市、乡村，从祭扫、贴春联、年夜饭、守岁、压岁钱，到拜年、穿新衣、放爆竹，所有这些活动在全国范围内基本上都存在。内容中都充满着中华民族的理想、道德、审美情趣，也包含着我们民族与自然斗争的勇气、智慧以及世代共享的、彼此认同的快乐。据中国古老的传说，“年”是一种吃人的怪兽，但是它怕红色、怕竹子在火中爆裂的响声。于是，中国人便年年在除夕夜燃放爆竹。当我们的祖先发明了火药之后，渐渐用火药代替了燃烧的竹子。被称为中国四大发明的火药，原本就是用来制造节日的欢乐气氛的。

当北京市政府在20世纪90年代出台《禁止燃放烟花爆竹的规定》时，他们主要的理由是每年燃放爆竹都会有一些孩子被爆竹崩瞎眼睛，也容易引发火灾。保护人民的生命财产，当然是政府应当首要考虑的问题，但人民的生命财产，应该有更好的方法而不能仅靠牺牲非物质文化遗产来保护。

今天，也像当年曾经多少次为了眼前的利益而忽略了大自然和人类生存的环境一样，我们许多人为了追求经济的发展和物质生活的改善而忽略了精神家园的守护，看不到我们的民族在得到全世界公认的快速发展的成绩背后，还隐藏着一个可怕的、灾难性的危险——经济全球化和文化一体化的进程中丢失自我、丢失中华民族数千年的伟大文化传统，迷失在物质进步和与世界接轨的浪潮中。在中国迅速发展的城市化进程中，进城的农民已不再唱世代相传的民歌而改唱流行歌，少数民族的姑娘不再穿自己民族的服饰而改穿牛仔裤和 T 恤衫。他们和全世界的城市青年一样开始学讲英语，在同一时间看同一场 NBA 球赛，欣赏同一部好莱坞大片，吃一样的汉堡包、麦当劳，穿一样的耐克或阿迪达斯。

当然，皮之不存，毛将焉附？东海的渔民已经不用人力撒网了，开的是机动大船，怎么唱撒网号子？江南的农民已经在用插秧机插秧，怎么唱插秧歌？内蒙古的牧民更喜欢骑着摩托车去放牧，怎么唱牧歌？生产方式、生活方式的改变所带来的社会变革、文化变革是历史的必然，无法阻挡更无可奈何。我们不可能在短期内让所有人都认识到传统文化的消失将是我们民族的悲剧，更没有权利阻止老百姓按照自己的愿望去追求自己心目中的幸福。但是，毛尽脱落之后，皮又焉在呢？假如我们简单地把“皮”理解为物质，把“毛”理解为文化的话，那么，一张光秃秃的“皮”，一张失去了“毛”的“皮”，是不可能带给人们心灵上的温暖的。因为，“人”之所以为“人”，就在于他有精神的追求；“人类”之所以为“人类”，就在于他有历史和文明。而传统文化——所有的物质文化遗产和非物质文化遗产，都是不可能再生的。

现在，中国社会最大的一个关键词就是“发展”，每个人、每件事，都要发展。城市化是一个巨大的发展，但我认为，城市应该是传统文化的包容者，而不应该是传统文化的消灭者。进城的农民，不应该忘却祖先的文化。我建议，在城市的不同社区建设继承传统文化、地方文化的独具特色的文化小区，是保证城市多元文化特质的一种选择。

我曾把传统文化比喻为一张薄纸，把飞速发展的社会比喻为一列高速飞驰的列车。这张薄纸飘在窗边，只要一开窗，我们一把抓不住，它就会唰的一声飞得无影无踪，再也无法寻觅。中国 30 多年来的经济发展和城市化建设为许许多多的中国人带来了实际的利益和好处。但是，一个有理性和智慧的人不能只享受经济发展的好处而忽视它的负面影响，一个有理性和智慧的民族更不能在前进中割断历史。传统文化不仅是我们民族的血脉、民族的精神、民族的根，它还是我们民族持续前进的动力和保证。一个丢失了文化传统的民族，只能在所谓的发展中丢失自己。

（原载《中国文化报》2012 年 1 月 19 日）

应该有“文化城镇化”意识

未来我国大规模的“城镇化”，无疑是推动国家经济持续发展的强大引擎；“城镇化”的实现，将满足上亿农村居民多年的愿望，实现打破“城乡差别”的伟大理想，建造一个更加平等、均富的社会。

“城镇化”会给我们带来巨大的好处，这一点毋庸讳言。但是，就像“现代化”在带给我们巨大利益的同时也产生了一些负面的新问题一样，在大规模“城镇化”开始的时候，我们就应该对可能产生的负面问题有所认识，并采取相应的措施加以避免。比如移动通信的发展给当今社会的每个人都带来了在十几年前无法想象的便利，但是，今天人手一个手机，在变万里为咫尺的同时，也产生了人和人的疏离、封闭和冷漠！在地铁上，我们常常会看到这样一种现象：一排乘客每个人都拿着一个手机在看、发短信，谁都不抬头，谁都不关心周围人的存在！当然，也就不再给老年人让座，因为看不见！这个本该促进人际沟通的“现代化”手段，却把人际关系前所未有地划分为两类，他让你随时随地可以和你的熟人联系，但也把所有没有存进你手机通讯录的人都拒之千里之外！这难道不值得我们深思吗？

因此，在“城镇化”开始规划之前或进程当中，我们就应该注意到：我们今天所谓的传统文化绝大部分是农业文明的产物，而几乎所有的非物质文化遗产都是乡土文化、草根文化、地域文化。在“城镇化”过程中，那些兴高采烈地庆幸自己成为“城镇居民”的人们，在告别农村的同时，也将告别那片土地上生长出来的文化。没有考虑到文化传承的“城镇化”，一定会出现和自己乡土的断裂，出现和自己的传统文化、地域文化的断裂。“城镇化”不仅仅带来农民身份的改变，也会切断他们和乡土文化的联系，切断今天与昨天的精神脐带。现在，大众传播媒介上已经出现了几个率先实现了“文化城镇化”的“农民工”歌手，他们已经不再唱传统的民歌和地方戏曲，他们引吭高歌的时候怀里抱着的是吉他，唱的是摇滚，是现代城市的流行歌曲。如果我们简单地把城市文化当成“先进”，把乡土文化当成“落后”，让农村来的所有新市民全盘接受城市流行文化，或者仅仅让“乡土”以“另类”的姿态成为城市文化的点缀和陪衬时，那么我们所有产生于农业文明的传统文化由谁来保护和继承?

我想，在大规模“城镇化”的过程当中，一定要避免和传统文化的断裂，从“硬件”到“软件”都应该有“文化城镇化”的意识。因此，我建议在“城镇化”的规划阶段就要为“文化”预留出发展的空间，要规划出市民文化生活的场地。在此过程中，要注意保护传统建筑文化的地域特色。现在，所有一线城市的城市面貌已经一模一样了，全是“现代化”的高楼大厦；假如我们的“城镇化”再不注意这个问题，就使我们960万平方公里土地上所有的城镇都一模一样了。失去了祖先给我们留下的千姿百态、充满独特美感的建筑文化，那绝对是一个悲剧。

更重要的是，我们要在“城镇化”的过程中设法保护处于“断根”之境的非物质文化遗产，让传统文化能够在新的环境里有继续生存的可能。在这个过程中，一定也要注意维护“文化多样性”，不能让现在城市的同一性文化成为唯一的文化，不让能全社会所有的人真的都唱着“同一首歌”，更不能把产生在农业文明里的传统文化统统遗弃。我们丰富多彩的地方戏，我们产生在山野、田园、牧场的千姿百态的民歌，我们体现了中华民族天才与智慧的光辉灿烂的工艺美术和手工技艺，还要继续传承下去。

着重保护、继续传承民族民间文化，是我国“城镇化”伟大历程中必须注意的问题，只有保住了传统文化的根脉，我们的“城镇化”才是好的“城镇化”，我们的新兴城镇，才会是人民安居的乐园，才会是我们民族传统文化的载体和中华民族永恒的骄傲。

（原载《中国文化报》2013 年 3 月 11 日）

“当代性”与文化传统

最近，很多青年艺术家在讨论艺术“当代性”的问题，我以为，所谓艺术的“当代性”，应该是只针对传统艺术或“非当代”艺术而言，因为“当代”才产生的艺术形式——比如动漫或流行歌曲、时尚服饰、行为艺术——本自“当代”，其“当代性”不言自明，无须赘言。

既然“当代性”是只针对传统艺术形式而言，那么，为什么传统艺术形式需要“当代性”？什么是传统艺术的“当代性”？

传统艺术需要“当代性”是因为传统艺术已不适应当代人的需要了吗？在现代化、城镇化的大潮中，的确有很多传统艺术形式因与时代脱节而濒临灭绝，比如大部分当代青年不再喜欢家乡的地方戏，因此，那些面临失业危险的戏剧工作者便希望借助“当代性”的魔咒让地方戏返老还童。但同时，在以令人吃惊的速度和范围扩大的古玩市场上，却没有任何一个人要求“元青花”具有“当代性”！

那么，让昆剧演员抛弃抽象、曼妙的程式化动作和简约但无限可变的“一桌两椅”，而在舞台上搭实景甚至“吊威亚”满天飞就是体现了“当代性”吗？我曾经调查一位剪纸艺人作品的营销情况，她告诉我说，她最受欢迎的作品还是那些有着浓郁的地方特色和历史感的传统图案，她为了迎合时代而专门创作的奥运题材或神舟飞天的图案却鲜有人问津。

我以为，追求“当代性”是传统艺术面临时代巨变时的应激反应，是大多数艺术家的一种本能，也是促进艺术发展的一种方式。但在爱因斯坦的时代，时空的概念应该是多元立体的，向前是发展，向后也是发展，向上下左右都是发展。同理，追求“当代性”与坚守传统、追求历史感也都是艺术家的使命。从另一个角度看，对一个有创造性的艺术家而言，“当代性”是自然而然的，是想避免都无法避免的，是“胎里带”！是追求“当代性”还是追求“历史性”，似乎是两种不同的选择，但其实是一回事。无论是毕加索还是齐白石，他们的所有创作，在他们那个时代，都天然具有那个时代的“当代性”。而真正具有“当代性”的艺术作品，也一定有长久的历史价值。

“当代性”不应该是一种标签、一种图腾、一种自我标榜，更不该是对“当下”与“时尚”的臣服和媚俗。它应该是当代现实生活对艺术家自然产生的影响和反应，而不是刻意的追求；它应该是在传统艺术的基础上产生的，而不是凭空从天上飞来的；它应该是对传统艺术的“改良”，而不是“一个阶级推翻另一个阶级的暴力的革命”。我始终相信：你如何对待历史，历史也将如何对待你。

2014年3月25日

中国传统戏剧的处境与出路

——2014 年 12 月 6 日在“全国非物质文化遗产戏曲剧种传承与保护学术研讨会”上的讲话

一提到中国的传统文化，人们便会想到那几个至今无法企及的文化高峰：唐诗、宋词、元曲。而明清两代的文化高峰是什么？我认为是中国的传统戏剧。换句话说，中国的传统戏剧与唐诗、宋词、元曲一样，是可以作为明清两代文化代表的另一个高峰，一个离我们最近，因此至今还可以亲睹其容、亲闻其声、亲感其温润的最后一个文化高峰。

在 20 世纪 80 年代，中国的传统戏剧还有 397 个剧种，从昆剧到京剧、梆子、粤剧、川剧、评剧、越剧、黄梅戏……而要成为一个独立的剧种，必须具备与众不同的声腔体系、独具特色的伴奏乐器、风格鲜明的代表性剧目、影响力与魅力十足的代表性演员（名角）和需要多年培养才可能形成的观众群（戏迷）。每一个剧种，都不可以替代，可以说是祖先留给我们的一笔无比珍贵丰厚的文化遗产。

但是，随着全球化、现代化、城市化的迅速发展，我国的文化生态发生了巨大的变化，在中国经济以令人眩目的速度腾飞的同时，我国的传统文化也在以同样的速度被边缘化。西方主流文化的强烈冲击，电视等新媒体、新艺术形式的大面积覆盖，使城市里的年轻一代全面“西化”，农民工进城后也不再哼唱老家的地方戏而改看电视连续剧、学唱流行歌曲。同时，面对名角的逐渐凋落与观众群的迅速丧失，传统戏剧面临着巨大的生存压力。据初步统计，中国的传统戏剧目前仅剩200种左右。仅以山西省为例，20世纪80年代，该省尚有49种地方戏，但目前只剩28种，而且，其中绝大部分地方剧团都在艰难度日，其生态环境不容乐观。

值得庆幸的是，近年来，非物质文化遗产保护的概念在中国政府的大力支持下日益深入人心，通过几年的努力，中国目前已完成历时三年的非物质文化遗产大普查，初步建立了县、市、省、国家四级“非物质文化遗产名录”保护体系和传承人制度，目前，共有171种传统戏剧进入国家级非物质文化遗产名录。继2001年昆曲进入联合国教科文组织“人类口头和非物质遗产代表作”之后，粤剧、藏戏又成功入选。今年，《中华人民共和国非物质文化遗产法》获得全国人大批准，从法律层面使非物质文化遗产保护工作进入一个新阶段。当“保护”成为现实之后，中国传统戏剧当如何“发展”呢?

首先，我们必须明确：遗产是不能发展的。在现代社会，产生非物质文化遗产的根基已经丧失，与非物质文化遗产有关的生活方式已经改变，就像没有一种植物被连根拔起后还能生长一样，非物质文化遗产同样也不能再“发展”。因此，我们提出了“保护为主，抢救第一”的政策，对目前残存的传统戏剧，当务之急就是保存和保护。而当发展成为一种模式，就有可能导致不同文化的同质化。我们看到，现在很多剧团在“发展”的口号下走着同一条路：请名作家编剧，请音乐学院培养的作曲家作曲配器，请影视剧或话剧导演排戏，请现代舞台美术家利用大量“声、光、电”来“包装”，甚至在几乎所有的戏剧乐队里都加进了大提琴……结果是丧失了自己原有的特色，老观众认为“变味了”，年轻人也不买账——听不中不西、不土不洋的“四不像”，还不如直接看西洋歌剧和音乐剧。保护非物质文化，目的就是维护文化的多样性，同质化是一切文化发展的一条死路。

历史是向前的，就像一条河流，文化只能在自己的河床里流淌，只能前进在自己民族传统的轨道里。明治维新之后的日本，把“脱亚入欧”定为国策，也曾对歌舞伎进行改造，就和今天我们把地方戏改成歌舞剧一样。日本人后来认识到：歌舞伎是不能发展的，歌舞伎用西洋美声唱法唱，歌舞伎就没了！同样，昆曲与许多地方戏不同的地方是唱词不是口语而是文言，假如昆曲演员在舞台上唱出“我爱你，你爱我吗”的时候，昆曲也就不称其为昆曲了！

前些时候，我在东南大学讲演之后一位大学生问我：“虽然你说昆曲、古琴怎么怎么好，但现在只是老年人喜欢，我们青年人不喜欢，那昆曲、古琴应该怎么办?”我当时回答了他两句话：“第一，你也会老的。第二，昆曲已经等了你六百年，不在乎再等你三十年!”仅从这个意义上说，我们也应该把这些“老年人”的艺术保护好，不然的话，等现在的青年人变成老年人之后再来找我们要这些遗产，我们该如何对答?

非遗保护的文化自觉与能力建设

一、各美其美　美美与共

人类社会之所以能够不断进步，很大一个原因是人类具备不断反思的本能。我认为，进入 21 世纪以后人类有两个重要的反思：一是反思人与自然的关系，另一个是反思人与历史的关系。过去人们不加限制地向地球攫取所需的一切，使得生态环境遭到破坏。在现代化浪潮的席卷下，文化进化论的影响和文化一体化的趋势使得越来越多的“弱势文化”在“强势文化”的侵蚀下处于灭绝或濒临灭绝的状态。在此基础上人类开始反思如何保护生态环境和文化环境。近 30 多年来联合国教科文组织所倡导的保护生物多样性和文化多样性的公约和行动反映了人类反思的本能，是人类自我认识的重要进步，也是保障人类未来发展所必须采取的举措。保护文化的多样性和保护生物多样性同样重要，一个是保护人类可持续发展的环境，另一个为文化的发展重新找到了基础。

如今很多传统文化面临着如何走入生活、与现代社会接轨的问题。我一贯认为文化的多样性是文化发展的基础，同质化的文化是没有办法发展的。比如现在有很多地方戏都在进行现代剧目的创作，再加上声光电的舞台设计，自以为是创新，但实际上已经失去了地方的特色，而且此“创新”还可能与其他地方戏的“创新”一模一样。

在演艺方面，日本在明治维新之后也曾大搞“演剧改良运动”，甚至连国宝歌舞伎都被按照西洋歌剧的形式来改造。最后发现这么做已经不再是歌舞伎了，是一条弯路。而今，日本在世界范围内最早提出保护非物质文化遗产概念，并最早以国家行为来保护本国的非物质文化遗产，这实际是一个巨大的转变。

如果我们不把传统文化的“根”和“魂”保护好，只是一味地讲创新，很有可能再过 20 年，我们的传统文化就像现在的城市一样，每个城市都在拆旧房子、盖新房子，变得千城一面了。所以我们应讲清楚传统文化的历史来源、发展脉络以及它的特色和价值，有所继承，才能讲创新。这是我们今天应该有的文化自觉。

“文化自觉”是费孝通先生晚年重要的学术思想，他主张每个民族都要通过文化自觉来重新审视自己的文化和他人的文化，找到本民族文化的“安身立命”之地，最终达到“各美其美，美人之美，美美与共，天下大同”的境界。我曾经撰文《我们拥有足够的“文化自觉”吗？》，引用了他的这句名言。“各美其美”，是指每个人都把自己的美彰显出来，在此基础上我们可以把别人的美发挥得很好，即“美人之美”。但前提还是“各美其美”，如果我们只能“美人之美”，就很难做到“美美与共，天下大同”，因为在这个过程中没有了自我。“各美其美”，实际上就是一种文化自觉。我国在 30 多年的现代化建设中如果能够认识到，现代化不能以中断历史、丢掉文化传统为代价的话，就是真正的文化自觉。保护自身的文化遗产，就是文化自觉后的具体行动。

二、经验、挑战与应对

对于我国非物质文化遗产保护的现状，我曾经总结过 12 个字：起步晚、速度快、成果大、问题多。在 2001 年昆曲入选联合国教科文组织第一批“人类口头与非物质遗产代表作”时，国内对非物质文化遗产保护还没有概念，一些地方官员甚至将其错念成“非文化物质遗产”，可以说昆曲入选给保护工作带来很大的激励。2003 年当古琴艺术再次入围，非遗保护才开始引起全社会的关注。到今天，即便是偏远山村的老农也会非常自豪地向你介绍家乡的非物质文化遗产。对于文化生态极为丰富而复杂的中国来说，能够让保护非物质文化遗产这一概念深入人心，普遍得到接受，这本身就是一项巨大的成果。

在短短 10 多年的时间里我们建立起了一整套非遗保护制度。建成了从县、市、省到国家的四级名录保护体系，截至 2014 年已经批准四批国家级非遗项目 1517 项，四级名录的非遗项目共达 89386 项。其中入选联合国教科文组织非物质文化遗产名录的项目达 38 项，居世界首位。我们还建立了传承人制度，已公布的四级名录的传承人达 8000 多名，国家级代表性传承人有 1986 名。更为重要的是，2011 年前我国颁布了《中华人民共和国非物质文化遗产法》，这是继《中华人民共和国文物保护法》之后文化领域的又一个法律。这个法律的制定，标志着非遗保护工作已经上升到国家层面。

在保护方式上，我们建立了文化生态保护区，整体保护非遗和它赖以生存的自然环境、社会环境，这是我国非遗保护工作的一个创造性的经验。此外，针对非物质文化遗产中的传统手工技艺、传统美术、传统中医药等类型的项目进行合理的生产利用，激发其自身的生机和可持续发展的动力。

我所总结的 12 字非遗现状被很多地方做工作总结时引用，但最后三个最重要的字“问题多”常常会被删掉。我们在取得一些成果的同时，应当清醒地看到当前保护工作所面临的中国特色问题还不少。例如各地普遍存在重申报、轻保护，尤其重申报国家级项目和联合国非遗名录的现象。一些地方借非遗保护之名行旅游商业之实，甚至篡改或伪造“遗产”，其真正目的是扩大地方的知名度以增加财政收入。这些以功利为目的行为是妨碍我国非物质文化遗产保护工作深入与落实的瓶颈。

我认为，建立有效的退出机制和监督机制是解决这些症结的关键所在。我做政协委员时最早提出了关于建立非遗保护退出机制的提案。所谓退出机制是针对保护不力或者没有传承的状况，要求退出机制和监督机制必须具有一致性。这不仅要有规则还要有专人，若是自检，就很难保证。日本和韩国的做法是，每个传承人背后都有一个学术团体做支持，以确保有效的传承。其次，我们应将保护的重点放在省、市一级的非遗项目上，这部分数量最多，也是工作的难点。对于出于功利目的进行的申报，我们唯有在审批过程中严格把关。

我国的非物质文化遗产绝大多数源于农业文明，快速城镇化发展所造成的农村空巢化以及古村落的逐步消失，让很多文化传统失去了生存土壤和传承空间。比如一个河南的小伙来到北京打工，他可能就不会再唱豫剧而改唱流行歌曲了。所以我们迫切需要做的是在乱象中将老祖宗留下的非物质文化遗产延续下去，不被商业化、现代化所吞噬。抢救性保护工作依然严峻而急迫。

三、起心动念　合力而为

我国的非物质文化遗产保护在起步阶段政府主导的力度很大。专业人士在制定法律、项目认定等方面发挥了重要作用，可以说是做了从无到有的事情。在联合国教科文组织支持下成立的亚太地区非物质文化遗产国际培训中心，是以提高亚太地区非遗保护的能力建设为宗旨，这个目标非常重要。该中心自 2012 年正式成立以来，在学术研究及专业人员培训等方面做了不少事情。但我认为它所发挥的力度还不够，当然这主要是受到权限及经费的限制。我希望它能够积极争取主动，在能力建设方面发挥更大的作用。

福建木偶戏的传承人培养计划被联合国教科文组织列入优秀保护实践名册，这是我国目前唯一列入该名册的项目。我与福建木偶戏的渊源颇深。木偶戏起源虽早，但却比其他戏剧都更加成熟，因为它早就认识到再现的现实是虚幻的，与其自己扮演他者，不如完全塑造一个绝对的他者。福建木偶戏在让我理解戏剧艺术本质的同时，还让我认识到木偶艺术家的本质，那就是以宗教徒般的献身精神和充沛热情，对祖先的遗产心存敬畏并立志要将其发扬光大。

近年来公众的参与越来越广泛，基础也越来越厚实。我认识很多喜爱传统手工艺的年轻人，他们利用微信朋友圈相互交流技艺、晒作品，团结了一大批爱好者。看到这些我非常欣慰。因为他们的目的很纯粹，就是喜欢。而热爱正是科学、艺术发展的原动力，也是最大动力。非遗保护要真正落到实处，最终还是要靠民众的力量，靠全民族的文化自觉。

佛教讲“起心动念”，是说做事首先要看出于什么目的。我们这些最早做非遗保护的人，谁也没有想到它会发展到今天这么大的规模，“起心动念”是对了。

（原载于《世界遗产》2015 年第 12 期）

复兴“礼乐”是国学馆的重要任务

“礼乐”是中国传统文化重要的组成部分，孔子称：“移风易俗，莫善于乐”，将音乐当成改善社会环境与社会风气的利器。孟子亦指出：“仁言不如仁声之入人深也”，充分强调好的音乐比好的语言更容易打动人心。荀子在其《乐论》中则更清楚地提出他的判断：“夫声乐之入人也深，其化人也速。”认为好的音乐与社会的安定关系极大，将音乐置于可以“安邦治国”的首要地位。在中国古代，“制礼作乐”是国家大事。自西周开始建立的礼乐制度对其后的中国历史及整个亚洲的音乐史都产生过重大影响。从西周开始，“制礼作乐”便成为改朝换代的标志，中国每一个新的王朝建立之后的第一件事，便是修订雅乐。也从此时开始，“乐正，则天下定”，便成为中国漫长的古代社会一个根深蒂固的政治情结。古人认为有了好的音乐便可以风调雨顺，可以使天下安宁、民富物丰，似乎是痴人说梦。但假如我们放弃一点“现代人的偏见”的话，我们就会发现，古人的政治在许多地方上并不比现代人差多少，有些甚至比我们还要高明。用现代的概念来讲，“礼乐”便是“法制”与“精神文明”的结合。荀子曾明明白白地指出“礼”与“乐”不同的功能和交互使用的功效，他说：“乐和同，礼别异。礼乐之统，管乎人心矣。”将他的这段仅仅十五个字的话翻译成现代汉语，便是：“乐（包括一切文艺）强调人相同的一面，可以促使人与人之间的和睦团结；礼（包括法律、制度、礼貌等）强调人与人有差别的一面，可以使各阶层的人各安其位、规规矩矩。把礼乐结合起来用，便可以使整个社会人心安定，从而达到一个理想的社会。”

西周礼乐制度中“乐”的部分包括一整套雅乐体系、一整套用乐制度。雅乐，源于古代祭祀乐，是祭祀天地、祖宗的音乐。西周的雅乐，将单纯的宗教性祭祀乐扩大为囊括国家政治生活各个方面的仪礼音乐，在郊社、宗庙、宫廷仪礼、乡射、军事大典等场合使用。雅乐的代表性乐器是编钟、编磬。钟磬因其各自的制作材料而被称为“金钟玉磬”，是雅乐的独特乐器，也是中国传统文化的标志性乐器。

国学馆的宗旨，是弘扬中华传统文化。因此，恢复和弘扬中华礼乐文化，是国学馆应该做的。为此，我建议：

一、在国学馆设立“中华礼乐中心”，在条件未成熟时可先成立一个“礼乐小组”，负责策划组织有关中华礼乐的相关工作。

二、购置雅乐必需的编钟、编磬等代表性乐器。这套雅乐乐器如果布置在国学馆大厅，将成为中华传统文化最有代表性的象征，也会使大厅增辉并独显其民族性、权威性、独特性、代表性。

三、与中国音乐学院合作，训练若干学生充当“乐舞生”，在国学馆开馆典礼上以“金声玉振”的雅乐向世人展示中华传统文化的辉煌。

四、在其后的日常运作中，可以每天定时表演雅乐，成为国学馆的一大亮点。

孔子不但把音乐作为他所传授的“六艺”——“礼、乐、射、御、书、数”中的第二位，仅次于其内容本包含着“乐”的“礼”；还把音乐当成“君子”人格完成的最后一课和最终标志，即：“兴于诗，立于礼，成于乐。”

国学馆之“成”，也应该如此。

2015 年 12 月于厦门

城镇化建设中的非遗保护

——2014 年 7 月在“城镇化建设当中的非遗保护”研讨会上的发言

各位上午好！今天我不谈理论，只谈一点感受。

城镇化建设当中的非遗保护非常重要！我最近参加的两次调研都是这个题目，一次是 5 月份中央文史馆组织考察安徽和浙江，一次是 6 月初由全国政协教科文卫体委员会组织、卢展工副主席亲自带队考察福建和安徽。今天我们会议的主题依然是这个，这说明这个题目的确受到了全国人民上上下下的共同关注，而且是一个重大的、摆在我们面前必须解决的题目。这几次调研我有很多感受，下面我想谈两个感受。

第一个感受就是如何看待我们当前的城镇化进程。城镇化进程是我们社会发展的一个必然趋势，是一个大的潮流。它的好处不用讲，比如如何在经济上拉动整个社会建设的需要等等，这些我都不谈。我只谈一点，就是我亲眼看到的，农民本身对城镇化建设发自内心的欣喜、高兴和他们的幸福感。

我想，所有的农民对城镇化建设的这份感受只有一个时期可以比较，一个是小岗村实行承包制让农民有了收入，一个是今天的城镇化建设。这应该是广大农民世世代代的一个发自内心的追求。我觉得这一点是一个普通的知识分子看待城镇化建设的一个底线和一个不能用数字或者其他东西来取代的感情和道德的底线。

第二个感受，就是我们这十年来非遗保护的成果不容小视。我在调研的过程中感觉到，假如没有十年来的非遗保护工作，尤其是没有把非遗保护的观念在不同程度上深入到社会的每一个角落的话，那么可以不客气地讲，对传统文化而言，这一次的城镇化建设将会是一个灭顶之灾！假如我们在非遗保护的观念还没有深入人心的十年前进行城镇化建设，那么恐怕传统文化会非常迅速地消亡，不能说全体消亡，也应该说是没有保护的可能了。所以我的第二个感受也是发自内心的！就是虽然我们做非遗保护具体工作的人看到了很多问题，我们自己也不满意，不够理想，但是我们的确看到了非遗保护的一个最大成就，就是让非物质文化遗产这样一个概念深入到了全国各个阶层，包括农民。

我也举几个例子，就是近两个月的两次调研中发现的一些问题和现象。第一个是这次去福建调研，某市一位市委书记四十几岁，很能干！他非常自豪地领着我们参观市里引进的一个文化项目，这个项目是由一个外地商人筹建的一个明清园。去之前当地人跟我们讲："明天要看的这个明清园令人震撼！"结果我们就全体都去参观这个作为旅游项目的明清园。这个商人做房地产赚了钱就来做文化建设，他把安徽和本地其他很多地方的古建筑拆掉，在原地重新修建。此类的事情很多人都在做，但这是一个名气最大，却让我们看了之后不可忍受的例子！他把所有大的建筑，包括庙宇都拆到一个地方，堆在一起，同时用一个商人或者干脆讲是一个暴发户的审美观进行全面改造，他将所有的木构件都贴上了金箔，包括一个普通的木制牛腿。我们进去一看，金碧辉煌，但恶俗不堪！他还讲"这个是古代的！"其实里面很多都是假的，都是福建专门做旧家具的人做出来的。

还有园中的大匾也是真假难辨，因为匾太多，他就一个一个摞起来变成一堵大墙，不管匾上是什么文字、说的是什么内容全堆在一起。这个书记陪着卢展工在前面走，我一直在后面走。我后来才知道他们在前面已经跟这个书记吵起来了，他们说："你们这么改造哪行啊！"等走到门口，卢展工问我，他说："田先生，你是什么态度？"我当时不知道他们已经吵起来了，我说："你是让我说实话还是说假话？"他说："当然说实话了！"我说："说实话，我哭笑不得！"他说："什么意思啊？"我说："这些都不是古迹！这完全是用现代人恶俗的、没有一点文化、对历史没有任何尊重的观念来改造的！面积之大、数量之多的确让人震撼，但是通通让人哭笑不得！"弄了一个假古董摆在那儿，还卖 80 块钱门票，居然很多人去看！但是市委书记说好，省委副书记也说好。后来那个市委书记觉得非常不好意思，当天晚上他们的副省长说："这个地方我们去了几次，也没看出好来。"所以我们这次调研最大的一个成果就是省委书记当面表示要整改这个地方，要尊重文化。这是一个例子。

第二个例子，是我们在安徽调研社会主义新农村时，有一个广场，广场上有凉亭，有市里举办的书画展，其中有农民自己画的，而且画得都非常好！但是农民都在广场上跳广场舞。后来我就问他们："你们安徽过去有花鼓灯吗？"他们说："有。"我说："花鼓灯现在还跳吗？"他们说："不跳了，学跳广场舞，而且我们全县开展广场舞比赛。"他们向城市学习，用城市的文化来完全代替当地的文化。

第三个小例子，在一个很破旧、颓败的古村落里，我们看到一个喷在墙上的广告，写着"某某某鼓乐社"。因为我研究民间音乐，看到这个鼓乐社不但活着，而且还做起了广告，有联系电话，我就非常感兴趣；但是看到后面的一句话，我就笑了——"女高音独唱，电子琴伴奏"，他们把这个作为鼓乐社的一个宣传亮点，我也是哭笑不得！

我举这三个例子就是想说明这样一个问题，在城镇化建设当中，保护非物质文化遗产、保护传统文化，我们要怎么入手？大道理不要讲，怎么才能够进入？它最大的问题在哪儿？我想，从技术层面上讲，农民进了城，全部开始接受城市文化，尤其是受主流媒体的影响，电视上播什么文化，他就接受什么文化。不用太久，一两年都不要，现在已经基本如此了，电视媒体所代表的主流娱乐文化就是城镇化之后的主体文化。

那么这些我们要保护和保留的东西靠什么传承下去？光靠政策扶持，我想没有用。比如昨天我们看一个关于保护戏剧的文件，写得非常好，但是看完以后我也有疑问。不要说十个、一百个民间戏剧团体，就是有一千个民间戏剧团体，假如每年我们给钱让他们保护一个戏剧或剧种，他拿着这笔钱是否就能保护好呢？我想，仍然有问题！因为我们给钱的要求就是要创造新剧目，而创新的结果又是同质化，同质化几乎无法避免。别人说我："田青，你一谈戏剧就谈伴奏里加个大提琴。"我说："这是有目共睹的啊！所有地方戏剧的剧团只要有钱，一定要买大提琴。"而传统剧目挖掘了多少？你的根、你的魂都在这些传统剧目里，你的特色也在这里，你都配上大提琴，请音乐学院毕业的人来给你们配器、作曲，这不是保护啊！你说是创新，但是我跟你们讲，全国现在有多少个团都算上，只要不是挖掘整理传统戏，只要讲创新，就是这一条路！没有一个人能跳出这个魔咒，都是学西方，向歌剧靠拢啊！这条路不是说不行，有的做得很好，但是大部分还是"大路货"。这个团没有这么做，其他团也早就做了。钱少有钱少的办法，钱多有钱多的办法，都是用交响乐队来代替传统的戏剧乐队。同质化的结果还是没有把戏剧或剧种的特色保护住，它还是没有可能生存下去。

如何在城镇化进程当中，包括城镇化之后，让这些古老的传统文化能够有一个生存空间，我现在的想法是，把它特色性的东西保护住，宁可让它小众化。很多团体都想要走出去，比如安徽的戏要让全国人民都欣赏；一个国家的剧目，要让全世界人民都喜欢，这个想法是好的，但是走出去的结果很有可能会使自己一些独特的东西在这个过程当中丢失。两害相较取其轻，比较起来，我觉得宁可暂时观众少一点，还是先把它独特的东西保护住。因此，提倡文化多样性，保护地方戏剧独特的东西，比有了钱让他创新剧目恐怕更有可能保护住地方戏剧的一些有特色的、应该保护的东西。

今年6月15日，在恭王府和国家图书馆，我们请川昆，就是川剧里的昆腔进京演出。为什么请川昆？我有两个想法，第一，让人们知道我们所谓的昆剧是百戏之师，我们要能看到昆剧对其他地方戏剧剧种的影响，大家看了后都觉得很惊讶。第二，现在全中国人民都知道川剧，但是一提川剧，人们就只知道一个变脸。如果川剧本身是一个绝代佳人，那么变脸只是这个绝代佳人的手指甲盖。我们就这样以偏概全，用一个指甲盖来代替一个绝代佳人，那是只见树叶不见树木，更不见树林，所以我们要把那些特色的东西保护起来。但现在川剧也有让人失望的东西，它的帮腔是高腔的一个最主要的特色，不用弦索，就是锣鼓加帮腔，但是现在他们学了这些所谓的民族唱法、科学唱法之后，一唱出来，川戏的味道不多，追求的是另一种现代化的东西。

所以城镇化建设当中的非遗保护问题的确是困难重重，但是怎么能够尽我们所有的力量让大家在这个过程当中找到一条好的出路，的确值得探讨和研究。绝不能一面讲保护，一面用同质化的努力让保护变得事与愿违，最终达不到保护的目的。因此，我还是提倡，对于传统的东西，要尽量先把它的根、它原汁原味的东西保护好。宁可观众少一点，我们也要把它的那颗种子、它的根苗保护好。有了这颗种子，等将来大家进一步提高认识后，在各方面条件都成熟的情况下，这颗种子才可能发芽，而不是种瓜得豆，种豆得瓜，我们还是要种豆得豆，种瓜得瓜。

两岸如何面对传统文化
——在福建“两岸传统文化论坛”上的讲话

各位大家好，我今天讲的题目是“两岸如何面对传统文化”。中华文化，是祖先留给我们的宝贵遗产；文化复兴，是中华民族整体复兴的必由之路和标志。这一点，已经成为两岸的共识，但是，我们应该如何看待中华传统文化？中华传统文化自近代以来在中国经历过什么样的不同认识，现在很多人尤其是年轻人并不知道，所以我想简要地回顾一下近百年来中华传统文化在中国的遭遇，这对我们如何继承和弘扬中华文化是非常有利的。

曾经有一个观点是将中华传统文化视为中华民族现代化的阻碍、包袱，甚至是敌人。这样一个观点，在20世纪初几乎是中国从政到学的一个主流思想。现在很多人可能不知道，被我们视为“腐朽没落”的清政府在宣统元年，也就是1909年，曾经颁布过一套法令，叫《废庙兴学令》，要把中华传统文化三根支柱中的佛、道庙宇统统废掉，开办新学堂。随后，五四运动更把矛头指向儒家，提出“砸烂孔家店”。应该说，当时几乎所有激进的知识分子都持有同样的观点。这十年来，我在台湾地区讲课也好讲学也好，几乎每一次的讲演结束之后都会有人提一个同样的问题：“大陆实行简体字，简化字中断了中华传统文化，你对此怎么看？”被问得多了我才认识到，对中华传统文化的这种政治化的宣传和看法在台湾地区是很普遍的。实际上，早在1909年，中华书局的创办人陆费逵就提出来用俗体字简化汉字。随后，那个时代最重要的知识分子们，从胡适之、钱玄同、黎锦熙、刘半农，一大批的学者集体推动汉字简化运动。为什么？中国在20世纪初的时候有4亿人口，十之八九是文盲和半文盲，这样一个国家怎么可能进入现代社会？五四新文化运动有两大目标，一个是用白话文代替文言文，就是怎么说就怎么写。现在很多人也不清楚，我们拍的电视连续剧中那些历史人物说的话都不是现实中真实的场景，即使在古人生活中，问别人“吃饭了吗”也不会说成“饭否”。应该说用语体文代替文言文是成功了，但是汉字简化运动在当时并没有实现。现在很多在台湾的朋友不知道，国民政府在1935年就通过并发布了《第一批简化字表》，后来因为受到国民党元老戴季陶的强烈反对而作罢。到了台湾之后，蒋介石又一次推动简化字运动。蒋介石到台湾后要反攻大陆，而招的兵大部分都不识字，他必须要做这个工作，但是又一次遭到反对，没有做成。1935年、1952年，国民党政府两次推行汉字简化都没有做成，但是共产党做成了，在大陆成功推行了简化字。实际上，是毛泽东做成了蒋介石想做没有做成的事。

还有一个误会，现在台湾的很多人以为大陆是仓颉造字，凭空“创造”了简体字。其实，大陆推行简化字是集中了当时最优秀的语言文字学家经过认真、严肃的大量学术工作后逐步试行的。大陆推行的第一批简化字中90%都是历代书家们使用过的，从金文、甲骨文，到行书、草书，是久已存在，被大量使用的俗字、异体字，其中30%是先秦就已经出现的。所以，现在大陆推行的简化字都是中华民族古代的文化遗产。在这点上，台湾几十年的宣传教育对民众是有所蒙蔽的。所以在今天，我们要重新认识这一百年来中国传统文化在两岸不同的遭遇。

当然，五四新文化运动影响深远，对中华传统文化登峰造极的破坏是大陆的“文革”，对“文革”，是天人共怒，但是“文革”也有一件好处，就是促使蒋介石在1967年成立了“中华文化复兴委员会”并亲任了会长。当然不能简单地说只是毛泽东的语录“凡是敌人反对的我们就要拥护，凡是敌人拥护的我们就要反对”在起作用，那些随蒋介石渡海而去的一批优秀的大陆知识分子，在此期间也起到了很大作用。也就是说，“复兴中国传统文化”的口号虽然被政治利用，但应该说还是反映、符合了大部分中国人发自心里的要求。

我们祖先的创造在“文革”中被一棍子打死，“文革”结束后，大陆与台湾在对待传统文化的态度上又经历一些波折，相对于百年来传统文化在中国的大起大落来说都是小的波折。比如大陆在改革开放之后的20年，为了发展经济、跟国际接轨，从上到下想的都是GDP，眼睛只看着西方发达国家，把西方的文化全部拿来全面学习。那20年，对中华传统文化是忽略的。曾经有个《纽约时报》的记者采访我，后来他发表文章时把我的一句话抽出来做了个耸人听闻的“反动”标题：“改革开放比‘文革’还坏”！我当时跟他说得很清楚，“文革”对传统文化的破坏其实是有限度的，中国太大，连毛泽东都清楚地意识到“山高皇帝远”。当尼克松拍他马屁说“你改变了中国”的时候，毛泽东清醒地说：“不，我只改变了北京和周围的地方。”其实，1966年7月、8月、9月间的那种暴力的对传统文化的破坏，只持续了3个月。而大陆的很多普通百姓、知识分子都本能地用一切可能的方式来保护传统文化。比如大陆很多的寺庙，比如灵隐寺，从山门到大殿，所有的牌匾都是明清时期的原物，“文革”时红卫兵为什么没有来？其实当时红卫兵来了，也包围了寺庙，要进去“扫四旧”，但当时一位普通的解放军军官就把机关枪架在那，说这是军事驻地，就保护住了。

但是改革开放之初的20年一切向西方学习，造成了一个新的复杂局面。和“文革”时那种违背人性的、自外而内的、强迫的破坏不同，现在是老百姓为了发展、为了过上“现代化”的生活自发自愿地抛弃传统文化，因为他们认为这是“土气”。一个苗族的女孩子不再认为绣花的裙子好看，要穿牛仔裤，要穿 T 恤衫。所以说这 20 年对传统文化的破坏是从“根”上的破坏，是范围更广、时间更长的破坏。所幸近 10 年来，大陆掀起了一个越来越普遍、越来越深入人心的思潮，从所谓的“国学热”到非物质文化遗产保护，规模空前。大陆与台湾的一大不同就是大陆政府的执行力是举世无双的。2000 年我在佛光大学做客座教授的时候，曾经到当时还在建造中的台湾宜兰传艺中心，我当时非常羡慕，认为台湾这条路走得对，做得好。没想到近十年，我有幸参加了大陆的非物质文化遗产保护工作，亲身经历了大陆在这方面巨大的进步。这十年，我们立了法，颁布了四批国家级非物质文化遗产名录，选定、公布了 1000 多人的“国家级非物质文化遗产代表性传承人”，最重要的是“非物质文化遗产”这个词，在十年前谁都不知道，而今天你到新疆、到西藏，任何一个偏远地区的农民都会告诉你，“这是我们的非物质文化遗产”，这一点了不起。

今天，大陆面临的一个新问题是什么呢？就是我们做得很快，做得很大，就像 30 年的经济建设一样，举世无双，而且没有办法停。比如 10 年前中国还没一条高速铁路，10 年之后里程数就超过全世界其他国家的总和！如果把这股劲头用在文化上，就出了一些问题。因为我们喜欢做大，而大波大浪大江大海一定是泥沙俱下，不像小溪之水，可以清澈见底。所以，我们很多的做法被台湾朋友诟病，但是，有些台湾的经验拿到大陆来还是有问题，因为地域太大、环境太复杂，脚大鞋子小，不好套。现在我们面临的一个问题是“国学热”有点虚，因为来势太猛，有些东西跟不上。比如昆曲和古琴进入了联合国“人类口头与非物质遗产代表作”后，大陆迅速兴起了“古琴热”“昆曲热”，我是中国昆剧古琴研究会会长，我一直想统计现在民间有多少琴馆、多少琴社、多少琴人，但是无法统计。中国艺术研究院音乐研究所在20世纪50年代曾经对当时的琴家进行过普查和统计，不到100人。但是今天大陆有多少弹古琴的？100倍？1000倍？在中国的大中城市几乎每天都会有一个琴馆出现！于是，我们面对的问题已经不是传统文化要不要保护了，而是怎样引导、怎样传承、怎样让传统文化在“热”的情况下不失去本身的特性。比如前些时候，北京有家报纸刊登了一个标题：“田青会长说：保姆学习古琴是好事”，实际上，是一个记者问我：“现在保姆都弹古琴了，你怎么看？”我当然回答说：“学古琴好啊，谁学都好，总比去赌博好。”结果没想到文章发出去后把这句话改成了这个样子！但如果保姆真的都去学古琴了，那便是我们需要面对的新的问题了，如何让大家客观看待传统文化？恐怕要给“国学热”降降温。这方面，大陆可以向台湾学习，台湾对传统文化从保护、传承，再到今天创新的探索毕竟早走了几十年。

今天，如何团结组合两岸的力量共同保护我们共有的传统文化是我们所关心的，但是台湾的朋友也不要自满，大陆发展太快了，很快就可能跑到前面去了！尤其是年轻人，现在坐在后排的这些福建的学生跟台湾的学生相比几乎毫无区别，他们不但说话一样，他们所思所想、喜欢的东西都一样。所以我想，只有两岸团结起来，共同承担继承弘扬中华传统文化的责任，才是必经之路。果如此，则中华民族幸甚！谢谢大家。

2015年8月23日于福州师范大学

三份 2017 年全国政协提案

关于发挥非物质文化遗产作用的新思路的提案

近年来，我国的非物质文化遗产保护工作取得了巨大进展，保护和传承非物质文化遗产已经成为弘扬中华传统文化的重要内容。如何充分发挥非遗不可替代的作用，让非遗保护工作服务于建设社会主义文化强国，增强国家文化软实力，实现中华民族伟大复兴的中国梦，可以有新的思路。

一、非遗助力扶贫攻坚

扶贫攻坚，是国家当前工作的重中之重。易地搬迁，是中央提出扶贫工作“五个一批”计划中的一个，比如黔西南，全州目前尚有贫困人口 43 万多人，多数分布在深山区、石山区、少数民族边远山区，贫困面大、贫困程度深，脱贫攻坚任务十分艰巨。该州目前已建档立卡贫困人口 17 万余人，4.4 万余人签订了搬迁协议，在今年年底前，第一批 4.3 万余人将实现搬迁入住。但是，如何让祖祖辈辈居住在大山里的布依族、苗族群众摆脱对新环境的恐惧心理和不适应感，逐步适应新的生活方式、生产方式，并能够在新环境里“安身立命”，是比给他们建新居艰巨百倍的任务。

日前，黔西南州和中国艺术研究院（中国非物质文化遗产保护中心）已签订合作协议，共同努力让非物质文化遗产随他们下山，“搬出文化”，不让异地搬迁割裂他们与历史、与传统、与本民族悠久文化的联系，努力帮助他们在异地重建自己的精神家园。非物质文化遗产不仅是他们感情的寄托、亲情的纽带，也是他们脱贫致富的最可靠、最直接的手段。尤其是非遗中的“手工技艺”，完全可以在传承的基础上、在不改变文化基因的情况下求得新发展、大发展。现在，我们正在组织专家和当地民众一起把竹编、草编、石艺、木艺、织染、刺绣、民族饮食等非物质文化遗产带出来，充分发挥布依族、苗族“十万绣娘”的潜力，面对大市场，努力开发出适销对路，既有民族特色又有新颖创意的产品，让异地搬迁之后的老百姓过上一种延续着历史与传统、记得住乡愁、看得见希望、握得住幸福的现代生活。

二、非遗促进两岸文化交流、和平统一

我国的非物质文化遗产，是中华民族共同祖先的伟大创造，是两岸中国人共有、共享的宝贵财富，不分红、黑、蓝、绿，没有强烈的政治标签和意识形态意味，容易走进台湾民众的心灵深处，利用非遗对台湾民众尤其是青年一代进行中华文化的普及和教育，扭转“去中国化”一代对中国大陆的偏见，是促进两岸文化交流及和平统一的重要手段。从2009年开始，中华文化联谊会（文化部）和台湾沈春池基金会主办“守望精神家园——两岸非物质文化遗产月”系列活动后，很多台湾人士表示，看到如此精彩的中华非物质文化遗产，加深了对中华传统文化的认识和感情。一

些年轻人甚至成为中华非物质文化遗产的“粉丝”。他们从“认识”非遗开始，到热爱“中国文化”，从而热爱“文化中国”。

我国的非遗保护制度，可以为祖国统一大业提供新的手段。一些国家级非遗保护项目甚至“人类非物质文化遗产”项目，在台湾也有同样的传承。假如我们选择在非遗某领域有重大影响、反对“台独”、愿意为传承中华文化努力的台湾艺术家和手工技艺大师，授予他们“国家级传承人”称号并享受同等待遇（比如著名南音艺术家陈美娥和她的“汉唐乐府”，因其所从事的艺术形式来源于大陆，不同意“独派势力”要求其改掉“汉唐”名称的要求，受到“独派势力”的打压，但始终坚持对南音的传承），不但可以支持“统派”文艺团体弘扬中华传统文化，而且可以促进台湾同胞对祖国的认同。再比如已经成为“人类非物质文化遗产”的妈祖信俗在台湾有很大影响，有许多与大陆联系密切的妈祖庙，假如以半官方性质的“中国非物质文化遗产保护中心”的名义给其中一些妈祖庙授予“中华非物质文化遗产传承基地”的牌子，也将会有重大的政治影响。

关于设立国家记忆中心的提案

民族复兴的标志是文化的复兴。而文化复兴的基础，既包含传统文化的传承与发展，也需要着眼当下、面向未来的现当代文化资源的保存。记忆资源，作为现当代文化中重要而独特的资源类型，应该给予足够的重视与支持。

记忆资源又称“活态文献”，是平行于传统文献和实物文献之外的新的文献形态。记忆资源有以下几类：一类是活态的文化，通过口述史的方式保存下来；一类是濒临消失的文化现象和社会现象，通过影像史的方式记录下来；还有一类是大量散落在民间的个体记忆。

对于现当代的活态记忆的保存，其重要性已经引起了各国政府和相关国家机构的重视，像英国国家图书馆的“口述史专藏”和“记忆银行”、新加坡的“新加坡记忆”，都是收集记忆资源的典型项目。

中国国家图书馆“中国记忆项目中心”已开始以口述历史的方式收集这些记忆资源。去年9月出版的东北抗联老战士的口述史《我的抗联岁月》，一共收录了16位老战士的口述史，有几位在做完口述史之后已经去世了。他们经历的很多历史细节如果没有以这种方式记录下来，恐怕就随着他们的离开永远不会有人知道了。从2012年到2015年，所有还健在的东北抗联老战士他们都采访过了，留下了非常珍贵的历史资料。

老战士、历史事件的亲历者、民族文化的传承者，甚至是每个村镇的居民、每个家庭的成员，每个行业的人员，他们的个体记忆，都值得记录和保存。将这些个体记忆逐一保存、点滴汇聚，变成了一个家庭的历史、一个村镇的历史、一个行业的历史、一个时代的历史，这就是中国的历史，也是一代中国人的集体记忆。

目前我国有很多学者和民间组织已经参与到记忆资源的建设中来，但是民间收集记忆资源存在资料质量良莠不齐、资料安全无法保障等诸多问题。更重要的是，从文化安全的角度来讲，这些记忆资源正是我们的后代认识和了解当前社会的重要途径。英国作家奥威尔说过，谁掌握了过去，谁就掌握了未来。未来的人们将看到一个什么样的我们，将如何看待我们所处的时代，需要我们用自己记录下来的记忆资源来说话。因此，应该由国家的相关机构专门开展记忆资源的建设，从国家利益和人民福祉出发，掌握对当今和未来的文化话语权。

为此，建议将国家图书馆“中国记忆项目中心”定为国家记忆工程中心，成为专门的记忆机构，以采集、保存、服务的标准规范，实现专业化和一体化的记忆资源建设，服务于国家利益。

在全国政协民族宗教委员会座谈会上的三点建议

一、要强调对传统文化的弘扬

习总书记提出的“四个自信”中，“文化自信”是最重要的。民族宗教文化是中国传统文化中的重要组成部分，说起中国传统文化，人们首先想到的是“儒释道”。目前社会上一提到“传统文化”就将其等同于“国学”，一提到“国学”就将其等同于“儒学”，我本人反对这种观点。实际上，“儒释道”是三位一体的。此外，真正的“国学”，除了汉族文化之外，还包括其他 55 个少数民族的传统文化，因此，国学的范围不应该是狭隘的。无论是宗教文化，还是少数民族文化都应该成为弘扬中国传统文化的重要内容，这也是我们民族宗教界委员应该尽力做的。

二、有关非物质文化遗产的保护

今天如果打开国家级非遗名录会发现，三分之二内容都是宗教文化和少数民族文化，因此应该加强对这种非物质文化遗产的保护。近几年，我一直建议中国佛教协会应该把“佛诞日”申报为国家级非遗，目前，这件事情在积极努力下，正在慢慢落实。现在的青年不应该只过圣诞，也应该过“佛诞”，“佛诞日”应该成为现代社会备受重视的一个节日。其他和宗教有关的许许多多的节日也应该像其他非遗一样进行申报、弘扬和保护。我们争取尽最大努力发挥非遗的作用，比如在处理少数民族问题上或在反对伊斯兰极端宗教势力中，发挥非遗的有效作用。

三、对传统宗教的理论研究需要解放思想

传统宗教当中对今天依然有着指导意义的教义和理论，应该从中提炼出可以构建当代道德体系的理论基础。比如佛教的“因果观”。过去一讲“因果”，很多人认为佛教是在宣传迷信，其实“因果律”是世界万物从大自然到社会生活当中，可以清清楚楚看见的联系，也叫“前因后果”。这是民间所说的“种瓜得瓜，种豆得豆”，也是老百姓常说的做好事有好报，做坏事就有恶报。现在党中央“打虎打苍蝇”，都是因为这些人做了坏事。当然也说“三世因果”，但当世就有报，又叫“现世报”。此外，把因果观念讲清楚，对当代青少年的思想道德教育也能起到很大促进作用。

“优秀传统文化”中包括音乐吗?
——2017 年 4 月 12 日在中国音乐学院的演讲

各位午安!

今天我讲的题目是“优秀传统文化中包括音乐吗?”,为什么要选这个题目?因为“中华优秀传统文化”这个概念是当今最热的一个概念,不单是习近平总书记最近几次谈到优秀传统文化的弘扬问题,尤其讲到文化自信的问题。大家知道过去只提三个自信,道路自信、理论自信、制度自信,是习总书记在前不久专门提出来一个文化自信,并且强调文化自信是最根本的,是前三个自信的基础。文化在改革开放之后一直没有在聚光灯下,因为重点是经济,过去 30 年基本上是拼经济,看的是 GDP,文化实际上是处在一个被边缘化的状态。但是最近,除了习总书记的讲话,中央办公厅和国务院办公厅还发了一个文件就叫“弘扬优秀传统文化工程”。所以在这种情况下,举国上下都在提弘扬优秀传统文化。

前不久,我跟着全国政协专门到广西、山东做了一次调研,我自己在做调研之前也到浙江的一些地方去了解了一些情况。我每到一地,当地的宣传部长、领导都在讲优秀传统文化。那么什么是传统文化?什么是优秀传统文化?传统文化究竟包括哪些内容?怎么样弘扬优秀传统文化?靠谁来弘扬传统文化?看起来好像人人都在弘扬优秀传统文化。于是我就提了一个问题：我们现在有能力弘扬传统文化吗？

文化，自信是基础，是更重要的自觉，这一点，习总书记说的是千真万确。是不是天然的每个人就会有文化自信？恐怕在文化自信之前还要有一个文化自觉，而文化自觉的第一步就是熟悉自己的文化。

怎么熟悉？你一无所知、一写字就是错字、一说话就说错的话，怎么弘扬传统文化？网上有帖子说我们著名大学的校长在给台湾的客人赠送礼品的时候，念的是白字，这样的例子很多。刚才主持人夸我说我是名嘴，我不是，但是我嘴是够硬，比如跟台湾学者交流的时候，有些学者是瞧不起大陆学者的，我是嘴硬的，我讲瘦死的骆驼比马肥。但是有一次我再嘴硬也没词了，弄得我老脸没处放。一次跟台湾的一些朋友一起吃饭，喝了点酒，台湾的学者说话比我们要客气得多，说：“田教授跟你请教个问题。”我说：“不敢不敢。”他：“说中国写祭文是几个字？”“一般都是四个字。”他说：“我前年在大陆看电视，好像是山东省还是河南省的省长祭黄帝陵，怎么三个字？”我说：“不知道了，三个字的《三字经》是普及读物了，一般祭文都跟《诗经》一样，四个字。”这个教授哈哈一笑说：“三个字好，我听了一遍就记住了，这个省长祭黄帝陵的祭文里面有这么两句，‘GDP，排第五’。”我当时臊得一句话说不出，臊什么？不是我们光丢了传统文化，而是我们这几十年脑子里想的就是 GDP，祭黄帝陵跟黄帝报告我们 GDP 排第五。这些情况反映什么？我想说的是，我们现在如果真想要弘扬优秀传统文化的话，首先自己要明白，什么是传统文化，我们自己先要学习传统文化，然后再谈弘扬，不能“以其昏昏，使人昭昭”，自己都不懂怎么能弘扬？

我们讲座的这个帖子我也放到我的朋友圈了，我的一个美术家好朋友问我说：“这是问题吗？”我说：“是问题，而且是大问题。”为什么？在座的都是学音乐的，我刚才讲全中国都在讲弘扬优秀传统文化，好像就是学音乐的孩子们沉得住气，没有把自己学的音乐有目的性地、主动地、有深度地、有想法地和弘扬传统文化联系起来。更多的人提到优秀传统文化的时候，是把民族音乐抛在外面的，或者没有想到这一方面。所以现在有一个倾向，就是把传统文化简单地等于国学，再把国学简单地等于儒学，再把儒学简化成《三字经》《百家姓》《弟子规》这一些儒学的启蒙读物。好像我们弘扬民主传统文化就是这些，顶多再加上穿汉服、唱昆曲、弹古琴。这倒是传统文化，但是整体的民族音乐包括唱的民歌是不是传统文化？当然是。但是绝大部分人在谈到弘扬传统文化的时候是没有把音乐放在里面的，所以我提出的这个问题，就是希望学音乐的人自己先要明白，同时要有一个主动的、积极的对待传统文化的态度，弘扬传统文化。刚才我谈到有没有资格，我们所有学传统音乐的人，起码要争取到这个资格。

今天想从三个方面讲这个问题。第一，为什么要强调传统音乐是中华传统文化的重要组成部分？我觉得讲到中华传统文明大家都讲五千年历史，这五千年是从哪儿算起？是怎么算出来的？一般现在学术上把文字的产生、城市的产生、青铜器等，作为一个文明产生的标志。我们的文字，从甲骨文算起，大家知道安阳小屯甲骨文经碳—14 测定，只有三千年。五千年历史怎么来的？你得拿出考古证据来让人家接受。大家知道 20 世纪 90 年代，我们国家做了一个工程叫夏商周断代工程，当时北京科学技术委员会的主任宋健亲自挂帅，李学勤做首席专家，集中了 200 多位专家，做了五六年。2000 年结题了，也发布了阶段性成果，但是成果发布之后在国内外引起了不同意见。国外很多人认为这个不可靠，当然这里面有严肃的学者讨论考证的方法问题，也有对中国有偏见的人、反华的人更是挑出一些毛病来扩大。但是国内的学者也有人提出一些质疑，其中包括二里头遗址的出现，究竟是城池还是聚落？从这个遗址能够看出是夏朝的都城？包括同位素碳—14 对地层的鉴定，它的上下误差究竟有多少？包括根据古籍中记载天体的运行，比如说有一次日食在早晨发生的，古文里有三个字“天再旦”，早晨本来天明了，又黑了、又亮了，这个日食发生在哪一年，怎么考证出来的？都要提出很多的问题。所以到今天为止，关于中华文明五千年的历史，有很多疑问。三千年的没有疑问，因为有安阳的考古挖掘，也有甲骨文。但是再往前推，就不容易了，其实我提出来一个看法，如果以能吹奏旋律乐曲的乐器的出现作为文明的开始，那么我们中华文明不仅仅是五千年，而是有七千年。

大家都知道河南舞阳的骨笛，学过古代音乐史的人都知道，贾湖骨笛出土了 20 多根笛子，当然还有河姆渡之前出土的。这其中有一支笛子 20 多厘米长，上面有等距的七个孔，头上还有一个小孔，好像是吹孔。七孔笛的出现就证明那时候音阶概念早已经产生了，有了旋律演奏的需要，而且有这样的工艺把它做出来，这支骨笛的碳—14 的同位素的测定是距今七千多年。大家想想，音乐考古的发现有助于我们认识自己的文明起源和产生。为什么我说音乐的起源包括旋律乐器的产生可以成为文明的一个标志呢？因为这个产生是不容易的。我们现在讲七声音阶，唱歌天天唱，同学们想过没有？七声音阶是怎么提炼出来的？大自然当中存在吗？同学们，为什么音乐在艺术里排在这么靠前的位置？这么多美术画家，这么多伟大的作品形象栩栩如生，是有形的，他所描摹的一切都是大自然中存在的，无论构成美术、雕塑的物质材料，还是观察世界、表现世界的方法都有所依靠，岩画中画的人类祭祀、画的牛，大自然有，请问大自然中哪里有七声音阶？能够从混沌之中产生音阶的概念，而且是清晰的音阶概念，这不是文明的产生吗？

但是我想我说这个道理，学音乐的可能都同意，但是要说服历史学家们承认，旋律乐器的产生就标志着人类音阶概念的产生，同时也是文明的产生，恐怕还需要我们大家共同努力。那么，从大家都认知，而且耳熟能详的优秀传统文化里面，有多少音乐的成分在里面？

我们中国古代的先哲们最伟大的地方就是在公元前一千多年的时候，就创造了礼乐制度，一个是礼一个是乐，什么叫礼乐制度？用现代话来讲，礼包括法律、规章制度，包括所有的规矩；乐就是我们今天所说的精神文明，其中包括主要用音乐代表的精神创造。而且在中国古代，使中华民族最早的成为一个有文化、有经济成果，而且有长时间的可治理的一个统一国家的所有基础，是礼乐制度。

中国人对礼乐的阐述也是非常先进的。荀子说过礼乐干什么用？“乐和同，礼别异”，学过音乐史的都知道，礼视人的群体，有上下、有分别、有差别，而乐是和同，是让人群有向心力、凝聚力。没有分别不行，在中国古代礼乐制度里，大家都知道，乐舞是天子八佾、诸侯六佾、卿大夫四佾、士二佾，这样的规定在古代是被遵守的。大家看曾侯乙墓出土的编钟就是三面，这符合礼制，如果他用四面编钟编磬，那就是僭越、大逆不道了。人必须有区别才有尊贱，比如父子、比如君臣、比如师生，如果没有这个差别就没有秩序。但是光有差别也不行，比如说印度的种姓制度，分成四个等级，互相不能通婚，而且非常严格，这就有很多矛盾，甚至产生仇恨。中国人创造了乐，用乐和礼来融合，结合在一起——除了差别还要看相同的地方，音乐就是这样。

中国许许多多的政治制度的建立是和音乐思想密切联系在一起的。中国很多的哲学家通过音乐来阐述他的政治观念，尤其是通过音乐来给执政者纠正错误，提出正确的思想。比如史伯、比如伶州鸠，读过音乐史、学过音乐理论的应该很熟悉。其中史伯最早提出“和”的问题，“以他平他谓之和”。大家都知道“晏子使楚”，晏婴曾经跟景公讲过一段话，这段话是劝统治者怎么看人，怎么治理国家。景公到一个地方去打猎，他最喜爱的一个大臣知道景公到了这个地方，立刻驾车来见他，景公跟晏婴说，他跟我最和。晏婴说，不对，他跟你不是和，他跟你是同。景公就奇怪，和跟同不是一回事吗？晏婴明确告诉他，同与和不是一回事，于是晏婴举例子，和如羹，第一个例子举的是吃，第二个例子是音乐，“和如羹焉，水、火、醯、醢、盐、梅，以烹鱼肉，燀之以薪，宰夫和之。”什么意思？这些食材，有水，用火来煮，有肉酱、有梅子等等调味品，不同的东西放在一块，厨师给你烹调，这是好吃的东西。他说：“若以水济水，谁能食之？若琴瑟之专一，谁能听之？”晏子说：“就像音乐，如果琴瑟这些乐器就是奏一个调子或者是就发出一个声音，那就不是音乐了。音乐要有不同的声音，不同的音色。”所以晏婴给他讲音阶、讲音律，用音乐的例子来讲，用音乐来说明事物的多样性和谐统一的道理。

中国人这样的哲学思想，应该可以看成我们给当今世界提供的中华民族优秀传统文化的一个精髓。更简单地解释“和”，就是史伯的话：“以他平他谓之和”，“他”就是他人，别的人，和自己不同的人；用不同的东西放在一起，构成一种和谐统一，这个叫作“和”，如果以水济水，那是“同”，不是一个最佳状态。所以中国人最早就认识到，应把“和”作为一个政治理想，作为人类应该追求的最佳社会结构的模式。大家到故宫去看那三大殿，都叫什么名字？太和殿、中和殿、保和殿，三大殿里都有一个“和”字。当今世界战火频仍，就在我讲课的同时，叙利亚在流血，美国第三舰队航母战斗群驶往朝鲜海。我们中国人提出的“和”字是从音乐当中得出来的，而这个字应该是我们在当今大声地告诉全世界听的一个字。

我们对音乐的这种重视在世界上是了不起的，《乐记》千百年来始终影响着中国人的思想，包括中国人对音乐的理解，这一切都足以说明我们优秀传统文化跟音乐的密切关系。

第二，当今的优秀传统文化究竟处于一个什么样的处境，我们的传统音乐又处于一个什么样的处境？刚才我讲的这些例子，说明我们大部分人，不光是年轻人，包括我们这一代人比上一代离传统文化更远甚至有隔膜。我最近十几年做了一件事情就叫保护非物质文化遗产，为什么保护非物质文化遗产？非物质文化遗产在传统文化当中又是什么样的地位？

我曾经有一个比喻，中国传统文化不是一个平面，传统文化的构成是“三根支柱两层楼”，什么叫三根支柱？当今很多人把传统文化等同于儒学，不是。中国传统文化是儒释道三者不可或缺，是儒释道三个思想体系共同构筑了中华传统文化。今天我们没有时间讲更多，以后有机会可以专门讲佛家、道家，讲儒家之外的这两个思想体系，如何和儒家融合共同建立的中国传统文化。大家先记住我说的这句话，这是最简单的物理道理，只有三根柱子才可能支撑得住，两根不行，一根更不行。两层楼是什么意思？“楼上”是精英文化，各种经典，经史子集到唐诗宋词等等，构成这一切精英文化的一个载体就是汉字，当然也有少数民族的文字，这是精英文化。但“楼下”更广大，比如传统音乐，比如传统戏剧、传统美术、手工技艺。中医中药等等，尤其是手工技艺，做一个玉雕或景泰蓝，没有书，靠什么？传承的载体是什么？是口头的，口口相传，而不是文字。这些口口相传的东西，在今天巨大变革的时代就面临着迅速消亡的命运。我做了十几年的非遗保护工作是明知不可为而为之，我是尽人力信天命。我努力去做，但是我也讲过多次，我是一个有着乐观主义情绪的悲观主义者。从根本上，我知道有一些东西怎么保护也不行，但是我的认识很简单，我曾经和一个著名学者讨论这个问题，他说一些地方戏剧消失就消失了，这是必然，保护也没用，不要去保护。我说生老病死也是必然，我们的父母、亲人生病了，要不要送医院？要不要治？要不要想办法求医问药？你知道他一定会死，不是也尽你的孝心？同样，我做非物质文化遗产保护，是把非物质文化遗产当成我的亲生父母一样，对它有感情，我不忍让它消亡，不愿意它消亡，舍不得它消亡，所以我去保护。我岂不知我们保护的手段有限，我岂不知政府官员一加入，就会出现各种各样的问题，变成政绩、变成旅游项目？我清楚得很，我比反对非遗保护的人更清楚，因为我在第一线——但是我要做。

非物质文化遗产现在分十大类，第一类是口头传说和口头文学，第二类是传统音乐，其他还包括传统舞蹈、传统戏剧、中医医药、民俗节日等等，这一切有多重要？我曾经跟我的学生说，你们都是硕士、博士，在座的也都是，你们的知识是老师给的，是从书本上得来的。我请你们想一想，在传统社会一个偏远地区的农民的子弟，他一天学没上过，不识字，甚至没有自己的名字，因为上学才起学名，不上学哪有名字？就叫二狗子、狗蛋子、小黑子、胖丫、二妞，这是小名。但是你不要小瞧二妞，她一手好女红，她出嫁之后知道孝顺公婆，知道相夫教子；你也别小瞧铁蛋，他知道春耕夏锄，二十四个节气，哪个节气做什么的，清清楚楚，同时他知道孝顺父母，村子里如果有谁不孝顺父母，他义愤填膺，国家民族遇到灾难了，他甚至会挺身而出，他要保家卫国。谁教给他们忠孝仁义礼智信？他们没有念过书，靠什么？

中华传统文化在农村、在乡间，在中国最广大的人群里一代一代传承下来。过去说三代以上全是农民，不要小瞧农民，一个普普通通的农民不会写字，他说他没有文化。什么叫没文化？他的文化你也没有，一个老农民可能跟你讲杨家将的故事讲三天三夜，讲岳飞传的故事三天三夜，他全知道，他的忠孝仁义礼智信、道德感、审美观念，都是从这些非物质文化遗产中得到的，他听说书，他看戏，他也学着唱戏，农闲之余，他拿把二胡、拿个乐琴，自己做个乐器，做个土琵琶，他会唱《苏武牧羊》。所以这些东西，包括传统音乐、民间音乐是优秀传统文化当中最重要的东西。所以我今天讲这个题目，“优秀传统文化，包不包括音乐？”就是想给你们脑子里都钉上一根钉子，让你们每个人都记住了，传统音乐尤其是民间音乐是中华传统文化中最宝贵的部分。

第三，这些传统文化当中的传统音乐目前怎么样？有喜有忧，喜的是什么？经过十几年的非物质文化遗产保护，现在非遗保护的观念已经深入人心了。包括近几年，传统文化的弘扬，包括用传统文化提高民族自信心也起到巨大的作用。十几年前，没有人知道什么叫非物质文化遗产，我上音乐学院的时候，在音乐学院拎着二胡盒的学生见到拎着小提琴盒的学生好像低一头。学唢呐学管子的，你问他，同学你学什么专业？管乐。什么管乐？民族管乐。到底是吹唢呐、吹笛子？他不说，自卑。现在应该没有了。如果现在还有，那你怎么能有文化自信呢？但是在十几年、二十几年、三十几年前，这个思想是很普遍的。所以现在起码大家对本民族的文化开始有了一点自觉和自信。而且经过这么多年具体的非物质文化遗产保护的工作，已经建立了一个四级的非遗保护体系，就是首先各个县从基层开始，每个县评自己的非物质文化遗产，成为县级的可以申报市级，然后省级，最后是国家级。现在成为国家级非物质文化遗产的音乐项目一共有187项，基本上这些大乐种都包括进去了。但是保护的程度怎么样就很难说了，各不相同。同时很多传统音乐也成为引以为豪的人类非物质文化遗产，就是世界级的，从古琴艺术到维吾尔族的木卡姆、到南音、到西安鼓乐等等，很多项目已经成为全人类的遗产，这是这些年我们做的非遗保护工作的成绩。

但是还很不够，那么我讲的最后一个问题就是，对在座的同学而言，弘扬优秀传统文化是不是要从我做起？我们有没有责任、有没有这份担当？我想大家都愿意做，问题是怎么做？怎么弘扬？我想提几个建议，第一个建议，就是我刚才讲的，要认真学习传统文化。王黎光院长推出十二字的治院方针，头三个字是“承国学”——太重要了，我们学音乐的人首先要明白，传统音乐是传统文化的重要组成部分。那么，学了传统音乐是不是就懂了传统文化？恐怕不是。我们是其中重要的部分，但不是全部，我只会拉二胡，不知道孔子是谁；我只会唱歌，不知道《诗经》是唱的，更不会唱《诗经》。那么，这个传统文化也仅仅是一部分，所以我想“承国学”对我们在座的同学来讲：第一，要认真地学习。我们很多学生可能会说，这帮老头整天让我们学习，我们都快累死了，早上要去琴房，哪有工夫学？而且现在学习的方法又变了，不像过去做学问，看书。刘红庆写过一本我的传记《佛心学侠》，写到我做了很多卡片，还有一个照片拍的都是我抄书的笔记本。有个学生很奇怪，他问我抄书干吗？他不理解我为什么要抄书。因为这个书我没有，又借不来，我当时研究佛教音乐《高僧传》，30 年前研究佛教音乐是禁区，是迷信的、反动的，而且没有书，只有图书馆里有善本书，还要通过关系，只能在图书馆里看，人家下班了就得走，我只好抄。抄的结果是什么？就是其中一部分印在脑子里了。我现在记忆力之差，差到我已经对自己完全失望了，看到一个人很面熟，但想不起谁。但是奇怪的是，我三四十年前抄的书，突然想起来还一段段的能背。现在我查一个生字，查到以后念 30 遍，第二天又忘了。所以年轻的时候下点苦功夫真的对大家有好处，你羡慕一个人词如锦绣，说出来的话都是唐诗宋词随口拈来，你要下功夫，不下功夫怎么可以。现在我的学生也是，不但不做卡、不抄书，连纸质的书都不看。你们的神就是百度，叫“度娘”。百度怎么能相信？我前几天跟着全国政协出去考察，有人跟我说：“田老师，我告诉你一个笑话，我刚才在百度上搜索你，说你 1935 年生人，你有这么老吗？”一看百度，介绍三个田青，都用我的照片，第一个是中国艺术研究院、宗教艺术中心主任，这是我。第二个，中央文史馆馆员田青，那个也是。第三个：1935 年出生的电影演员，出生在香港，那不是我，但是是我的照片。还有一个大器晚成的作家，是深圳的一个农民作家也叫田青，但事迹也写在我的介绍后面。我也用百度，但百度只能给你提供一个线索，一定不能全信，就像看大夫一样，大夫说的话不能不信也不能全信，要有自己的思维。给大家第一个建议就是读书，学习民族器乐的人、学习民族声乐的人，不读书不行，腹有诗书气自华，没有诗书、没有这些文化的培养，你的艺术到了一定程度就上不去了。

第二，怎么能够把传统音乐借着弘扬传统文化的东风弘扬开去，而且我们的传统音乐能不能起到其他传统文化所起不到的作用，是不可替代的？正像孟子说的“仁言不如仁声之入人深也”，什么意思？仁，是儒家最重要的思想之一，“仁言不如仁声”，就是好的话不如好的声音入人心之深，一首歌能起到的力量是一篇文章、一个报告所起不到的。前几天有一个视频让我看得热泪盈眶，为什么热泪盈眶呢？在香港的一个台湾女作家龙应台，她问听众印象最深的歌是什么，有人说《我的祖国》，她说：“你们唱一唱？”结果全场全唱起来了。我真的一下子莫名感动，因为那是在香港中文大学，结果全唱“一条大河波浪宽”，郭兰英唱得真好，深入人心——“仁言不如仁声之入人深也”，这个场面让我对香港中文大学有了新的感情色彩。

包括现在世界各地建的孔子学院，有一些反对者认为我们输出意识形态等等。我也到芬兰、瑞士的孔子学院讲过课，我讲过古琴，孔子学院除了教中文以外，最好的就是教我们的传统音乐、教古琴，包括教书法，用我们传统文化丰富的、多种多样的内容，构成孔子学院教材的架构。另外传统音乐在现在文化交流中，包括在国与国关系紧张的时候，“乐和同，礼别异”，音乐能起到特别大的效果。

我举个例子，2006 年，温家宝总理访问日本，时称“融冰之旅”。当时温家宝总理要带一个国事演出出访，招待日本的政界、商界、文化界人士，这场演出全部是我国非物质文化遗产，而且以传统音乐为主，这是中华人民共和国成立以来中国唯一一次全部以非物质文化遗产作为内容的国事演出，全部演员除了唱昆曲的演员、琵琶演奏家、古琴演奏家以外，全是老百姓。唱长调的就是蒙古族牧民，刀郎木卡姆就是专门从刀郎地区请来的莎车县的农民，全部是这样的人。但是那一场音乐演出的成功，至今都是一个传说。当时我作为这场演出的艺术总监，节目是我挑的，我定的。当时有一个问题，古琴是我国世界级的非物质文化遗产，必须要用，但是在一个这么大的剧场里，古琴怎么演？弹什么曲子？古琴放在哪两个节目之间？它的音量太小。后来我就有一个大胆的，但是被事实证明是正确的一个决定：古琴作为第一个节目。一般的音乐会第一个节目要弄个热热闹闹的、镇场的，我第一个就安排古琴，为什么？在第一个节目演出之前，我亲自做主持人，向在场的这些日本高层人士讲，古琴在中国不是一般的乐器，它叫“圣人之器”。日本人都知道诸葛亮，我说诸葛亮传说就用一张古琴、两扇城门吓退司马懿的十五万大军，日本人非常熟悉《三国演义》。孔子也是用琴教化人生，然后就请弹奏者把这张琴的背面给大家展示出来。我说在它的龙池凤沼里面写着这张琴的制作年代，至德丙申年，唐代的一个年号，至德丙申年是哪一年？公元 756 年。但公元 756 年是什么概念？我说这一年中国的诗仙李白 55 岁，杜甫 44 岁，这张琴问世之后三年，鉴真和尚开始在奈良建造唐招提寺。话一说完，就听到下面都是吸气的声音，然后弹琴，底下非常安静，地下掉根针都能听得见。面对这样古老的历史，面对这样伟大的传统，你只有一个选择，就是尊敬。

我今天就讲到这儿，留下 10 分钟大家有问题可以互动。

提　问：您好，田老师，我是作曲系的王珏老师，刚才进来的时候听到您说到中国文化保护有喜有忧，好像只说了喜的部分，能说一下忧的部分是什么吗？

田　青：忧的部分说了会难过。第一，我们保护的速度和破坏的速度比起来太慢了，保护的力度和破坏的力度比起来太小了。所以有很多的时候，很多情况下，是眼睁睁看着一个东西没有了、消失了。拿物质文化遗产来讲，比如一个古村落，一个有几百年历史的庙宇，我们要修高速公路、高速铁路说拆就拆了，怎么办？保护得了吗？非物质文化遗产也是，像传统的戏剧。传统戏剧是中华传统文明的最后一个高峰，什么叫高峰？中华传统文化，大家一提高峰都知道唐诗宋词元杂剧，当然还有汉文章，至今超不过的。明清的高峰是什么？这个没有定论，但是我认为起码有两个是高峰，一个是手工技艺，包括工艺美术，明代的家具，我们的瓷器，这些工艺美术是一部分。还有一个高峰就是戏剧，明清之后，从北曲南曲繁衍了多少个剧种，比如西北的秦腔，发展了各种各样的梆子腔，光山西就有很多，除了晋剧，还有蒲州梆子、上党梆子、北路梆子，南方的高腔也繁衍了许多戏种。所以说，戏剧艺术，包括戏曲音乐，应该是中国封建社会最后一个文化高峰。但在 20 世纪 80 年代统计，中国的地方戏剧种将近 400 个，现在有一个算一个，只要还存在的，都有最高规格保护，国家非物质文化遗产基本上都记录了，194 个，这就是全部家当。这 194 个都列入了非物质文化遗产国家级项目，情况如何？乐观地讲，有一半多还在，有的名存实亡了，保护单位原来还在，某某县、某某团，但是前几年，有人搞文化体制改革，要推向市场，很多地方剧团改了名字，比如改成非遗保护中心、改成群众文化馆等等保留了，但是有名无实了，演不了戏了，演戏也没人看了。

一个剧种要存活，需要什么？第一，独特的剧种唱腔、音乐、表达方式等等，要有系列的经典剧目，就是几十年、上百年传下来的这些优秀剧目，同时要有角儿，这个角儿也是几十年才能出来，也可能近百年才出来一个，像马连良、梅兰芳这样的。还有一个更重要的，要有粉丝，要有观众，现在角儿没了，粉丝没了，观众都上哪儿去了？观众都离开了自己的乡土文化进城了，而进了城，他就会全盘地接受当代的影视文化，包括现在网络文化为代表的当代文化。一个从河南到北京来打工的民工不会再唱河南梆子，也许过年回家待一个月、半个月可能哼两句，但是作为整体来看，观众群先断流了。当然京剧好一点，是国剧，其他剧种情况不一样，但基本上是处在不可挽回的一条衰落的路上。最大的原因就是城镇化、现代化，把原来农业文明的文化版图给破坏了，釜底抽薪，没有观众了，也没有产生这个文化的土壤了。现在怎么办？我过去讲过很多次，产生传统文化的土壤没有了，生产方式、生活方式没有了，“皮之不存，毛将焉附？”比如劳动号子，不管什么号子，所有和体力劳动有关的，包括渔民唱的号子，行船的号子、森林的号子，劳动方式没有了，哪里还能存在？怎么办？抢在还有人活着还会的时候，用录音录像数码化的方式把它保护起来，“立此存档”，让我们的后代看，一百年前原来是抬着木头还唱着歌，他们会觉得非常奇怪，前人抬着木头还唱着歌，好玩儿，仅此而已。戏剧怎么办？文化部专门发了一个文件叫“振兴地方戏剧”，文件有用吗？也不能说完全没用，但是振兴地方戏剧的文件和城镇化的更多文件不是同路的。这个不讲了，讲伤心的事讲起来就没完了，到此为止吧。

提　问：您好，田老师，我是倪雷。您刚才回答的问题基本上也回答了我想说的东西，我想说一下我的一些想法。说到非物质文化遗产的保护和传承，像您说的忧大于喜，但我觉得还是很有希望的，就举一个我自身的例子，我外公（姥爷）是一个民间艺人，是说书的，徐州当地有三个主要剧种，一个是地方戏叫柳琴戏，另外两个是徐州琴书和苏北大鼓，传承非常不好。这个剧种和好多梆子腔剧种其实是同一个年龄的，但是像豫剧、黄梅戏这样一些年轻剧种就走出来了，原因就是他有名角、有好剧目，登上国家的大型舞台一会演，就推广出来了。像柳琴戏和苏北大鼓这样的，我觉得还是当地的政府重视程度不够，虽然说国家文件下发的也有，力度也很大，但是基层落实情况就不好说，一层一层的资金剥削。你说传承，但好多地方戏演员一个月的工资在这个时代就 2000 块钱，连一个保安都不如，何谈创作，何谈写新的剧目？温饱都解决不了，还有像民间的艺人、说书的，现在基本几十年都不干了，就像正常老百姓一样。20 世纪 90 年代大潮以后，很多唱大鼓的把鼓都砸了，说这一行完了，好不容易学成的，形势大变，都下海经商，都改行了，这个买卖完了，都不干了。所以现在比较担忧的一点是，现在这些老艺人还在世的，像我外公这个年龄的话也都 70 多岁了，再往大的来说 80 多岁的相当少，即使有也是心有余而力不足，不能唱了。像以前的高手，老一辈掌握的剧目上百场，“杨家将”“岳飞传”可以坐在一个场地连说几个月都说不完，都不重复，现在基本上连会的都没有了。

田　青：你说的这个现象很有普遍性，面对这个现象怎么办？我希望你也像我说的那样，尽自己的力吧，明知不一定挽救一个剧种或者是没有这么大的力量，但是尽我们这份孝心，你先学起来。

提　问：我学了一点。

田　青：学了是吗？你先要学，你就是种子，没准将来就发芽开花结果，好的时机可能就发芽了，每个人都有这个责任。

主持人：让我们再次以热烈的掌声感谢田青老师。

捡起那些飘落的“金叶”

“今天我们中国人的共识就是弘扬优秀的传统文化，要把曾经轻视、反对，甚至抛弃的优秀传统文化，再重新拾起来。”这是每个中国人的必修课。几年前我和一位外国学者交流的时候，他直言不讳地对我说：“我觉得非常奇怪，你们中国人怎么到哪里都讲你们有四大发明。”

我跟他解释，中国人有5000年的文明史，你如果不知道这5000年中国人为人类文明做出了多少贡献，也就不可能理解我们中国人发自内心的自豪感和骄傲。

但是，除了四大发明，我们中国人对自己的传统文化又有多少深入的了解呢？我举一个例子。近日，我来到南方一座很有文化的城市，一位颇有担当和眼光的企业家在那里修了一大片仿古建筑，他希望把那里建成一个弘扬传统文化的地方，这个想法很了不起。他有一个藏书楼，请我去看看。这个藏书楼的门前有一座石雕，3米多宽，比我高一头，石雕的形状是一本打开的书页。这位企业家介绍说，他建这个藏书楼是因为他藏有两卷古书，他就把书中的一页刻在这个石雕上。我仔细一看，石雕的书页上是一首五言绝句。五言绝句的格式应该是每句5个字，一共4句，但是我念到最后一句的时候发现只有4个字，少了一个字，我问这首五言绝句怎么丢了一个字？当时所有的人都很尴尬，因为只要有一点文学常识的人都能看出这个破绽来。

还有一件事给我印象很深。有一次我和几位台湾的教授一起吃饭，有一位教授很有礼貌地向我请教一个问题。他说中国的祭文应该是几字文？我说当然是四个字。他说他到大陆去，怎么听见的是三个字三个字的祭文呢？那是一篇祭黄帝陵的祭文，他还清楚地记得祭文里提到“GDP，排第五”，祭黄帝的祭文里为什么要提到 GDP 呢？我听后只顾喝酒，因为不知道该怎么回答他。

所以今天我首先提出的一个观点就是，文化自信要以文化自觉为基础。也就是说，无论哪个民族和国家，要有文化自信，要把自己优秀的文化展示出来，就要先熟悉和掌握自己的文化。

对于绝大多数中国人来讲，我们对优秀传统文化知之甚少，甚至有的人是一无所知。因为我们必须承认，中华传统文化在最近 100 年左右的时间里，曾经有过短暂中断的过程。不要说普通人，就拿我们这一代学者来讲，包括我自己，对传统文化的学习都是碎片化的，不够系统，比如我自己主要是以自学的方式接触传统文化的。因此，认真学习和了解优秀传统文化，应该成为我们每一个中国人的必修课。

文化自信不是凭空就有的，而要经过艰苦的学习和文化自觉的过程，所以我们每个人都要静下心来好好地学习。没有根基哪有自信。我是从事非物质文化遗产保护工作的，对于中国的非物质文化遗产保护，我始终有一种焦虑感。

30 年前，我们中国的地方戏有 390 多种。这些地方戏各具特色，有不同的方言、唱腔，有浩瀚的曲目，每个剧种都有像梅兰芳这样的大艺术家。近 10 年来，我们进行了大量的保护、调查工作，只要一个剧种一息尚存，我们就将它列入国家级的保护。但是，目前中国地方戏尚存 194 个。也就是说，一半以上的地方戏还是消失了。地方戏是什么？很多是我们国家的优秀传统文化，是值得我们自豪的文化艺术高峰。在中国的历史上，每一个阶段有每一个阶段的文化艺术高峰，比如说唐诗宋词，那么明清的高峰是什么？一是地方戏，二是工艺美术，从明清家具到青花瓷，都是时代的高峰。然而如今，很多地方戏和传统技艺，都处于人去艺亡的境地。我去过印度，有些感悟。因为我是学音乐的，跟印度一位从事音乐教育的人聊天，这才发现，印度的音乐学院里教的是什么？拉格，一种印度音乐。如果想学钢琴，就去英国学吧，印度就教印度的音乐。我在印度待了一个月左右的时间，在我接触的印度女性中，居然没有一个穿的是西式的长短裙，全部都是民族服装。这其中，是不是有些地方可以值得我们学习？我认为，我们有必要重新认识我们自己的传统文化。

100 年来，我们对自己的传统文化经历了几次大的翻转，但是今天，我们中国人的共识就是要弘扬优秀的中华传统文化，这是我们文化自信的根本。我们要把我们曾经轻视、反对，甚至抛弃的优秀传统文化，再认真地捡起来。

我曾经写过一本有关非遗保护的文集，题目叫《捡起金叶》。我们的不少传统文化像落叶一样，躺在地上，但它是金子做的，捡起金叶，就是要捡起那些曾经被我们自己忽视乃至抛弃的优秀传统文化。

所以说，我们每个人都有责任、都有义务去弘扬优秀传统文化，只有这样，我们中国人才能真正在世界上被人尊敬，我们不仅仅会造高铁、飞机，而且我们还有自己的优秀文化。否则，没有传统文化作根基，哪来的文化自信呢？

（原载《解放日报》2017 年 5 月 12 日）

春节的声音

想到春节，我就会想到声音，因为春节意味着欢乐，而欢乐岂能没有声音？

从前春节的声音很多，很响，很有气氛。现在，吆喝沉寂了，空竹的嗡鸣消失了，鞭炮因为限放也少多了。大人们在客厅打麻将，孩子们窝在屋里往朋友圈发微信，没有了鞭炮声和孩子们从大街上传来的欢笑声，还叫春节吗？

还好，我们还有音乐，和节日的欢乐相关的、能增加节日氛围和欢乐程度的音乐。马年，我们有南音名曲《八骏马》；龙年，我们有何柳堂的广东音乐《赛龙夺锦》；虎年、蛇年，我们有聂耳根据民间乐曲改编的《下山虎》《金蛇狂舞》……甭管什么年，我们都有李焕之的《春节序曲》，他把陕北老乡“闹社火”时锣鼓喧天的场面用管弦乐在舞台上再现了出来。而在民间，随着我们国家对非物质文化遗产的保护和对传统文化的弘扬，许许多多在改革开放初期曾渐渐远去的中华传统音乐又“凤凰涅槃”般恢复了生命。华北大地上，数不清的鼓吹乐班子用高亢的唢呐或热切的笙管撒播着新春的欢乐；又见新绿的江南岸边，十番锣鼓与江南丝竹用“吴音软语”呢喃着无限的幸福；在岭南热土或八闽福地，广东音乐、汉乐、潮州大锣鼓早已构成了春天色彩斑斓、气势磅礴的大合唱……

春节期间全国各地的电视台，更是各显其能，争奇斗艳，“各村有各村的高招”，不但有专门的“新春音乐会”，还有各种各样的综艺节目，音乐，几乎在整个春节假期从始至终震撼着我们的神经、鼓荡着我们的耳膜。当然，春节既然是民俗，就是全社会各阶层、各族群共享的全民性的节日，因此，春节的音乐，也一定以民族、大众的口味为主。《诗经》里“风、雅、颂”三部分，流行最广、流传最久的还是各地区的民歌“风”。今天的中国，流行歌曲可以视为现代的、城市的“风”，所以也叫“通俗歌曲”，它主要属于民众，属于没有经过专业训练的、真心喜爱音乐的青少年。绝大部分的流行歌曲都适合普通人的音域和趣味，好听易唱，过耳难忘。更重要的是，今天的“风”和古代的“风”一样，表达的常常是个性化的真情实感。假如说“越是民族的，就越是世界的”有一定道理但不完全准确的话，那么，“越是个性化的，就越是大众化的”也一样。流行歌曲所表达的一个个体生命的喜怒哀乐，常常引起千万人的情感共鸣。与大部分冠以“时尚”之名，也真的仅仅是“一时之尚”的流行商品不同，流行歌曲的生命力，有时令人吃惊。一首你多年前听过的老歌，兴许会让你在大年三十欢乐的晚上潸然泪下。

当然，也还有另一种声音，它不是音乐，但有时比音乐更令人温暖甚至令人动容：铺天盖地的短信问候的嘀嗒声，阖家团圆的餐桌上清脆的碰杯声，在越来越成为“背景音乐”的春晚声响的伴奏下亲人们一年一度的无尽的话语声……当然，还有一种每每让我感动的春节前夕“返乡大军”摩托车的轰鸣声。我虽然没有在现场亲耳听到这震撼人心的南国特有的声音，但我知道，这震耳欲聋的马达的高唱里，是浓郁难解的亲情、乡情，是祖祖辈辈流淌在中华民族每一个子孙血脉里的家国情。就像多年前我在电视里看到广州火车站广场上密密麻麻的返乡民工在冷雨里站立着候车的画面，我没有听到那冷雨的淅沥，但当时却感动得流泪，至今不能忘怀。

因为在那个无声的画面里，我听到了传统的声音、祖先的声音、历史的声音，听到了我们民族 DNA 的声音！

古人说："情动于中，故形于声"，在这个我们中华民族最重视的节日里，让阖家团圆的欢笑声响彻在神州大地的每一寸土地上吧，因为，春节的声音是我们的声音，是世界上最动听的声音！

（原载《人民政协报》2017 年 2 月 6 日）

文艺评论 ABC

——2017 年 9 月 27 日在星海音乐学院 60 周年校庆上的演讲

今天题目是周楷模老师安排的，他希望我讲讲艺术评论，因为我之前做了一些相关工作，多年前曾创办过一个刊物，叫《艺术评论》。这个杂志现在也还在做，大家可以看到，但我现在也和大家一样，只能看，没有发言权了。

对于艺术评论，我没有专门的研究。但有两种情况我会做艺术评论，“感于物而动，故形于声”。一是，我看到好的音乐、好的艺术、好的歌手，我就激动，我就想让别人也听到，所以在这点上，我恐怕也是冥冥之中继承了我的导师杨荫浏先生的文化基因。大家知道，杨荫浏先生与华彦钧（俗称瞎子阿炳）也是半师半友，当时拿着中国艺术研究院音乐研究所唯一的一台德国产的钢丝录音机给阿炳录音。

当杨先生找到阿炳时，他已经有一两年不碰乐器了，他的二胡的皮被老鼠咬掉，道士出身的他有点迷信，觉得二胡皮被咬破，就是不让他再动乐器了。杨先生要给他录音时，临时从一家新的乐器店借了一把二胡、一面琵琶，因为几乎没人弹过，他用了两天的时间与这些乐器磨合。两天后录音，就留存下了大家所熟悉的那六首乐曲，三首二胡曲，三首琵琶曲，其中最著名的就是《二泉映月》。现在凡是了解一点中国民族音乐的人，不管是中国人还是外国人，提到中国的民族器乐，大多数人立刻脑中浮现的就是《二泉映月》。所以很多音乐界之外的人，包括对中国音乐知之甚少的人，也都知道《二泉映月》，它几乎成了中华民族、汉民族的代表性曲目。

如果没有杨先生去录制，像阿炳这样的一个道士，后来做法事，再后来当了乞丐的人，是不会有人记住他的。阿炳当乞丐时一直沿街乞讨，他是很有尊严地、用自己的音乐乞讨，不是沿街要钱。通过广播的新闻，他把听到的、报纸上登的东西唱成曲子传唱给大家。比如日本鬼子打到哪儿了，上海又发生什么大事件了，他都通过歌词传播给百姓。他走的时候家徒四壁，现在的那个房子被开发成了博物馆。我上次去看的时候感觉心酸，我想，中国历史上，像他这样乞丐身份的盲人音乐家，不知道有多少！但是他们命苦、命贱。没有人重视他，他空有满腹的才华与创造，生无人知，死无人晓，都随着生命和时间的流逝而随风飘散了。但是杨先生，作为一个音乐学家，不仅录制了他的音乐，而且回到北京后还记了谱，通过中央人民广播电台向全国播放了《二泉映月》。于是让世人知道了有一个出身贫苦、一世贫穷，但却有才华的音乐家，他叫华彦钧，就是瞎子阿炳。

所以现在很多音乐学系的学生一定要重视我们的工作，因为我们的前辈杨先生给我们树立了一个榜样。推荐一个好的音乐，发现一个伟大的音乐家，就是最好的、最有效的、最有影响的工作。我说，我要传承他的一份基因，其实也是一种缘分。多年前我到太行山考察的时候，也碰到了一批盲人。我曾经写过几篇文章，有一篇就叫《假如阿炳还活着》。当时，我是无意中听到了这么一个名字，叫“盲人宣传队”，其中有一个人叫刘红权，当时他一张口就把我镇住了。

我记得当时他在破庙外面的一个空地上，从庙里面拉出来一盏灯，把灯挂在一个柱子上，面前摆着一个破八仙桌，就这样就开口唱了。我在那篇文章里也写过，我说，我是一个以听音乐为职业的人，中央电视台“青歌赛”，我做了十多年的评委。听歌对我来说有一部分是职业要求，就是不得不听，所以对听歌我基本上麻木了，很难有音乐能够打动我，但刘红权唱的《光棍苦》，一开口我就被镇住了。他们本身都是光棍儿，他用歌声讲述光棍生活的苦，唱得声声入耳，字字钻心，所以回来我就写了《假如阿炳还活着》，之后又写了一篇文章叫《向天而歌》。

听完他们的音乐，我就跟他们说，一定要请他们到北京演出。后来他们告诉我，当时他们谁也不太相信我的话，其实，他们不是怀疑我的真诚，只可能是也有很多人很真诚、很热情地应允过，后来却都没有兑现承诺。所以弘一大师有一副对联，其中一联就是，“盛喜时莫许人物，盛怒时莫答人书，”就是你特别高兴时不要随便答应别人，你答应了就要做到。

当时我回来做这个策划时，的确感觉到不容易。第一，我要找一个地方来演。我首先找的是中央音乐学院、中国音乐学院，也找了剧场。但是别人一听是山西左权县盲人宣传队，没人答应。后来还是首都师范大学音乐学院院长杨青相信了我。

我记得当时北京特别冷，他们在北京站下车，我亲自去接，专门找了一个饭店，安排了他们的第一顿饭。坐在桌子上吃饭时，我才明白一件事，我点了一桌子菜，但他们没法吃，因为他们的眼睛看不到，不知道怎么夹菜。就这么一件事，我醍醐灌顶。佛教讲“无缘大慈，同体大悲”，什么叫“同体”呀？你要感同心受！我们有眼睛的人想不到没有眼睛的人有多么困难！后来找来了大碗，把米饭和菜夹到碗里才能吃。

第一场演出，我请了很多音乐界的朋友，年龄大的有王昆，年轻的歌手有刘欢、成方圆，还有一些作曲家，像王西麟，指挥家滕矢初、刘森，还有其他的一些音乐界的朋友。

演出时，这些盲人穿着新衣服、新鞋子。演出前给他们摆好椅子，都坐好了，我在大幕前介绍。我说，这些盲人都是残疾人，他们应该是社会救助的对象，但他们在太行山深处，几十年如一日，十几个人中有一个眼睛略能看见点儿东西的人在前面领着，每个人一手拄拐棍，另一只手拉着前面的人，身上背着行李，包里装着二胡等乐器，鱼贯而行，在山路上一走就是一天。走到一个村子，进了村，到大树底下一坐，就开始敲大鼓。谁来听他们唱呢？老人和孩子。这些留守的老人、孩子是没有任何文化生活的，所以他们这群盲人的到来，对他们来说也是好事。大家闻讯而来，他们就开始唱。唱过之后，村长安排一个大嫂带他们到各家去吃饭，有什么吃什么。村里会给他们一点儿演出费，你们猜一场演出多少钱？一百块，多的是两百块，他们拿着钱，第二天早上再去下一个村子。这就是他们的生活，他们本来应该是社会救助的对象，但却常年为我们这个国家最底层、最需要文艺生活的人送去了欢乐。

我介绍完后，拉开帷幕，我才发现，原来我给他们排好了位置，面向台下。但他们没有方向感，开幕后却发现有的朝这边坐，有的朝那边坐，他们是向天而坐，看不见人，他们是对着天唱自己的感受，他们也不在乎观众在哪儿，也不知道观众在哪儿。我们学声乐、学舞蹈、学表演的学生一个最大的问题，就是我们总是在“表演”。老师教你的都是怎么笑，到了台上怎么站，走上台走多少步；上台之前，想的都是耳环戴得怎么样，好看吗？眉毛画得怎么样？上台以后就要和观众交流。其实你唱得好，我才感动，你唱不好，再好看有什么用？他们根本不交流，也不在乎你听不听，却很感人。

结束后，王西麟自己跑到台上发表演说，夸他们唱得好，真诚地对民间艺人表达他的尊重，包括宋飞，都感动得自己跑上去要讲话，还有成方圆专门给我发信息，说谢谢我让她听到这么好的演出。

我的这些评论点评，不光是写文章，真的音乐评论，就是要把好的音乐推到社会上去，把不好的伪音乐、伪艺术戳穿，要让这样的民间艺术改变自己的命运。

很多人认识我是从“青歌赛”开始的。从2000年开始，中央电视台请我担任评委，因为他们邀请的一位专家病了，正好有一个导演认识我。他找到我时，第九届之前的“青歌赛”我都没看过。后来我回忆，有一次我到我弟弟家做客，他正在看一个歌唱比赛。他对唱歌不太感兴趣，但他觉得回答问题的环节好玩。听着这些衣着华美、浓妆艳抹、搔首弄姿、千人一声的歌手唱歌，面对简单问题的答非所问，种种尴尬的局面让我弟弟觉得好玩。

后来我答应了那位导演去当评委。去了之后，先是复赛，然后再从这100个人中选出20或30个人进入决赛。一天我要听80到100个歌手演唱，我从来没有受过这种罪。过去我就是个书呆子，天天念书，我自己对音乐的选择，要么最西边，要么最东边，当代的音乐我很少听，尤其是他们这种所谓的民族唱法。唱流行歌就是“风雅颂”中的“风”了，是“城市之风”，它不是“古风”，不是巅峰，它是“港风”，是“上海风”。但它是最底层的，是青年人喜欢唱的，唱的都是自己的感受。通俗歌曲唱的是爱情，反映的都是唱歌人自己的感受。美声就是“雅”。民族唱法就是“颂”，很少有民族唱法唱自己的，大多是长江、黄河、祖国、党、五星红旗等，最小的也是歌颂妈妈和爸爸，它是集体的表达，很少唱个人情感，和流行歌曲正好相反。

当时我是民族唱法的评委，一天听100多首歌。民族唱法的歌手100多个人唱的歌翻来覆去的就是那么十来首，都是教材上老师教的这些。A唱完了B唱，B唱完了C继续唱，都是适合比赛的，有一定的体量还有高音。然后，我听着听着就发现怎么唱得都差不多。民族唱法具有可操作性，我们中国700所音乐学院用这样所谓的科学唱法每年能培养出多少学生来呢？成千上万！但是宋祖英有一个就够了，所有参赛者唱的都没有个性，听来听去全是一样，也没有感情，满脑想的就是技术、位置。所以我一打分，就是最低分。每次去掉的一个最低分，就是我。

等到第九届“青歌赛”快结束时，突然有一天让我点评，我这一肚子气，但学者说话还是要尽量客观，所以我讲，听了那么多天了，我发现民族唱法的歌手没有感情，唱得都一样。我说，20世纪五六十年代没有电视，只有收音机，你看不到他的模样，只能听；但是他一张口，你一听，就知道这是王昆，这是郭兰英，这是才旦卓玛，这是黄虹，这是马玉涛，绝不可能听错，每个人的声音都有自己独特的音色。我说，因为我们整个社会现在处在一个所谓的第二次浪潮中，是从农业社会转向工业社会的时候，这个过程就是以大为美，以机械化的东西为美，以科学的东西为最高，所以这么一个时代造成了我们这些音乐学院每年像流水线一样培养学生，培养出一批“罐头歌手”。当时这个词成为好多人后来骂我的一个理由。

罐头是什么？就是科学的，它的成分都是有根据的，包括它的技术手段也是有标准的，不可能你打开罐头，里面只有一半，不是的，它一定是满的。里面有一定数量的东西，一百盒罐头、一万盒罐头，质量均等。但是艺术要的是个性。科学是要求规范，比如穿衣服，L号、M号，都有固定的大小。农业文明不一样，农业文明时期，你穿的这件衣服是你妈妈给你做的！你现在穿的鞋是37号还是42号，全世界都一样。但是在过去的农业文明，你穿的那双鞋是你奶奶纳的鞋底，妈妈给你上的鞋帮，姐姐给你绣的图案，是独一无二的，像亲人一样温暖，有亲人的感情融入其中。

但我们在从农业文明向工业文明过渡的时候，大家都认为那些东西太土了。这是一个时代，这个时代给审美领域与艺术领域造成了一个什么样的影响呢？第一，以科学凌驾于艺术之上。你教唱歌就教唱歌，怎么还出来个科学唱法了？我到现在都不懂——还是“唯一科学的唱法”，我就更不懂了！歌唱有唯一性吗？我跟声乐教授探讨过这个科学问题，比如头腔共鸣和胸腔共鸣。我们知道共鸣需要共鸣腔和共鸣体，还要有空气，没有空气，怎么共鸣啊？你感觉到振动就是共鸣吗？你胸腔里的心肝脾肺肾，塞得满满的，怎么共鸣呢？所以说这都是一种感觉，是人为将它夸大到科学的程度。我就不知道这些科技理论是怎么出来的，好像真的是让人不理解。什么是科学？一定能够用数学表达的才是科学。你唱歌唱得再好听、再动听，跟科学有什么关系？后来我按照他们所谓科学的声乐方法研究了一下，我先声明，我没有任何讽刺和攻击的意味！我说的是真话。最科学的发声方式是什么，你们知道吗？驴啊，整个的腔体都是通的，该打开的都能打开，该立起来的都能立起来，十里地都能听到，肯定都有科学可言。但是我强调的是在艺术领域里，大家千万不要把科学凌驾于艺术之上。我昨天上课的时候推荐过一篇文章，叫《科学·宗教·艺术》，我尽可能讲清楚这三者的关系。最简单地讲，科学与真善美有密切的关系，但是，还是有分别，科学主要是求真，宗教是求善，艺术是求美。

我刚才讲，先进技术往往会毫不留情地取代旧技术，现在北京有了共享单车，但几天以后好几百辆车被人扔进了河里，我心想这些人怎么这么坏，把车扔掉。后来有人告诉我，警察了解到破坏共享单车的一种是修自行车的，一种是卖自行车的，他们没生意了，共享单车影响了他们的生活。就像滴滴打车一出现，开出租车的人都在骂，马云一出来，零售商也都在骂是一样的道理，这就是科学技术冷酷、没有一点人情的地方。而艺术则不然，只要是好的艺术，成百上千年后仍然会打动你。现在读唐诗宋词，你不觉得它好吗？莫言写得再好，获诺贝尔奖，也代替不了《红楼梦》。艺术是不存在“先进与落后”这个概念的，就像非物质文化遗产保护领域不存在“发展”一样，发展是另外一些人的事。

当年我在“青歌赛”的批评，没想到说出了很多人意识到了、想说却没有机会表达或者无法表达的一种观念，所以第二天很多人写信、打电话到中央电视台，说那个戴眼镜的评委说得好。我研究了20年宗教音乐，没人知道田青，在中央电视台批评“罐头歌手”，结果一下子让很多人知道还有一种人叫音乐学家。杨先生这么伟大，有多少人知道杨荫浏？但现在不同了，我们音乐学家也有发声的可能了。所以在这样一个时代，艺术评论、音乐评论也要通过我们的思考，让艺术尽量地朝着良性的方向发展，该表扬的要表扬，该批评的要批评，当然批评不是针对某个人，而是针对事。

同时，借助传播媒体，音乐评论和音乐批评可以把我们的声音扩大很多倍。过去我写的文章在《音乐研究》上发表，读者才有多少？在座的都不看，更别提老百姓了。《星海音乐学院学报》在座的同学们每期都看吗？你们也不看，但电视就不同了。现在网络又超过了电视。有一次，龚琳娜找我，说她的夫君老锣很愤怒，有个叫高晓松的，天天在网络上讲中国音乐没有高潮，中国音乐没有这、没有那，对中国音乐全是贬低。一个中国的音乐家高晓松在骂中国音乐，让一个老外愤怒了，说：“你怎么这么讲呢？你自己不懂中国音乐，没听过中国好的音乐，也不懂多少，就说中国音乐不好。”据说老锣在网络上的点击率很高，超过电视。所以做艺术批评、音乐批评，媒体太重要了。好在现在的自媒体让每个人都有了音乐批评的发言权，所以每个人都可以发挥音乐批评的责任，这就需要指导了。

第一是音乐批评的目的和现状，刚已讲完。第二是文艺批评的标准，这点很重要。文艺批评一定是有标准的，那么标准谁定呢？中国现在可知的、最早的音乐批评家是中国一个伟大的哲人、思想家、教育家——孔子，就在今天过生日。我们先为孔老夫子鼓鼓掌好不好？（观众鼓掌）当时在齐国，音乐批评的对象是什么呢？大家都知道是《韶》乐，“子在齐闻《韶》”，孔子听了这个音乐以后，发表了音乐史上最早、最简练、最准确，同时也影响深远的音乐批评。他说《韶》乐“尽善尽美”。于是他就给我们提出了文艺批评、音乐批评最重要的两个标准，一个字叫“善”，一个字叫“美”，一个指的是内容，一个指的是形式，批评要从这两方面去讲，内容和形式缺一不可。

为什么《韶》乐尽善尽美？大家都知道，尧、舜、禹，都把皇位让给了贤人，这太了不起了，只有传说中有。因为真正的禅让大家没有考证，也无法考证，是一代代传下来的理想的政治。但是我们看今天的政治家有几个会禅让呢？还是毛主席那句话：“扫帚不到，灰尘照例不会自己跑掉。”在有些国家是暴力推翻，有的国家是竞选失败，反正没有人会自己让给别人。但是《韶》乐就歌颂了这么一种精神，不管历史上是否真实存在过，但它起码是一些政治家，包括以孔子为代表的文人的一个理想境界：大公无私。所以“尽善矣，又尽美矣”。箫韶九成，形式复杂，有 9 个段落，由当时的吹管乐器箫来伴奏，所以尽美又尽善。

那么《武》呢？讲的是武王伐纣的事情，是通过战争来推翻一个政权，所以孔子认为不够“善”。但虽然是征战，他也拿舞具、羽毛、盾牌、斧子，形式上有它的美。这样的例子，“在齐闻《韶》”这件事就给我们定下一个标准，就像我刚讲的，评价一个音乐作品，要从这两个方面去看。直到今天，我们还在继承孔老夫子的这个标准。

孔子之后，在春秋之后一直到魏晋南北朝，中国的文艺批评达到了一个高峰。魏晋南北朝是中国历史上一个令人着迷、令人惊诧甚至令人神往的年代。中国的各艺术门类在这个时候各自独立，都出现了各自领域的大家。尤其“竹林七贤”，阮籍、嵇康等，给一代又一代的中国士人留下了千古不变的魏晋风度与魏晋精神，说文人要留得一点狂，要有一点精神，魏晋时代的文人至今是榜样。中国艺术研究院前院长李希凡曾经主持过一个大项目《中华艺术通史》的编撰，就希望打通音乐史、美术史、雕塑史等各艺术门类史，我就负责魏晋部分的编撰。

魏晋时代的文艺批评是中国历史上的高峰。从刘勰的《文心雕龙》、钟嵘的《诗品》，都为中国的文艺批评竖起了一座座高峰。包括刚才我讲的“竹林七贤”，他们说是“口不臧否人物”，但是他们的那些批评，真是彪炳千秋，今天读起来仍然“令人神往”。嵇康提出“声无哀乐论”，非常了不起。同时，这个人长得什么样呢?《世说新语》里说他“岩岩若孤松之独立”，说他站在那儿，像一棵松树一样，喝醉了，咣当一下躺在那儿了，“巍峨若玉山之将崩”，这是男神呀！而且，到刑场之上，生死关头，在和生命告别的时候，他不但保持了一个士人难得的尊严，还弹了一曲《广陵散》，“《广陵散》于今绝矣”，从此，“广陵散”三个字就成为失传艺术的代名词。但是《广陵散》一直流传到今天，《神奇秘谱》里就有。我强调的是批评者的人格和精神，我们有了标准就能评判艺术了吗？还不行，还得有必须具备的素质。

音乐批评者需要具备哪些素质和能力？第一，要有艺术批评的愿望和热情，真的要做音乐批评，就得有像阮籍等“竹林七贤”身上所发扬出来的那种独立的人格和精神，那种理想主义，那种是非观和道德感。也就是说，要想做一个好的音乐批评家，首先得是一个好人。但是我说完这句话就后悔了，因为相当于什么都没讲，可以用在“好的歌唱家首先要做一个好人”也对，但音乐批评不同。佛家讲三业：身、口、意，这个口业很厉害，你有口，想说话，会影响口业，尤其臧否人物，会影响很多人。如果你心术不正，或者是坏人，这种音乐批评就是放“毒气弹”。所以，首先，你要有理想主义，要有道德感，要坚持你的独立思考，不人云亦云，具有“独立之人格，自由之精神”，你才可能做音乐批评。

大家认为我们今天有好的音乐批评吗？有，但是太少了。绝大部分的，尤其在媒体上我们能看到、读到的音乐批评，多半说的都是好话，是表扬。当然，表扬是需要的，好的不应该表扬吗？包括这些年我推出一些好的歌手，比如左权县的羊倌石占明，云南唱海菜腔的李怀秀、李怀福，还有索朗旺姆、左权县盲人宣传队。见到好的歌手，我会尽我所能给他们创造条件，带他们走上更广阔的舞台。我刚才讲，该批评批评，该表扬表扬，但是不能不好非说好。现在很多的文艺批评，有的是出于商业利益，比如新编的舞剧上演了，请几个评论家写评论，一个字多少钱，这些人都昧着良心，挖空心思说怎么怎么好。这样一种批评，是百分百“出虚恭”，但非常悲哀，我们现在大部分艺术批评是这样的。当然也有一种纯负面的批评，多见于自媒体、网络上，看到什么自己不喜欢的，就狂骂，这都不是艺术批评。艺术批评除了要有独立的人格和精神，更重要的，还要有发现艺术价值的敏感性，敏感性从哪儿来？你怎么能够发现一个值得表扬的东西？或者你来发现一个值得批评的东西？背后是你要有一定的专业素养。这点很重要，你要认真学习，不能随便乱说。

那么有了“独立之精神”，有了对艺术的敏感，有了能够进行艺术评论、艺术批评的专业素养，当然还得有文字表达能力和语言能力，否则不能把你的思想落实成文字和讲演，更不能打动别人。最后还有一个，也是一个做音乐评论的人应该时时提醒自己记住的很重要的一点，就是出于公心，要尽量做到客观和公允。批评不要一棍子打死，表扬也不要表扬上天。我现在能做到了的，第一条做得比较好，包括我批评“罐头歌手”，我首先想到，这不是歌手们的问题，也不是老师的问题，先替他们讲清楚。我讲的也是一个根本原因，即一个时代的审美观，和一种对科学的迷信，我是从这里找原因，这不是一个人的原因，所以要尽量做到客观、公允。有时候表扬一个人可以表扬到天上去，比如我表扬赵宋光老师，就容易用我能想到的最好的词来表扬，但这都是很真诚的。他是我们的国宝，是音乐界的骄傲，是当今音乐界唯一的哲人、思想家，我认为不过分。可是有的人可能认为你是不是过分了，但这没有办法。

我还要强调一点，一个音乐批评家也是人哪，人是有感情的，对于我爱的人与作品，就可能用我能够想得到的最准确的词来讲，别的人可能觉得过分，但是也没有办法。就像爱情一样，是没道理的。所以做一个批评家很难，我刚刚讲了客观、公允，接着又讲感情，说明什么呢？说明一个真理，作为一名文艺批评家，迄今为止我是不合格的。但是我的命特别好，命运给了我一个机会，能够把我的声音扩大，并且传得很远。那么我作为一个批评家，我的这些毛病，包括有时候不够客观、有时候感情泛滥，但在我出于公心、没有任何私心的情况下，我的这个毛病在某种程度上也是我的特点，改也改不了。有很多批评家不具备这个特点，他们过于理性的时候，往往不能够打动人，不能够让别人接受他的意见，这也是一个问题。所以我希望我们作为一个批评家，既要努力地做到客观公允，同时也不要把自己变成一个冷血动物，不要让自己成为一个表面上公允但私心很重的人。有人说："我是客观的、公允的。"但说出的话都是冷冰冰的，一点不公允，他心里只有自己。

昨天我找了一段"青歌赛"上的视频，这是我作为一个批评家最不成功但是影响最大的一段视频。木卡姆申报"人类口头和非物质遗产代表作"时，已经有土耳其等中亚国家申报成功了，那么我们再申报还有可能成功吗？当时我们经过严密调查，最后欣喜地发现，中国的木卡姆是世界上保存最丰富的，而且有地域特色，有刀郎木卡姆、吐鲁番木卡姆，还有已经上升为宫廷音乐的十二木卡姆。

在16世纪的莎车，当时叫叶尔羌汗国，有一个王妃，据说非常美丽、智慧，叫阿曼尼沙罕。她集中了当时最优秀的诗人、音乐家，收集、整理民间的木卡姆，所以十二木卡姆的歌词非常文雅，即使是翻译，也令人感动。当年申报时，申报书的原稿是由周吉起草的，他是江浙一带的汉族人，但他18岁就到新疆歌舞团拉小提琴了，然后就一辈子爱上了新疆，爱上了木卡姆。他利用在新疆生活多年的机会，跑遍全疆研究木卡姆。维吾尔族人佩服两个汉人，这两人的维吾尔语说得好，一个是王蒙，一个是周吉。王蒙是作家，周吉就是音乐学家。周吉对木卡姆的研究，是超越了地域的。周吉写的申报书，是他在病中完成的。木卡姆成功申报“人类口头和非物质遗产代表作”，周吉功不可没。一个音乐评论家，要想评论木卡姆，首先要研究木卡姆，知道它的旋律怎么美，它的结构如何复杂，它的歌词如何典雅、如何生动，这是文艺批评家应该做的。

但是在“青歌赛”上，我们又遇到了不一样的声音，说“木卡姆嗷嗷乱叫，根本不是唱，根本不符合所谓的科学唱法，你们又不懂维吾尔语，为什么给他打高分？”从复赛开始就有这样强烈的舆论，所以在这种情况下，我就做了一个简短的音乐评论：

我每次听你们这个热情如火的音乐，我也按捺不住心里的激动。前几天吴雁泽评委在点评时说了一句话：“希望歌手们不要急着用喉咙唱歌，用嗓子唱歌”，很多歌手不懂，不用嗓子用什么？你看看他们，他们是用灵魂在歌唱，用生命在歌唱，用全身的细胞在歌唱！曾经有观众来信问我们：“少数民族的歌手，他们唱的语言你们不懂。你们怎么打分？”我也请你们想想，你不懂他的语言，但你听他们的音乐，不激动吗？我刚才忽然想起中国古人讲的一句话：“读《陈情表》不流泪者非孝子，读《前后出师表》不流泪者非忠臣。”我真想说，听木卡姆不感动者非艺术家！

刚才李松评委讲到新疆的蒙古族音乐时，提到我们的一个老朋友梁树年；我今天听到木卡姆的时候，还想提一个人的名字，他就是新疆优秀的、杰出的音乐学家周吉。我们今天拿着的所有木卡姆的乐谱都是周吉记录整理的。他是一个南方人，17 岁入疆，在新疆生活了半个世纪，这个江南的汉子最后一脸大胡子，已经变成了一个维吾尔族的老者。他把他的全身心、全部的生命都献给了新疆，献给了木卡姆。当年木卡姆申报联合国“人类口头和非物质遗产代表作”名录的时候，周吉用全部的身心在做，我知道他在医院都在整理乐谱。今天木卡姆成为人类非物质文化遗产，周吉立了大功。这个文本就是他写的，我跟他一起在新疆，我亲眼看到南疆的那些农民朋友，在大路上、在巴扎上，看到这个汉族的老汉都叫他居玛訇，他们叫的这个名字是把这个汉族人当成自己的亲兄弟。

今天木卡姆能够成为“人类口头和非物质遗产”，能够在中央电视台的舞台上展现，尤其能得到很高的分，我想周吉的在天之灵会欣慰的。他的墓碑上刻着这样一句话：“假如我死了，请用木卡姆为我送行。”昨天是5月6日，是周吉逝世两周年的日子，我想假如我们每一个在新疆工作的人都能够像周吉一样爱我们的兄弟民族、爱咱们的文化，而且能够用他们的文化和他们做深厚深刻的交流，并且得到他们尊敬的话，我们新疆各民族的友谊也一定会像木卡姆的音乐一样热烈、真诚、奔放、丰富，感天动地，万年永传！谢谢！

周吉逝世前，晚上喝了一顿酒，第二天9:00在中国音乐学院上课。学生们一直等到9:30，他也不来，学生就到他的住处去找。到了后敲门没人答应，开门一看，他躺在地上，没有任何痛苦的神情，就是喝多了。他好像是要去开电视，从床上滚下来就这样走了。他的墓碑上刻着这么一句话：“木卡姆为我送行”。他去世以后，我和文化部民族民间发展中心主任李松，包括在中国音乐学院当院长的赵塔里木，我们拿钱给他出了一本书，后来我们又一起掏钱给他出了一本大家回忆他的书，就叫《木卡姆为你送行》。

今天就讲到这里。

乡音——世上最美的音乐

世上再没有比乡音更美的音乐了。

这是你来到这个世界上最先听到的声音：是妈妈唤你的声音；是你牙牙学语的声音；是三伏天，你躺在小凉席上，奶奶给你哼唱催眠曲的声音；是三九天，你钻进爷爷的被窝，听老人讲古的声音；是严父庭训的声音；是你与青梅竹马的他（她）同唱那首儿歌的声音；也是你梦中呓语，甚至临终前喃喃的声音……

对中国的大部分人来讲，乡音就是方言。

中国各地的方言，是构成中华民族语言宝库的重要内容。但是，在现代化与全球化的进程中，在主流教育与全社会推广普通话的进程中，我国固有的许多方言正面临濒临灭绝的危险。与此同时，全球大约6000种语言中的2500种语言同样面临着消亡的危险。于是，2003年3月，联合国教科文组织以“濒危语言问题特别专家小组”的名义公布了一份《语言活力与语言濒危》的报告，在报告中，专家们郑重地向全世界宣告：

> 语言多样性是人类最重要的遗产。每一种语言都蕴藏着一个民族的独特文化智慧，因此任何一种语言的消亡都将是整个人类的损失。

应该说，人类进入 21 世纪之后有两大关乎全人类未来命运的反思逐渐变成了共识和行动。其一，是在反思人类与自然关系基础上产生的环保运动，以保护地球的自然生态与濒危物种；其二，是在反思人类的今天与历史关系基础上产生的保护文化多样性运动，以保护人类物质与非物质的文化遗产、保护人类祖先的智慧与创造、保护人类未来文化发展的源头。

从改革开放到今天，我国的现代化建设取得了举世瞩目的成就，尤其在经济方面，其发展的规模和速度，在人类历史上是空前的。十几亿人的生活在这 20 多年里得到了巨大的改变，如何评价这样的进步都不过分。但问题是，为了这个进步，我们付出了很多代价，其中一些代价是应该付出的，还有一些代价是我们付不起的。环境破坏了还可以治理，但是所有的文化遗产都具有不可再生性、不可复制性，都一去不复返。把祖先留给我们的宝贵遗产丢掉，中断了文化的记忆，也就是中断了历史。假如我们以中断历史为代价换取现代化的话，我们恐怕无法面对未来子孙的诘问。

值得欣慰的是，近年来，这两大反思与运动都在我国引起了全社会的关注，也出现了一大批以研究保护包括方言在内的非物质文化遗产的有识之士。他们凭着慧眼与过人的胆识，靠着对祖国、对民族的挚爱，在举世一心一意向前看的疾跑中敢于回眸远望，敢于俯身捡起洒落尘泥的“金叶”。他们的努力，与当今席卷全国的现代化大潮砰然相撞，“乱石穿空，惊涛拍岸，卷起千堆雪”，就是这看似不起眼的朵朵浪花与汹涌澎湃的主流文化共同构成了中国当代现代化进程跌宕起伏、浩大深邃的壮美画面。王六和他所著的《把根留住——陕北方言成语 3000 条》，便是其中之一，令人瞩目。

方言之所以是重要的非物质文化遗产，是因为在方言中包含了丰厚的文化内涵，包含了我们民族千百年来的理想和精神，包含了我们民族世世代代的追求、习惯、风俗，它们和其他所有非物质文化遗产一道塑造了我们民族的形象，其中每一个语言单位的形成，都有着漫长的过程，并和此方言区独特的自然环境、生活方式、文化历史息息相关。而方言一旦形成并被一个地区的民众代代传承，他们就成了这个地区人民精神的“基因”和“身份证”，成为这一地区民众的整体记忆。在陕北方言中，蕴含着代代生息繁衍在这片土地上的人民特有的智慧和情趣，也蕴含着许许多多已然逝去的历史。沧海桑田，现在的人们可能不会想到黄土高原过去曾经有过茂密的原始森林，其实，孔子当年慨叹“郁郁乎文哉，吾从周”的“郁郁”二字，的确也可以形容古代陕北高原的外貌。与此类似，在陕北方言中保存有如此众多的汉民族古代语言，在没有翻阅此书之前，我是知之甚少的。比如，我曾经多年研究佛教音乐，但我却从没有想到过陕北方言中称女人为“婆姨”，竟然与佛教“四众”中男、女居士的汉译“优婆塞”“优婆夷”有关！在翻阅这本大作的时候，我无数次被陕北方言的精彩、鲜活、生动所打动，甚至有“读此方言三千条，深悔未做陕北人”之叹！至于著者王六先生，过去并无缘相识，但知道他以地方官员的身份，在努力造福父老乡亲的同时，孜孜以求，用业余时间收集、整理、撰写了这样一部篇幅浩大的著作，不禁由衷感佩。目前，举国上下都在高谈“文化大发展、大繁荣”，但不可想象文化的繁荣和发展是由缺少文化情怀和文化修养的官员们领导的。当今，大部分地方官员把建设“三馆一院”当成了文化发展繁荣的本身，当成了自己的政绩工程。当一批批没有图书的图书馆、没有活动与群众参与的文化馆、没有戏演的大剧院拔地而起，尽情展现其富丽堂皇的时候，王六却在祖先的声音里寻觅着中华文明的源与流。

一千多年前，一个叫贺知章的八十多岁高龄的诗人，在结束了宦海漂浮的外乡生涯回到故乡时，不经意间吟出了一首千古名篇：

少小离家老大回，

乡音无改鬓毛衰。
儿童相见不相识，
笑问客从何处来。

这首诗，就像方言一样自然、质朴、生动，短短四句浅白如话的诗句，勾连起无数游子思乡的情愫。值得我们担忧的是：当我们老大回乡时，是不是要我们向满口普通话的儿童发问“从何处来”了呢?

为了孩子们的未来，要让孩子们说好普通话；为了民族文化的未来，要保护我们的方言。普通话，是实用而不可或缺的工具；方言，是最美的音乐。

（原载王六《把根留住——陕北方言成语 3000 条》，紫禁城出版社 2010 年版）

非物质文化遗产保护视野下的佛教文化

——在“扬州讲坛名家精粹”论坛上的讲演

尊敬的各位领导、专家、学者，十方信众，同学们，在扬州最美的烟花三月，在千年古刹大明寺旁，在浸润着浓郁的人文气息的鉴真图书馆，今天，我们扬州讲坛请来了一位尊敬的主讲嘉宾，他就是著名的文化学者——田青先生。今天到现场聆听讲座的，还有两位嘉宾向大家介绍一下，他们是：扬州市人大常委会副主任陈克勤先生，扬州市政协副主席黄克胜先生。今天的主讲嘉宾田青先生，生于1948年，中国艺术研究院研究员，博士生导师，《中国音乐年鉴》主编，现任中国艺术研究院音乐研究所所长、宗教艺术研究中心主任，联合国教科文组织人类非物质遗产代表作评审委员会委员，国务院学术委员会委员，《艺术评论》名誉主编，《音乐研究》及《中国音乐学》主编，兼任中国佛教文化研究所特邀研究员，中华佛教音乐团艺术总监，中国音乐家协会理论委员会委员，中国作家协会会员，中国民间艺术家理事会理事，中国国际文化交流中心理事，中国民族民间文化艺术保护工程专家委员会委员，国务院学位委员会艺术学科评审小组成员，中央音乐学院音乐研究所学术委员会委员，他还受邀担任台湾佛光大学、中央戏剧学院、云南艺术学院、山东艺术学院等知名院校的客座教授。已发表学术著作、论文、文学著作约150万字。主要论作有《中国宗教音乐》《历史的性别》《中国古代音乐史话》《净土天音》等。田老师是一位博古通今、学贯中西的大学者，这一次田教授受星云大师之邀，来到扬州讲坛，今天他为我们演讲的主题是“非物质文化遗产保护视野下的佛教文化”。现在就让我们以热烈的掌声欢迎田教授演讲！

谢谢主持人华书记的介绍，听华书记介绍我的时候，我听的好像在说另外一个人，觉得这个是假名。今天能够和大家见面，能够分享一些心得，感到很高兴。扬州讲坛的名气非常大，我在国内，包括国外有些地方讲学，讲过很多，但是扬州讲坛是令学者们很尊敬的学术殿堂，所以今天来很高兴。我今天的演讲题目是“非物质文化遗产视野下的佛教文化”。

大家都知道佛教文化是构成中国传统文化儒释道的三大支柱之一，应该说，佛教文化是中国传统文化非常重要的组成部分，它是传统，它是一个古老的文化。但“非物质文化遗产”这个概念却是一个很新的概念，在几年前，“非物质文化遗产”这个词，还是一个陌生的词，很多人搞不清什么是非物质文化遗产，甚至有些文化部门的领导在公开的讲演当中，说到非物质文化遗产这个拗口的词的时候，还经常说成“非文化物质遗产”。那么，经过几年的努力，这个陌生的名词不但成为社会关注的热点，也走进了寻常百姓家。现在的普通老百姓甚至偏远地区的老百姓，都会骄傲地告诉你，“某某某是我们这儿的非物质文化遗产”。而且就在今年的 2 月 25 日，全国人大常委会公布了《中华人民共和国非物质文化遗产法》。从一个陌生的名词，到立法来保护非物质文化遗产，中国的非物质文化遗产保护，应该说经历了一个非常迅速的、普及的实施过程。同时从少数学者们的呼吁变成政府的行为、变成国家的意志，这是一个非常大的进步。去年我曾经给东盟几国的文化官员介绍中国的保护非物质文化遗产情况的时候，我总结了这么几句，我说中国的非物质文化遗产保护工作，起步晚，速度快，成效大。我介绍完中国的情况，这些外国的文化官员都表示由衷的敬佩，甚至认为不可思议。那么，什么是非物质文化遗产？为什么要保护非物质文化遗产？为什么中国政府这几年非物质文化遗产的工作做得如此迅速和有成效？

首先我们应该知道，非物质文化遗产保护的这个理念，是从20世纪的中后叶才开始产生的。非物质文化遗产保护的理念应该是人类在进入20世纪下半叶所产生的非常重要的、非常有意义的两个概念之一，也是人类进行反思的两个重要的结果之一。一个就是人类在经历了科技的进步和工业化之后，开始反思人和自然间的关系，反思人类的进步对于我们栖息的地球造成了多么大的危害，从大气层被破坏，从地球变暖，到这个地球许许多多物种的消失。第二个重要的反思，就是人开始考虑、开始反思人类社会和历史、和过去、和人类自古以来就有的精神价值的距离，是越来越远了，甚至出现了中断。社会进步，地球变小了，人的能力现在可以说是在几百年、几十年前不可想象，人类现在的高科技已经让我们神话小说里，《封神榜》里的、《西游记》里的那些想象，都变成了现实。就在几十年前，我们不能够想象，每个人兜里有一个手机，随时可以和几千里、几万里以外的人联系。我昨天晚上坐飞机到南京，今天给大家讲课；而在盛唐的士子们，他们在烟花三月下扬州的时候，要经历多少跋涉？现在几个小时就到了。

人类科技的进步的确让人们自豪、自傲，让人们误以为人是无所不能的，于是为了这个进步，我们不但毁坏了、破坏了自然，我们也丢弃了历史、忘记了历史。中国在改革开放的30年里，所取得的举世瞩目的经济成就和巨大的进步，的确是人类历史上没有过的。西方国家工业化的进程都是以百年计的，中国用了30年的时间取得这么大的进步，而且是一个

11亿人口的大国，现在是13亿多。这么多人，用一个如此快的速度进行了工业化、现代化，的确值得我们自豪，但是这个人类从来没有过的历史进程，除了带给我们大家享受到了的这些好处之外，还有没有什么负面的东西？人之所以是人，之所以不同于其他的东西，或者说人类之所以能够不断地进步，就在于人不满足，就在于人有反思的能力、有纠错的能力，虽然有时候很痛苦，很缓慢，但是毕竟人类在思考。我们现在想一想，我们今天的生活，跟几十年前，有多大的不同？我今天举一个例子。

现在的这个商品社会，好处就是非常的方便，而且物质极大的丰富。我小时候生活在一个物资匮乏的年代，现在年轻人不知道，我们那时候什么都用票。大家可能都听说过，有粮票，有布票，有肉票，一个月好像只有几两肉。我记得非常清楚，那时候在北京，我买我的第一双皮鞋的时候，是拿着皮鞋票到百货大楼，有皮鞋了，我排队去买，排到一半的时候，前面说“41号的没有了啊”。那我就不能排了，下次有的时候再去买。我跟我儿子讲的时候，他很奇怪说：“那你不挑样子吗？”我说，所有男人穿的皮鞋都是一种样子，女人穿的皮鞋也只有一种样子。年轻人不敢想象，买皮鞋不挑样子，还要排队，说你这号没有了，你就买不成了。现在你到大的商场，不存在这样的情况。我家门口就一个大商场，它的一楼就是卖鞋的，我现在就不愿意买，为什么？我觉得这个过程完全就是接纳的过程，我买一双鞋，面对几千种选择的时候，我就觉得，随便。我跟我太太说随便拿一双，能穿就行，我觉得都差不多。我小时候读马克思主义，读到共产主义的两个条件，一个是精神的充分自由，一个是物质的极大丰富。我年轻的时候就不懂，什么叫物质的极大丰富？我现在知道了，我没想到我还赶上一个物质极大丰富的时代。过去没有选择，现在选择太多，仍然觉得很麻烦。这个进步如此的巨大，但是你仔细想想，虽然有这么多种选择，就拿买皮鞋来说，有几千种让你挑，但是它们都是工业化生产的产物，都是商品社会的产物，既没有个性化的东西，也没有感情在里面。

农业社会现在逐渐离我们远去，而农业文明一个大的特点，除了地域性，还有它的浓厚的个人感情。所以马克思说得非常对，他说资本主义撕去了感情的面纱，还原了最原始的东西。那么我想说，工业社会的特点是什么？就拿皮鞋来举例，我现在在全世界买 41 号的皮鞋，都能买到，都能穿；但过去我的鞋，是我的妈妈、我的奶奶纳的鞋底，它是独一无二的，她在给我做鞋的时候的感情，我永远也找不到。我们现在每人穿的衣服都是成衣，但过去你穿的衣服是你妈妈、是你奶奶给你做的，“临行密密缝，唯恐迟迟归”，一针一线都饱含着感情。今天是工业化社会了，这一切都成为过去，都成了落后的象征。那么今天可以这样说，随着工业化、现代化、全球化，生活在地球每一个角落的人，他们的共性远远超过了他们的个性。我们现在全都吃麦当劳、肯德基，全世界都是一样的配料；在同一个时间，年轻人在电视里看 NBA 的球赛，或者是欧洲杯的足球赛；在同一个时间看一部好莱坞的大片；我们的孩子更是一样，从小学英语，从双语幼儿园开始，他的一生当中，每一个关键时刻能够考他的、卡住他的都是英语，一直到你 50 岁评职称的时候，还要看英语——不管你是学中医的还是学画画的。全世界没有一个国家会把一门外语放到自己母语的地位之上，这样的结果，除了使我们更快地融入国际社会，给我们带来很多方便之外，也出现很多问题。我们现代化了，我们和国际接轨，甚至说，过去先贤都讲的“世界大同”，认为世界大同是人类的一个终极理想。现在没有达到“大同”，就在利比亚，今天还在轰炸，今天还在战争，远远没有达到“大同”。但是另外一些地方，在另外一些领域，世界大同的景象已经让我们看到了，就像我刚才说的，现在一个扬州的孩子和一个纽约的孩子，都上互联网，都说英语，他们的梦都是一样的，过生日的时候，想买一双阿迪达斯的新球鞋。女孩子们的梦也是一样的，都想买一个 LV 的包。那么，我们可能会想，当我们现代化完全成功的那一天，我们孩子们的英语可能比汉语还好。但是，他可能知道他最喜欢的一个美国歌星的星座、爱好，用什么牌子的香水，但是不知道孔子是谁。我曾经在一个大学里，讲演的时候，毫不客气地说，你们不要不服气，现在我就让你们每一个人想一个问题：你们谁知道自己的奶奶叫什么名字吗？都知道吗？很多人说不出来。你会唱你家乡的民歌吗？他可能听都没听过。

现在中国面临这样的一个问题，就是在我们迅速现代化的同时，我们的传统文化丢失了。传统文化里许多的宝贝，许多祖先传给我们的宝贝，在我们奔跑的过程当中，现代化的过程当中，从我们衣袋里跑丢了。就像我经常讲的，很可能我们跑到终点的时候，我们已经赤条条了。难道这就是我们现代化的结果或者目的吗？我们的民族性没有了，我们这个民族的优秀传统没有了，我们变得和外国人一样，这就是目的吗？在这种情况下，很多人开始忧虑，我们眼看着许多的城市争先恐后地把有特色的建筑推掉了，建成了一模一样的建筑。我看扬州还真是不错，起码保留着一个不同的风格，没有建那么多的高楼。在中国的大部分城市，变得一模一样了。我今天到一个城市，睡一觉起来，看着窗外，不知道身在何处，因为所有的城市都是一样的，所有饭店的设备都差不多。那么，在把这些古老的建筑推倒的同时，我们和传统文化的联系，精神上的联系、文化上的联系，已基本中断。大量的农民工进城，这当然是最普通民众的一个自发的、自觉的愿望，也对我们的城市建设、经济发展，做出很多贡献。但是大家想过没有，现在农村的空巢化，所带来的不仅仅是社会问题，大批的年轻人离开了家乡，也离开了哺育他的文化。

今年中央电视台春节晚会有一个组合，大家都印象很深，叫“旭日阳刚”。两个农民工唱歌，我之前也看过拍的视频，很多人在网上说，太感动了。我也觉得感动，很不错，他们俩有真诚。但是两个农民工在台上唱的是什么？再不是越剧、粤剧、秦腔、京剧，或者山歌，不是，他们已经不会唱这些了。他们是拿着吉他唱流行歌，学摇滚。那么，这种文化上的单一化，带给我们一个什么样的可怕的未来呢？那就是文化的多样性消失了，就像生物的多样性已经消失了一样。我记得我小的时候，一到夏天，满街飞的都是蜻蜓，我起码记得十几种不同的蜻蜓的名字。当然我小时候也像所有的男孩子一样，犯了一个错误，也是造孽杀生，去粘蜻蜓、捉蜻蜓。但是满街是蜻蜓的夏天，满耳听到蝉鸣的夏天，已经多年不见了。蜻蜓哪儿去了？知了哪儿去了？被农药杀死了。大家就知道熊猫是国宝，要保护，大家所不知道的物种消失的不知道有多少。而大量的精神遗产、文化遗产，也在迅速地消失。

20 世纪 80 年代统计我们中国的地方戏，像越剧、河北梆子、河南梆子这样的地方戏有将近 400 种。30 年后还有多少呢？其中的一半消失了。什么叫消失呢？就是这个剧种再也没人能唱、能演了。我们对这几百个剧种的存在可能无所谓，老戏根本不爱唱，年轻人根本不爱听。但是我曾经和一个欧洲的艺术家朋友谈起人类的文化发展的时候，这个欧洲朋友跟我讲，他对中国的文化遗产非常喜欢，也研究，他说中国真是得天独厚，一个国家有 56 个民族，有这么多独具文化的艺术。他说过去欧洲也这样，中世纪时有很多小的国家、小的公国，但是欧洲逐渐在统一，这个统一的进程，长时间以来被认为是人类必然的发展道路，认为是先进的让我们羡慕的发展道路。比如欧洲国家间的边境取消了，开着车可以从法国到德国、比利时，没有国境了，当时觉得进步了，太好了。可是仔细一想，现在整个欧洲，整个西方，有多少种戏种呢？这么多国家，一个话剧，只有语言的不同，英语的、德语的；一个芭蕾舞，只有流派的不同；一个交响乐，当然有这么多的作曲家，这么多丰富的作品，有德国的、有法国的、有俄罗斯的，有浪漫主义的、民族乐派的，从贝多芬到勃拉姆斯，到柴可夫斯基，但是他们只有一个乐队形式，就是双管乐队，或者单管乐队。一个双管乐队就两个以上的单簧管，两个双簧管，四个圆号，两个长号，第一小提琴十二把等等，全都统一。

你到英国去，你说有英国的乐队吗？有，军队吹的风笛。有法国的乐队吗？有捷克的乐队吗？没有。他们在进行货币的统一，经济的统一，包括政治统一，但在这个过程当中，他们的文化多样性受到了非常大的破坏。当然一般的欧洲人不知道这个，但是研究历史的学者，他们非常羡慕中国目前文化的多样性，包括我们在改革开放之前的自然的资源。你到欧洲一些工业化早的国家会发现，他们没有几百年树龄的大树，你见不到。欧洲现在非常注意，只种树，不伐树，他们买我们的。现在我们也学会了，我们也不伐树了，我们去买东南亚的树。我当时问过欧洲朋友，欧洲为什么没有几百年树龄的树呢？他说工业革命的时候，最早的火车不是烧煤的，是烧木头的，大树都锯了，破坏了生物多样性。他们的碳排放早排放了不知道多少了，现在来要求我们。但是他们要求我们也是有道理的，是他们犯了这么多错误以后，他们开始反思。我们中国也是，在改革开放的初期，在工业化的初期，在城市化的初期，人们不会想到非物质文化保护，即使到今天也是这样。一个地方的政府领导，他想的就是 GDP。在经济上，我们取得了成功，当然也存在着问题，我现在不去讲。那么在文化上，当我们向着一个目标奔跑的时候，就出现一个什么问题呢？还举我刚才说的这个例子，我们的地方戏剧已经消失了将近一半了，剩下的还有不到 200 种地方戏怎么办呢？每个剧团的团长都有很大的压力，他养着一大帮的人，他面临的压力来自各个方面。一方面来自上面，政府现在要求很多剧团转企改制，国家不养这么多剧团了，剧团应该到社会上去。所以另一个更大的压力是做市场，但市场在哪儿呢？在座的年轻人，你是喜欢听摇滚呢，还是喜欢听扬州评话呢？

许多传统文化的确面临着这么一个处境，年轻人不喜欢，老年人越来越少，很多剧团的团长就想，只有改革。怎么改革呢？全中国二百个剧种的剧团团长想的是一个办法，就是请一个知名的作家写剧本，贴近现实，然后请一个音乐学院毕业的音乐家来配器、作曲，请一个话剧或电影的导演来导，然后请话剧的那种舞美或者电视台的舞美来做声光电包装，最后一演出，老观众一听不是戏，新观众还是不爱看。前些时候，我在东南大学讲演，一个学生问我，他说昆曲古琴我们现在年轻人已经不喜欢了，应该怎么办？按照一般的思路，我就会说，年轻人不喜欢，我们尽量让年轻人喜欢啊，我们要努力让年轻人喜欢看。我不是这么说的，我回答他两句话。第一句话是："你也会老的。"第二句话是："昆曲已经等了你六百年了，不在乎再等你三十年。"今年元宵节晚会，中央领导请吃元宵，我跟两位负责文化的中央领导同志坐一个桌上，我就讲了这个事。我说不能都"一刀切"，包括昆曲，昆曲和其他戏剧、地方戏最大的不同就是它是文演，你非让它表现现代生活，它自己的面目被完全改变了，它就不是它了。这么多艺术形式，能不能就留给老年人、留给有文化的人听呢？我们为什么非要把所有的艺术都变成一个样呢？

前些年，我在中央电视台第九届青年歌手电视大奖赛上第一次当评委，也第一次被迫在同一个时间段里听这么多歌手唱歌，那时我才惊讶地发现，怎么唱得都一样啊？所以当时我在电视直播的时候，提出了我的疑问。我说20世纪五六十年代的时候，没有电视，我们是听广播，你只能听见声音，但是只要一张口，你就知道，这是郭兰英，这是才旦卓玛，这是王昆，绝对不会错。现在这么多歌手唱歌，我不看他的样子，不知道谁在唱，他们唱得都一样，一样的音色，一样的方法，又都是那几首歌。这恐怕不是艺术发展的方向，因为艺术和科学最大的一个不同就是，科学是标准化，它要批量生产，但是艺术恰恰相反，它一定要个性化，一定要与众不同。

现在所有的歌手唱的都跟宋祖英一样，穿衣服也学。原来我说不看不知道是谁唱，现在我看也看不出来了，因为她们化妆也一样。眼睛小点儿弄大了，鼻子矮了垫起来，都粘这么长的眼睫毛。还有让我奇怪的是，所有唱民族声乐的歌手，都穿 18 世纪的长裙。你看电视大奖赛，只是颜色不同略有区别，但全穿那种衣服——18 世纪欧洲的服装在中国拼命地流行。

当然这种爱好或者是审美的取向是和我们社会的发展相一致的，就是从农业文明向工业文明过渡，就是现代化。农业文明的一切在这个过程当中都被我们认为是落后的，是应该扔掉的，而西方的一切都意味着先进，都是好的。所以产生一个很奇怪的名词叫“科学唱法”，唱歌也要科学，但是唱歌和科学有什么关系呢？那我就真的不明白了，艺术是艺术，科学是科学，本来是非常简单的事情，被我们弄糊涂了。结果一种唱法走遍天下，全中国所有的民族歌手，女歌手一唱歌都是宋祖英。每年音乐学院毕业出来多少歌手呢？不叫歌手，叫毕业生吧，大家都不知道。顺便告诉大家中国有多少所音乐学院，我是调查之后才知道的，过去我读书的时候中国有 9 个音乐学院，一个大区一个，当然北京有 2 个。但是现在中国有 700 多所音乐学院，我们需要这么多音乐家吗？毕业之后去干吗？而且 700 多所音乐学院都用同样的办法去教学生，所以学生出来都是一个样子。所以我在第九届青年歌手电视大奖赛上批评了这种现象，后来惹出很多麻烦，很多人讨厌我，认为我说的这话影响他们招学生。其实不影响，他们的学费只是涨，没有因为我批评而跌。

但是我做了一个事情，就是前几年，我希望主流媒体知道我们除了借鉴的西方唱法、学来的主流唱法外，我们还有许许多多非主流的、民间的、被边缘化的、被遗忘的歌唱方法和歌声。所以就出现了索朗旺姆、李怀秀和羊倌歌手。此后也是在我的呼吁和努力下，中央电视台后来专门在 CCTV 青年歌手电视大奖赛增加了一个组，叫“原生态组”，很多人说这个名字不科学，我也知道不科学，但是其他的科学吗？美声唱法科学吗？别人不美吗？民族唱法科学吗？中国有 56 个民族呢。流行唱法科学吗？《我的太阳》是美声唱法，但比任何一首歌曲还流行，全世界唱了几十年还在唱。哪个都不科学，那么再往前推。浪漫派、印象派科学吗？当年说出“印象派”的这个记者，被所有被称为印象派的画家骂。你说你不是都没用，过了几十年、上百年后，人们说起印象派，就会想到雷诺阿、德彪西。艺术流派都是约定俗成的，就像一听民族唱法，就会想到宋祖英，这就是艺术流派的约定俗成的基本现实。

那么我看中的是什么呢？我看中的是在中央电视台这样一个主流的媒体上，终于可以有没进过音乐学院的、偏远地区的、少数民族的，牧民的、农民的孩子，他们可以出现在主流媒体上，还能得金奖。我觉得，这个工作，比我挖空心思尽量创造一个科学名词要重要得多。为什么？因为这些农民、牧民的孩子所唱的歌，是我们的祖先曾经唱过的歌，而这一切，在现代化的进程当中，已经被我们遗忘得太多。中央电视台开辟了这么一个“不科学”的“原生态唱法”的组，能够让广大的观众看到原来中国有这么好的东西。过去都说中国没有合唱，合唱是西方发明的，是教堂里发明的。欧洲最专业的无伴奏合唱团在表演之前，都要敲一下或者吹一下音叉，找到一个固定的音高，这个声部出来自己的声音才能唱。但是我国的侗族大歌，侗族的孩子们从娘胎里出来就记得这个音高，他一张口就是自己的声音，像这样的极具特色的东西，流传了千百年的民族文化，假如消失了，将是多么大的损失。

前几年一个法国女士在中国的贵州、云南大面积地撒网，甚至一个寨子一个寨子走，干吗呢？她用极小的代价收买我们苗族的、彝族的服饰、刺绣。回到法国，她挑选其中的精品办了一个展览，请中国的驻法大使去看。我们的驻法大使，包括法国人看了展览都很惊讶，太美了！这个时候，这位女士说，中国要研究苗族的服饰就到我们展览馆看，不要客气。那么，我们的这些民族服饰，这么美丽的东西，在当地是什么样的处境呢？可以这么讲，一个十五六岁的苗族女孩子，她非常乐于用一件非常精美的刺绣服饰，去换一条牛仔裤，或者一件印着英文字母的 T 袖衫。在她看来乡土服饰是落后的、古老的、不好看的，这不是个别的现象，这是普遍的现象，就像我们大多数地方、大多数人在这 30 年里，毫不留情地、没有一点怜悯心地、一点不吝啬地把一个古老的建筑推倒，盖一个新的楼。中国过去自豪地说，我们地大物博、人口众多。人口众多是没错，地大物博有问题，这个历史悠久、古老文化也有问题，我们一方面对此自豪，另一方面我个人认为中国人是世界上最不珍惜传统的民族。过去有一阵报纸上讲的一个事情大家都很惊讶，就是北京郊区、长城边上的农民用长城上的砖垒猪圈。后来我稍微了解一下才知道，从长城上取土、用砖，是长城整个沿线，是只要还有城墙的地方普遍存在的一个现象。现在这几年我们开始保护了，好了。但是在保护之前，就是这样，要盖房子取土就是在城墙上取土。我们扬州的城墙还有吗？当然，要仔细想起来，中国传统文化受到的冲击，在“文化大革命”之前很久就存在。

大家都知道梁思成，梁思成在 20 世纪 50 年代初向北京市政府建议保留北京城，然后在北京城的西面，就是石景山钢铁厂的地方，建一个新的北京城区，既保留了北京老城，又建立了新城。但是非常遗憾，梁思成的建议没有被采纳。后来建立了石景山钢铁厂，几十年来是对环境的破坏。而北京的四合院不但没有了，所有的北京地名都只剩下一个空名字了。德胜门还有，东直门没有了，朝阳门没有了，宣武门没有了，全被我们拆掉了。据说当年毛泽东主席站在天安门的城楼上，望着天安门广场说，再过几年，这里全是烟囱。当时要工业化，我们把烟囱林立作为工业化的象征。经过这么多的破坏之后，我们才开始觉悟，才开始保护非物质文化遗产。

那么我讲到这儿，就可以给非物质文化遗产下一个定义了。什么是非物质文化遗产？非物质文化遗产简单说就是使我们作为一个中国人，不同于外国人的，除了生物的基因之外的精神的基因。什么叫生物基因？就是黑头发、黄皮肤、黑眼睛；除了生物基因之外的，都是非物质文化遗产。我们现在把中国的非物质文化遗产分为十大类，包括口头文学、口头传说、民间文学、传统音乐、传统舞蹈、传统戏剧、传统美术、手工技艺、传统医药、民俗，包括我们祖先流传下来的一系列关于宇宙自然的认识。所有这些东西共同构成了我们的精神家园和我们精神的DNA。所以作为一个中国人，除了你会说中国话，你还有许许多多中国人自古就有的、世世代代流传的，而且全体中国人都共享的，这些道德标准、精神追求、审美观念。所谓共享就是一致性，我们的相同点，远远大于不同点。你到全世界的任何一个唐人街，进去首先闻到的味，就跟其他地方的不一样，这是他们特别的地方；然后你看他们的装修，大红灯笼、雕梁画栋，到任何一个地方、到任何一个国家，他要开一个饭馆，一定是按照他心里面的想法来做。

但是我们现在所面临的几个问题就是，在整个现代化过程当中，我们丢的东西已经太多了，这里面有的东西是无可奈何的，生活方式改变了，生产方式改变了，没有生长的土壤。所谓“皮之不存，毛将焉附”，有一部分遗产是注定会消失，你没有办法的。我举个例子，我是研究音乐的，民间歌曲里面有一类是劳动歌曲，这些劳动歌曲现在就没有了，比如插秧歌，集体插秧没有了，现在是插秧机；大兴安岭林区以前有很多号子，伐木号子，抬木头有抬木头的号子，上坡走有上坡的号子，下坡有下坡的号子，然后往下卸的时候，用号子来统一节奏，完成共同的劳动，现在都机械化了；渔歌也没有了，原本在船上撒着网唱，现在是大的轮船；牧歌也没有了，现在很多牧民都开摩托车，怎么唱？这样的一些文化遗产，注定要消失。那么消失又可惜怎么办呢？所以现在提出的保护措施中有一个叫保存，对于这一部分遗产通过录音录像的方式赶快抢救。但还有更多的，我们能够传承下去的东西，就要传承，就要保护。所以刚才我讲，全国人大通过的《中华人民共和国非物质文化遗产法》，这可不是小事，中国现在是法律大国，但这么多法律里有关文化的法律只有两部，一部叫《中华人民共和国文物保护法》，一部就是《中华人民共和国非物质文化遗产法》，那么这几年，我们保护非物质文化遗产的这种观念，从学者的呼吁最终变成了政府的行为。

全世界没有一个政府，有中国的政府如此高效。前几天日本大地震，我儿子给我一个光盘叫我看，叫《2012》，是一个美国电影，讲人类末日，片中的海啸跟日本海啸一模一样。其中有一个情节，就是知道地球要毁灭、人类要毁灭了，美国总统和几个先进国家的总统开会，怎么办呢？他们就采取高度保密的一个国际行动，对人类保存一部分，可以繁衍后代的这样一部分人就算精英吧，就像诺亚方舟一样。有一个情节很有趣，最后要到哪儿去找这个诺亚方舟呢？到中国，而且电影里的一个主要角色有一句台词，我看了这个台词就想笑："当初决定让中国造这个轮船太正确了，除了中国，谁也不可能在这么短时间里做出这件事来。"然后荧幕上就出现硕大的飞船，每个船上装数万人。另一方面，影片中又拼命地表现了不人性、非人道的场面。这说明全世界都认识到了，除了中国没有一个政府有那么高的效率。

我们保护非物质文化遗产，也是由中国政府做的，做的结果：从 2001 年，我国开始申报联合国的人类口头与非物质遗产代表作，昆曲是第一批。我记得昆曲入选的时候，我国的大报纸只在一版的右下角登了一个豆腐块大小的文章。同时入选的有日本的能乐，和中国放在右下角一个豆腐块的文章不同，日本所有的平面媒体都是头版头条，热烈欢呼日本的"无形文化财"成为人类遗产。当时刊登这个消息的规模，就反映了中国人和日本人在对待这个问题上的差距。我们知道最早提出保护非物质文化遗产的是日本人。日本人创造了一个词，叫“无形文化财”，后来在联合国被翻译成法文、英文，中国人再从英文翻译为中文，叫作“非物质文化遗产”，“非物质”对应“无形”，“遗产”对应“财”。而且日本在1950年就通过了《文化财保护法》，是全世界第一个立法保护文化遗产的国家。经过这半个世纪的保护，现在你到日本，就会看到一个非常突出的、明显能够给任何人留下深刻印象的一个情景，就是日本一方面是日新月异的高度现代化，而另一方面，就是他们对传统的一种接近宗教情怀的崇拜。在日本，不但所有的传统文化被法律保护，而且经过半个多世纪的教育，日本人已经养成了习惯，比如歌舞伎，日本的年轻人也不会唱、也不喜欢，但是他知道他要去看歌舞伎，他要穿上和服，这是了不起的东西，他起码有一个敬畏之心。而且没有一个日本人会糊涂到提出：歌舞伎这个唱法太奇怪了，我们学点美声怎么样？我们改造改造；大相扑，光着一身肉多不文明啊，我们给他设计一个摔跤服怎么样？没有一个日本人会提这种愚蠢的建议。

于是很多人以为日本人在这方面从来如此，其实不是。日本人在此之前，就像我说我们中国现在的所有地方戏都要把它改造成歌剧一样，日本在明治维新之后，犯过和我们现在犯的同样的错误，而且规模比我们还大。他们是举国上下一个共识，他们明治维新之后提的口号叫作“脱亚入欧”。在中国，虽然现在崇洋媚外的情况大量存在，但是“崇洋媚外”这个词在中国的语境里始终不是一个褒义词。但是日本不然，日本在“脱亚入欧”的口号提出来以后，就全盘西化，他们的歌舞伎真的曾经想用西方的歌剧的方式来改变。不但用西方立体的舞台布景，而且还学习美声唱法来唱。他们的大相扑在明治维新之后也被法律禁止，理由就是大相扑是野蛮的裸体游戏，不文明。那么日本人怎么会改变这个想法？怎么会从全盘西化、“脱亚入欧”转变为在全世界第一个公布文化遗产保护法的国家？他们怎么形成一种传统与创新并存的文化布局呢？原因是二战之后，二战之前，日本从想吞并整个亚洲，最后沦落为战败国，遭受了两颗原子弹打击。他们是在战败之后认真思考，认真总结历史经验，最后达到全民族的文化自觉。他们认识到，日本可以被外国军队占领，可以没有独立的政治、没有独立的经济、没有军队，但日本还有歌舞伎，有能，有三味线、和服、榻榻米，有寿司、生鱼片，只要这些东西还在，日本民族就在，不管受谁统治。但假如这些东西都丢了，日本就真的没有了。所以日本就这样从“脱亚入欧”，变成了一个在这个世界上最先醒悟要保护自己的传统文化，并且把自己的传统文化放到一个神圣地位的国家。

第二个是韩国，1966 年，当我们在搞“文化大革命”时，韩国公布了他们的保护文化遗产的法令，为什么？很简单。几千年的一个统一的民族分成了两个国家，韩国也是全部西化，美国军队保护着他们，他们也开始认识到这个民族的文化、这个民族的传统对这个民族未来的重要。你有了这种文化、有了这个传统，你才有这个民族的未来，也就是说你才是你，你不会把自己的面孔都模糊了，都丢失了。

中国是在最近的十年，开始认识到这个问题。我们起步晚，但是速度快，成效大。中国从 2001 年申报联合国非物质文化遗产之后，到今天，中国成为世界上成功申报人类非物质文化遗产代表作项目最多的国家。2001 年是昆曲，2003 年是古琴艺术，2005 年有两个，一个蒙古族长调，一个新疆的木卡姆。现在，我国已经有 23 个项目入选，在全世界是第一。同时，我们进行了一个大规模的普查，经过三年的普查，摸清楚了我们的家底，中国现在可以称作非物质文化遗产的项目有 78 万项。如果等着联合国两年批一次，一次批一个，我们等万年也批不完，所以后来中国就建立了自己的县、市、省、国家四级保护体系。截止到今年，我们国家已经公布了两批国家级的非物质文化遗产，共 1028 项国家级非物质文化遗产。同时我们公布了三批国家级的非物质文化遗产传承人，有1448名。国家级传承人，我们是学习日本的经验，在日本叫“人间国宝”，日本政府对每个“人间国宝”都要赞助传承的资金。我们经过了大量的努力，这几年我国给非遗传承人的保护经费大约有3个多亿人民币，2009年，国家财政给每一个国家级传承人资助8000块钱，地方政府还要给予相应的支持。2010年，给国家级传承人的资助是每个人每年1万块钱。1万块钱，对于一个扬州的玉雕艺术家来讲，可能不算一回事；但是对于一个在甘肃农村地区演皮影的老艺人来讲，就够他一年的衣食了。所以国家这几年的确是投入了大量的国家财政来做这件事情。

那么我们建立了这样的体系，公布了传承人名单，进行了大规模的普查，同时我们是联合国人类非物质文化遗产最多的国家，这是我们的成就。但是存在着什么问题呢？一个普遍存在的问题，就是各地方政府，重申报、轻保护。申报的时候，地方政府甚至掏钱做这个工作，拍片子、做调查，非常积极；一旦成功，没有去落实保护工作，这是一个普遍存在的现象。还有一个就是我今天要讲的主题，我们在开始做这个工作的时候，困难非常大，这个困难主要来自认识上不统一。比如说我们保护非物质文化遗产，立刻就有人说，传统文化有精华有糟粕，糟粕也要保护吗？我的学生给我开了个网页，当时就有人在网页上贴了个批评、讽刺我的帖子，说：田老师，你说保护传统文化太好了，我们响应你的号召，我们最近成立了一个组织，叫金莲会，专门保护中国的缠足，请你给我们做顾问。中国现在还有小脚吗？你保护谁啊？他是讽刺我。意思是中国的文化里有糟粕，比如裹小脚。

后来我专门写了文章回答，我说，把传统文化分成精华和糟粕这是二元论，中国很长时间以来深受二元论之苦，不是革命就是反革命，不是左派就是右派。首先，传统文化丰富多彩，它不是非黑即白。第二，谁来评判什么是精华，什么是糟粕？不同的民族、不同的历史时期，对精华和糟粕，对好与坏的感受完全不同。你现在说缠小脚是糟粕，当年给这个女孩缠足的是谁？不是欠他们钱的仇人，是她亲妈啊。这个女孩为什么连哭带叫最后也得接受啊？因为不缠脚嫁不了人啊，她也知道小的是美。所以，缠小脚这个例子很极端。谁也没有认为缠脚要保护，我也不认为它是精华，我也认为它是糟粕。但是，衡量整个人类的文明史，凡是以残害或者改变自己身体部位的形状，以追求美的行为，都是不文明的、野蛮的，都是糟粕吗？在座的哪个女孩子没有耳洞？戴多大的耳环你能接受？这么大环能挂吗？你认为不能挂，非洲有挂这么大的。耳朵能挂环，肚脐上呢？你觉得不合适，可是现在时髦啊。欧洲人在十七八世纪流行细腰，当时很多人做手术把下面两个肋骨摘掉。此外，包括在脸上刺字，在中国这是罪犯的“五刑”之一；可是在黎族呢？在脸上刺那些花儿是美呀。所以，即使是这么一个给人身肉体造成这么大伤害的行为，都不能简单地下结论，它是“度”的问题。所以精华与糟粕是一时一地、一部分人群的认识，所以用二分法，用一时一地的观念来决定这个文化是精华还是糟粕，有很大的危险性。

比如春节放炮，是陋习还是传统？我个人是春节放炮的坚决拥护者，我为此专门写过文章。北京市政府禁止燃放鞭炮有 14 年，当时是经过北京人大常委会通过的，理由就是每年放鞭炮，污染空气、给劳动工人增加工作量，最重要的，是会崩坏孩子们的眼睛。放鞭炮一定会崩坏孩子们的眼睛吗？二者之间有必然的因果关系吗？我当时就想起曹操当年禁酒，理由是酒误事误国。当时孔融反对，给曹操写了一封信，说举双手同意，您太圣明了，这酒误事，不但酒要禁，女人也误国啊，要求曹操禁酒的同时禁女人。曹操当时就明白，误国的不是酒和女人，所以最终没禁酒。放鞭炮也是这样。

中华人民共和国成立以后，不断地改革传统民俗，我们这个年纪的人都知道，叫作过“革命化春节”。什么叫“革命化春节”啊？年三十吃年夜饭之前要祭祖，要给祖宗磕个头——这是封建迷信；吃年夜饭，一家团聚，爷爷还在，奶奶不在了，按中国的规矩，过年奶奶不在，也得摆副碗筷呀——这是封建迷信；大年初一拜年——封建迷信，不用拜年。他们不知道，在这些点点滴滴的民俗里面，寄托了我们传承千百年的道德，对家庭、对亲人的一种血浓于水的感情。没有祖先能有你吗？你一年 365 天想不起祖先来，就年三十这一天晚上想想你还有祖先，你不是石头缝里蹦出来的，这过分吗？但是这一切都被我们改革掉了。台湾的民俗保留的传统文化的成分比我们多得多、好得多，包括尊老爱幼。今天假如我到扬州大学去，走在一条小路上，学生不认识我——当然扬州大学有可能也不是这样啊，他不一定会让我先过去；但是在台湾地区，甚至在日本和韩国的大学里，走一条小路，学生见到你像个教授的样子，他会很自然地站在一边让你先过去。我在韩国一个大学，也遇到一件让我感动的事，一个工人正在浇花，看到我走过来，远远地非常尊敬地等你走过去他才继续浇花。我有一个学生曾经跟我说，老师，我是最讲礼貌的人，我见到老年人、长者、尊者，都特别想行礼，表达我的尊敬；但我们这个教育啊，让我不会行礼啊，我不知道如何表达我的尊敬。他说，仔细一想，小学就出问题了。小学学的什么礼节呢？就是少先队礼。这也是欧洲传来的，戴着红领巾，见着老师行礼，升国旗行礼。小学毕业升到初中了，红领巾一摘，见到老师我不知道怎么行礼了。现在中国没有礼啊，无礼之极啊。鞠躬没有了，一鞠躬被说是日本人，鞠躬是中国的礼节啊。中国叫礼乐之邦，却连最起码的礼节都没有。所以我们如果再不痛定思痛，那最后真的会发现虽然我们在物质上富裕了，但是我们在精神上、在文化上会有很大的退步。

那么转过来说，我的题目是“非物质文化遗产视野下的佛教文化”，我们现在光讲了视野，现在来讲佛教文化。当初评选非物质文化遗产，国家定项目的时候，我是始终参与而且前几年一直在做具体工作，我当时是中国非物质文化遗产保护中心的副主任，做具体的工作。在刚开始的时候，认识不一样，所以在审批这些项目的时候，阻力重重。我们是要由省一级的单位报上来，然后再报到国家级的专家委员会，按门类分组，各组专家讨论。那么刚才我说的这十大类，有音乐、舞蹈、戏剧、手工、医药等，大家注意到没有，没有宗教这一类，为什么？因为我们的意识形态，我们的官方主流媒体，是唯物论。宗教的很多东西被认为是封建迷信，怎么办呢？我们就采取了一种"瞒天过海"的办法，第一，把某些宗教文化的主要部分从宗教的背景里先抽离出来，放到某一个技术门类里去保护，比如智化寺音乐、五台山佛乐、武当山道乐；唐卡，放到美术里。还有一个办法，是给有些项目改了名字，改动了一两个字，比如祭祀改成祭典，还有像在中央电视台青年歌手大奖赛中得了银奖的、湖南土家族的一个表演形式，撒叶儿嗬，这也是国家级非物质文化遗产保护项目。"撒叶儿嗬"是它演唱当中的一个和词，就像"东方红太阳升，忽而嘿哟"中的"忽而嘿哟"，是民歌里普遍存在的衬字，衬字都是虚字，没有任何意义。撒叶儿嗬其实是什么东西呢？叫跳丧歌。但如果写跳丧歌，那肯定通不过，因为那是封建迷信啊，但"撒叶儿嗬"就批准了，然后上了中央电视台。后来我当评委做点评时，我恢复了它的本来面貌，我当时很激动，因为当时经历了一切，现在看到能在中央电视台直播，心里十分激动。撒叶儿荷是土家族丧礼上表演的音乐舞蹈，人死了，就要跳、唱撒叶儿嗬，三天三夜。一个民族，这么达观地对待生死，村上的人死了，他们用唱歌跳舞、用如此美好的音乐，来为死者送行，来为生者祈福。当一个人用歌声面对死亡的时候，当一个民族用歌声来面对死亡的时候，还有什么力量能够让这样的民族停下前进的脚步？应该热情地看待这个东西，怎么能说是封建迷信呢?

佛教文化进入国家级非物质文化遗产保护名录的有四五十项，这里面有些是口头传统，像济公传说、观音传说，包括宝卷，宝卷讲的是佛本生故事，讲佛的故事的说唱；还有像津门法鼓、智化寺京音乐、五台山佛乐、千山寺庙音乐、常州天宁寺的梵呗唱诵、鱼山梵呗、大相国寺的梵乐、藏传佛教的直孔噶举派音乐、拉卜楞寺的佛教音乐、青海藏族唱经调等。还包括日喀则扎什伦布寺羌姆，包括少林功夫，包括唐卡，包括南京金陵刻经处的印刷技艺、塔尔寺的酥油花、热贡艺术、德格印经处的雕版印刷技艺。像这样的都保护起来了，但是是放在各个门类里，比如刻经，南京金陵刻经处包括在手工技艺里；比如羌姆，包括在舞蹈里。我们当时就想用这样的办法，先把它保护起来，先把它列入名录，不要让它在我们这个时代丢失，这是当务之急。所以我们在保护非物质文化遗产初期、认识不统一的情况下，我们用这样的一种办法，把很多东西纳入到非物质文化遗产体系里面，用国家行为来保护。那么这样的办法，第一不是长久之计，第二名不正言不顺。我想最终应该在现在的十大类里，增加一个宗教。佛教文化应该被名正言顺地、明明白白地放在不但被我们保护，而且应该被我们珍视、被我们尊敬的这样一个地位上，而不是这样偷偷摸摸地保护。

很多人不了解佛教文化对中国文化的影响。赵朴初先生生前经常爱举一个例子，他说我们中国人在日常生活当中，在日常用语当中，就有很多来自佛教的语言。这个大家可能都知道，比如最简单的，“构建和谐世界”的这个“世界”，就是从佛教来的，佛教传入中国之前，汉语里没有“世界”这个词，我们叫“天下”，“世界”的概念就是佛教的概念。哲学里还有很多佛教用词，比如“主观”“客观”“真实”等等。包括我们现在和学生说上课做作业，这个“做作业”，都是佛家的词；你说不叫做作业，叫做功课，“功课”也是佛教的词；你不做作业，也不做功课，导师就会找你麻烦，这“导师”也是佛教的词。所以其实在我们的日常用语里，就有大量的佛教文化存在。

佛教文化简单来讲就是两大类，一类是有形的，一类是无形的。有形的大家都知道，像中国留下来的唐代建筑，五台山佛光寺、蓟县独乐寺，就是有形的；还有雕塑、壁画，从敦煌、龙门、云冈，到麦积山，中国的几大洞窟都是佛家的。如果没有佛教，可以说中国人几乎没有雕塑史，当然绘画也是深受佛教的影响，“曹衣出水，吴带当风”，历史上的大画家很多是佛家的画家。就是因为要在庙里画壁画、做雕塑，才极大地丰富了中国的造像艺术、石窟艺术，如果没有佛教，像这样的艺术形式在中国不可能发展。无形的，比如佛教音乐。我是研究佛教音乐的，这是我的专业。这几年认识我的人，不知道我研究佛教音乐，只知道我在“青歌赛”当评委，以为我是从事声乐的，反对我的人说，他自己都不会唱，他怎么能批评我们呢？我说，错了，我要是会唱了，我就不批评你了，就因为我是从事理论研究的，所以才会批评。佛教音乐、很多佛教的梵呗，也都是非常古老的。我曾经写过论文论述我们现存的一些被普遍使用的梵呗，非常可能是从唐宋以来一直留传到今天的。日本的很多中国传过去的佛教宗派，一直到现在，还把他们所有唱练的梵呗叫“鱼山”。大家知道山东的东阿有个鱼山，在佛教史上有七步成诗的才子曹植在鱼山创造中国梵呗的传说。这个传说传到了日本，日本的《大正藏》里还有《鱼山声明集》，他们就把他们唱的这些东西简称作“鱼山”。

多年前，我曾经遇到过一个事情，我当时还比较年轻，刚开始研究佛教音乐。有一次一个旅行社的导游给我打电话，说：“田青老师，我找到你很不容易，佛教界某某人介绍说你研究佛教音乐。”我至今记得这个女孩子的那种负责任的态度，至于她长得怎么样、叫什么名字，我都不记得了。她说她陪着日本的一个代表团，去北京，去山东的东阿，到鱼山的时候，他们很失望，因为在东阿县找不到一个人知道曹植的故事，鱼山也没有任何和曹植有关的遗迹在。她回到北京又拜访了中国佛教协会，找了很多人想谈这个事情，结果没有人想和她聊。最后这个导游找到了我，问我能不能和她见个面。当时很晚了，她的汉语水平和我的日语水平差不多，都大约只能点点头、问问好，我们就笔谈，用半文化的话谈，谈了一宿，后来成了好朋友。日本的这个代表团每一年都要到鱼山来参拜，而中国人却认为这些是迷信、是传说，不可信。所以我们提到佛教传统文化时，首先要端正我们的态度。

为什么我们中国人对待传统文化是这样一种态度呢？这要好好地总结从五四以来我们对自己文化的一种态度，今天的时间已经来不及了。简单地说、重点地说，佛教文化是传统文化的重要组成部分，而传统文化是中华民族的根和魂，我们所有的人，中华民族的子孙都应该尊敬、善待传统文化，善待祖先给我们留下的遗产，每一个人都应该为保护我们民族的传统文化遗产做自己的贡献。今天就讲到这儿，谢谢！

主持人：好，感谢田教授。尽管时间过得很快，我们都沉浸在田教授的讲座当中，但是今天的讲座时间已经不短了，还是要留大概二十分钟互动时间，田老师将现场解答观众的提问。好，我们抓紧时间。

听众一：你好，我想请问一下，既然我们都已经认识到我们对待传统文化有很多不足之处，那在小学教育当中，为什么没有看到——至少我自己没有看到对传统文化的传承方面有一些改进？俗话讲得好，民族的希望在孩子，成年人对于接受某些传统文化，可能已经不像新生的孩子那样感兴趣，但为什么国家在孩子这一代上却没有付出多大的努力呢？谢谢。

田　青：你提的问题非常好，文化必须要从小培养。比如我今天早餐吃的是扬州汤包，如果你是从小就吃汤包，假如你到外国去生活 50 年，你可能就朝思暮想那个咬一口吸汤的感觉，你会魂牵梦绕，为什么？因为你儿童时期受到这个文化的熏陶，就像你的母语一样，跟你一生血肉相连，你忘不掉。所以你刚才讲的，非物质文化遗产要让孩子从小认识，其实我们现在做了很多事情，比如去年下半年到今年的一、二月，中国古琴昆曲研究会就开展了一个“古琴名家名曲进百校”的活动。从大学、中学到小学，挑选 100 个学校。在大学，我们组织古琴社团，请古琴名家去演奏；在小学，我们做了一个试验性的活动，请一个琴家到一个班上，用一个课时向他们介绍古琴，告诉他们这是世界遗产，告诉他们这是最古老的乐器之一，孔子就弹这个琴，诸葛亮也弹这个琴，讲几个故事，弹一首曲子，然后让孩子上来弹一弹、听一听。我们叫“播种童心”，就是在儿童的心里面，播种下一颗古琴的种子，不见得这 40 多个学生将来会学古琴，也可能有很多人一生都不可能再接触它，但是这颗种子到了合适的时候，它会发芽。我听很多的人都谈过，尤其是离开故土的人，多年以后突然听到乡音，听到家乡的戏剧，闻到你妈妈小时候给你做菜的那种味儿，那是种不一样的感觉。所以你说得非常对，我们要在小学就开始培养。但是有两个难点，第一，我们的教育部门，他们的认识和我们不太一样。我们的教育部门包括现在很多的部门，起主要作用的人很多是海归，他们把西方的这套东西看得特别重。我们说海归在我们的经济建设当中起很大的作用，但也有负面作用。第二，孩子们的负担太重，什么都要进学校，也不是个办法。我们一直在努力让一些传统文化进校园，但是有师资问题。而且“一刀切”

也不行，因为非物质文化遗产是地域性的，每个地方完全不同。现在有些地方做得好，比如在泉州是南音进校园，在延安是安塞腰鼓进入体育课，在山西是河曲民歌进校园，这是对的，让我们的孩子从小熟悉自己当地的本土文化。但是困难重重，我们大家共同努力。

听众二：田老师，今天的很多问题都是价值观出了问题，请问您认为什么是社会主义的核心价值观、普世价值观？

田　青：这个问题是个高精尖的问题，能够回答你的应该是中央党校的教授。我不是这个专业的，但是作为我这个年龄的人，从小受的马列主义的教育，我倒是觉得，对社会主义这个词，它曾经在20世纪、在几乎一百年的时间里，成为很多国家不同阶层的民众包括知识分子，认为是真理的一个价值观，它一定有普世的东西。当然在实践的过程中所出现的问题是另一个问题。我至今认为，社会主义很多的基本价值观是有普世价值的，是正确的。比如反对阶级压迫，我觉得都是对的；包括马克思幻想的那个世界，那个精神充分自由、物质极大丰富的世界，都是对的。但关于社会主义有不同的理论，有中国特色社会主义，有共产国际的社会主义，有孟什维克的、布尔什维克的、西哈努克的社会主义，也有古巴的社会主义、朝鲜的社会主义，这太复杂了，今天时间不够了，这么复杂的问题，留待我们大家慢慢考虑。

2011年4月16日于扬州鉴真图书馆

一方面消失，一方面同化，传统戏曲危矣！

中国戏曲艺术是中华五千年文明在最近的一千年里孕育、发展而臻于成熟的表演艺术，也是继唐诗、宋词、元曲之后，又一个代表明清时期中国文明的艺术高峰，至 20 世纪 50 年代，中国戏曲剧种达到 368 个。

数量众多的传统戏剧样式，除了古典戏曲艺术的典范——昆曲，近代戏曲艺术的典范——京剧之外，还包括了以高腔、梆子、皮黄、花鼓、花灯、采茶、秧歌、道情等声腔系统衍生而出的地方戏曲诸剧种，包括了以藏戏、傣剧、壮剧、彝剧等为代表的少数民族戏剧，以及各地各民族普遍存在的多种傩戏样式，和附着于木偶、皮影等媒介的各地木偶戏、皮影戏等。这些丰富的戏剧样式，以多元的歌舞说唱、技法表演，生动地演绎着中华民族丰富多彩的地域风情和生活理想。

在现代文明的冲击下，限于人们对传统文化多元性认识的不足，对传统文化的独特性涵育不够，中国戏曲艺术的同化现象也日益鲜明。古老的戏曲声腔向新生的演唱艺术靠拢，地方小剧种向地方大戏靠拢，地方大戏向影响广泛的京剧、越剧靠拢，京剧、越剧向时尚的话剧、歌剧、舞剧、音乐剧靠拢，孕成于数百年传统文化、附带着浓郁地方个性的中国戏曲艺术，逐渐地丧失着自具特征的艺术个性。特别是在当代舞台艺术大制作的影响下，众多的中国戏曲剧种，在剧本文学、戏曲音乐、表演法则、舞美再现等方面，进行了所谓现代化的改头换面，与其传统文化品格渐行渐远。

现在，几乎所有的地方戏的伴奏乐队都以“增加低音声部”为名，加入了大提琴等西洋乐器，许多“创新”的地方戏都不约而同地请“知名”的影视剧作者编剧、导演，请对此剧种并无了解的“知名”作曲家编曲、配器，请电影、话剧出身的舞美师运用大量“声、光、电”包装，更加快了地方剧种同质化的趋势。令人担忧的是，在中国戏曲艺术不断趋从于“创新”的过程中，民族戏剧遗产正在大规模地遭到破坏，在国务院和文化部公布的三批国家级非物质文化遗产名录中，总计 157 项传统戏剧，囊括了 263 个传统戏剧样式。可以说，在 60 多年的时间里，中国戏曲剧种消失的数量已经超过 100 个。华夏民族的戏剧艺术赖以存在的多元的文化个性，正面临着急遽衰落的命运。纵观世界戏剧发展历史，丰富多元的戏剧传统最能代表国家和民族的文化身份和艺术品格，列入人类非物质文化遗产名录的日本能乐、狂言、文乐净琉璃，印度尼西亚的哇扬皮影偶戏、鸠提耶耽梵剧等等，都无不让人想到这些国家和地区的悠久历史和艺术品位。而在西方戏剧的历史上，和欧洲经济的一体化、政治的一体化同步，其文化的一体化现象更为严重，这种因为艺术的“同化”而形成的遗憾，是中国戏曲艺术不应该重蹈的。而我们的近邻日本在明治维新之后，用西方艺术改造民族艺术（比如用西洋美声唱法演唱“歌舞伎”）最终失败的历史教训，更不该在今天的中国重复上演。

（原载《中国艺术报》2012 年 3 月 14 日）

爱民歌爱得“没出息”
——《广播歌选》卷首语

我爱民歌，而且，爱得“没出息”，面对民歌，面对民间歌手，面对生长着民歌的山川河流边远村寨，我常常会“没出息”地流泪。

我关于西部民歌的最早认识，来自音乐出版社 1956 年出版的《河曲民间歌曲》。我从歌词里，体味到了民间的苦难和爱情的饱满。为此我写了《民歌恰是穷乡好》。这是我 20 年前对于民歌、对于民歌生态的理解。都市化打破了原有的农业生态格局，民歌淡出了都市人的视野。经济越发达，人们交流手段越丰富，民歌的生存空间越小。今天，保留了民歌传统的那些地方，都相对偏僻和落后。偏僻是地理环境形成的，落后是相对于都市文明而言的经济上的欠发达。而正是这些地方，民歌的传统却得以很好的保存了下来。

西北，木卡姆的故乡是这样，花儿的故乡是这样，长调的故乡是这样，信天游的故乡是这样，开花调的故乡也是这样。前年四川汶川大地震，我刚好在医院里，那里的每一个人都牵动着我的心，但是我作为国家非物质文化遗产保护岗位上的一员，我最惦记羌族的民间艺人，他们的歌是那样的动人，他们的歌曾经无限深情地歌颂过自己的家园，但是，瞬间，这家园成了废墟，而羌族歌手呢？在那里，每一个羌族同胞都是歌手，他们、他们的家人、他们的家还在吗？他们民歌里所承载的那些历史文化信息，会不会随着大地震而湮灭呢？那年的文化遗产日，我们特别从灾区把羌族同胞请到北京，请他们歌唱，歌唱他们永远不会被摧毁的家园，因为这家园在他们的心里，在他们的歌里……

今年西南三省大旱，而西南是少数民族聚居的地方，是中国原生态民歌保护和留存最完整的地方。西南的土地渴了，西南的人民渴了，西南的民歌渴了吗？能不能把西南的歌手请到北京来，让他们尽情喝口水？于是我们也策划了这样的民歌演唱。与大西北、大西南相比，开花调的故乡离北京不远，但在太行山的深处，依旧是一个相对封闭的文化单元。2002 年我到那里，第一次听到了石占明本色的演唱。2003 年我再次上太行山，第一次听到了左权盲人宣传队的演唱。后者，让我激动不已，我写了《阿炳还活着》，《人民日报》率先以醒目的位置发表了我的这篇文章。更让我高兴的是，这篇文章还被译成了盲文，刊登在盲人刊物上。我在文章里坦白，盲艺人刘红权的演唱让我“热泪滂沱”。从那天开始，我和这些盲艺人成了朋友，我让儿子去左权跟他们一起过年，一起游走太行；听说我生病动手术，他们凑了钱汇款给我，更让我止不住要流泪，他们的钱，是一个村一个村地走来的，是一首歌一首歌地唱来的，拿着他们的钱，我怎么能不感动？

《广播歌选》立志为原生态民歌谱写历史，将原生态民间艺人的故事讲述给更多的人听，我感到很欣慰。我希望十年八年之后，一部《广播歌选》的合订本，就是漫长原生态艺术留下的完整足迹，我们记载了过去，呈现了今天，留给了未来！

2010 年 4 月 14 日

（原载《广播歌选》2010 年第 5 期）

《黄河船夫曲》的遥想

一、《黄河船夫曲》

我每次听到《黄河船夫曲》这首歌，都觉得胸怀激荡、心潮澎湃，我仿佛就看到一个老艄公，敞着胸膛站在高山之上，面对着朗朗青天，面对着广阔大地，面对着历史，面对着众生发出诘问，这首歌词是一字千钧："你晓得天下黄河几十几道湾?"这不是一个算术题，是一道历史题！回答的是："我晓得天下黄河九十九道湾，九十九道湾上九十九只船，九十九只船上九十九根竿，九十九个艄公把船来搬。"这九十九道湾，就象征着中华民族从它诞生之日起，一直到今天走过的所有艰难困苦，闯过的所有激流险滩。这个艄公，应该说就是中华民族的一个象征。光未然和冼星海在《黄河大合唱》里专门写了一首《黄河颂》，我觉得《黄河颂》的歌词，就像是用一个画面，画出了黄河船夫的形象——"我站在高山之巅，望黄河滚滚……"这简直就是对老艄公，对《黄河船夫曲》所画的一幅速写。在《黄河颂》里，把黄河称作"中华民族的摇篮"，我们现在谈到中华民族的文化，就要提到黄河，因为黄河是中华文明的发源地。当然，现在学界也讲中华文明的多元文化，所以还有长江文化、珠江文化等等，但是毕竟在黄土高原上才产生这样一首《黄河船夫曲》，这首歌所展现的黄河，确实是不折不扣的中华文明的主流。就是在这片土地上产生了周朝，孔子一辈子把复兴周礼当成他终生最高的追求；我们现在还能从秦始皇兵马俑里看到的各具神态的将士们，也是从这里出发第一次统一了中国，最重要的，是在统一中国之后，“书同文，车同轨，行同伦”，它奠定了中华文明的基础，这是其他的文明与文化所不可比的；也是在这片土地上，中国人民解放军喊出了“打过长江去，解放全中国”的口号，把陕北的民歌带到了全中国。所以艄公可以说是中华民族的一个伟岸的形象，而黄河，的确是我们的母亲河，是我们的精神家园，是我们中华民族继续发展的一个源泉。

二、长征路上的红色民歌

今年是红军长征胜利 80 周年，在我们缅怀先烈、弘扬长征精神的同时，我也想起了长征路上的那些红色民歌。作为长征的出发地之一，江西是革命的摇篮，红色的故乡，除了我们刚才听到的《十送红军》，这里还诞生了《请茶歌》《映山红》《苏区干部好作风》等一系列深入人心、经久不衰的歌曲，如何看待这些歌曲的产生呢？应该说，我们国家现存的大量红色民歌，是我们民歌宝库里非常重要的、宝贵的文化遗产，也是有教育意义的一部分。像《十送红军》，我记得那是在我年轻的时候，应该是 20 世纪 60 年代，我第一次听到这首改编过的《十送红军》之后，当时就掉下了眼泪，我觉得那里面有真挚的感情啊！它不像过去的《十送郎》那样仅仅表达了简简单单的男女之情，而更多的是表达了民众当时对革命的支持，表达了一种超越个人情感的大众心理。红色民歌有很大一部分都是根据过去的爱情民歌改编的，是重新填的词，但是这一填词呢，意义就完全不同了。当然，红色民歌除了在江西等革命老区，在其他苏区也有，比如红军长征到了延安后，就诞生了更多的红色民歌，包括大家都熟知的《东方红》。《东方红》在中国是脍炙人口的，但很多人不知道原来它的调子就是陕北民歌，叫《骑白马》，也是歌唱男女之间的爱情的。但是，把男女之情升华为一种集体的情感、一种革命的红色的民歌，意义又完全不同了。现在很多人也可能不知道，现在殡仪馆里播放的那首著名的哀乐，其实也是八路军里的音乐工作者根据陕北民歌改编的。所以说，这些革命老区，包括陕北地区，不单为我们的革命输送了他们的子弟——把自己的骨肉送上了战场，也送去了自己的灵魂的创造——包括这些文化、这些歌声。而这些红色民歌，应该说在整个中国革命战争当中，起到了巨大的作用。今天，当我们看到红旗飘飘，我想，人们不能够忘记那些为革命献身的烈士，同时也不能忘记，曾经供养了这些烈士的土地，以及在这片土地上产生的歌声。

三、最后的总结

对于这届“中国民歌大会”，我总结了四个字，就是“顺天应人”，什么叫“顺天”？天是自然的规律，是天道，也是天下大势。现在，全世界都在现代化的进程当中，在这一过程中，我们感受到保持文化多样性的重要，因为现代化常常用一种一元的文化使许多原本不同的文化逐渐同质化。在这种情况下，联合国教科文组织在提出保护生物多样性的号召之后，又提出了保护文化多样性的概念。中国也是这样，在经济建设取得举世瞩目成就的 30 年之后，开始提出要弘扬我们的传统文化，要保护我们各民族的文化，保护文化的多样性，保护非物质文化遗产，这是一件大事。而另一方面，为什么说“应人”呢？中国的十几亿人民，也是在享受了 30 年的经济建设带给我们种种的好处、福利之后，开始有了新的追求，开始有了更高的精神上的追求。

过去我们的追求很简单，农村人追求的是楼上、楼下，电灯、电话，现在，更多的人，在享受了现代化的便利之后，再回眸远望，要寻找自己的根，寻找自己的精神家园。所以在这个时候，中央电视台推出了《中国民歌大会》，用歌声让我们在现代化面前重新找到祖先的灵魂，找到民族的根，找到我们每个人的精神家园，把今天和昨天接续起来，把我们每一个个体的灵魂和我们共同的祖先接续起来。

我想每个人都会从这样的歌声当中，感受到我们中华民族的悠久历史和我们祖先的辉煌创造，让我们每一个人为我们的民族感到骄傲，为我们的文化感到骄傲。我还要再一次地强调非物质文化遗产的重要性，因为人类文明的传承，一种是靠物质文化的遗产，像长城、天坛；还有一种，是靠文字记载的文明，比如说《四书五经》等经典；但是更重要的，是非物质文化遗产，这里就包括我们的传统音乐，我们的民歌，我们的传统美术，我们的手工技艺，我们的风俗、民俗等。这一切不但构成了我们的精神家园，也是千百年来中华民族保持凝聚力、向心力和永远前进的动力的源泉。过去，一个普通的、没有受过学校教育的农民子弟，他不只掌握生产知识，知道天时地利，而且还有他的价值判断，有他的道德标准——他知道孝顺父母、勤俭持家，在国家遇到危难的时候，他甚至还能挺身而出、保家卫国，在中国的历史上，这样的人太多了。这些东西是哪个老师教给他的吗？不是，是因为他们从小就唱民歌，就看戏听书，所以他知道杨家将，知道岳飞，知道一个中华民族的子孙应该怎样生活、怎样做人。所以，非物质文化遗产在过去所承载的教育功能，包括让我们整个民族有一种向心力的功能，今天还应该继续弘扬！

2017 年国庆节于中央电视台《中国民歌大会》

为民歌喝彩

2017年国庆期间，中央电视台（以下简称“央视”）推出倾力打造的《中国民歌大会》，有三个突破：一是综合频道（中央一套）和文艺频道（中央三套）接力播出；二是黄金时段；三是连播8天，每天90分钟。这样的力度，在央视历史上是空前的。央视为什么下这么大力气？我认为也有三个重要的意义。

第一个意义是延续历史。我们的历史是由我们的传统文明建构的，我们常常说，中华文明是世界上四大古文明当中唯一没有中断的文明，但面对与世界经济一体化伴生的文化同质化的浪潮，我们的传统文化也面临着被挤压、被边缘化、被年轻人丢弃的处境。我们现在所谓的物质文明也好，非物质文明也好，百分之九十多都是农业文明的产物——从李白、杜甫的诗，到昆曲、京戏，到传统的工笔画、写意画，到现在幸存的所有古代建筑。汉字里艺术的“艺”字，在象形文字阶段，就是一个人跪在那里侍候植物的形象。今天的中国，已经基本实现农业文明向工业文明的过渡，甚至已经进入后工业文明阶段。现在，产生农业文明的那种地域性、封闭性的环境没有了，现代化的进程使所有产生于农业文明的传统艺术都面临着生死存亡的挑战。如何面对“皮之不存，毛将焉附”的传统艺术，实际上是如何面对我们的历史。中华民族的历史，是我们辉煌的记忆，是我们祖先的印记。记住昨天，是为了今天，更是为了明天。一个失忆的人，是一个没有未来的个体生命；而一个失去了记忆的民族，更不会有美好的未来。人们说，世界变小了，还有人说，现在已经是“世界大同”了。但是，我们应该清醒地看到，不是我们“同”别人，而是别人在“同”我们。今天，中国一线城市的一个孩子，和在巴黎、东京、纽约的青年人没有什么两样，一样上互联网，一样穿阿迪达斯运动服、穿耐克球鞋，看一样的电影、唱一样的流行曲、玩同一款游戏。

第二个意义就是增加我们民族的凝聚力。中国人要有自己的语言、自己的音乐、自己的戏剧，而这一切都是文化。每一个民族，都应该为自己的文化自豪，这种自豪感，永远是团结、凝聚、唤起一个民族精神力量的最核心的东西。二战时，当德国纳粹军队包围了莫斯科，苏联到了最危险时刻的关头，红场上的士兵听到普希金和托尔斯泰、格林卡和柴可夫斯基、高尔基和契诃夫这些创造了俄罗斯文化的巨人们的名字后，直接列队开赴前线，用血肉之躯保卫了苏联，打垮了希特勒的德国。我们的传统文化，是我们维护民族国家统一的最坚实的基础。

第三个意义就是增强我们国家的软实力。现在，中国已经成为世界第二大经济体，但越来越多的人认识到，光靠 GDP 还无法证明中华民族的伟大和先进性。美国今天之所以在世界上一超独霸，不仅仅是靠它的巨大的经济力量和巨大的军事力量，更靠它的软实力——好莱坞电影，NBA 篮球赛，流行音乐以及众多让年轻人趋之若鹜的影星、球星、歌星；它的通过好莱坞大片中的故事和人物所体现、传达的美国的价值体系、生活方式和道德标准、审美标准。当我们的青年人都说英语、吃麦当劳、过圣诞节，熟悉一个美国球星的爱好、习惯以及穿什么牌子、多大尺码的球鞋，甚至可以如数家珍地说出一个西方流行歌星、影星的血型、星座、身高，但却不知道孔子是谁的时候，我们拿什么来支撑我们自己的民族？前几年，一个叫亨廷顿的美国教授直率地指出，在意识形态的斗争结束之后，不同文明间的冲突，将成为这个世界上不同民族、不同势力斗争的主要原因。不管我们同意还是不同意他的理论，我们必须承认，一个民族对世界影响力的大小，是和这个民族文化力的强弱成正比的。过去，我们中国的传统文化曾经影响了韩国、日本等许多亚洲国家，而今天，和这些国家比起来，我们的文化影响力却是十分有限的。现在，是日本、韩国的文化“倒流”中国！

今天，央视推出《中国民歌大会》，是因为在我们的民歌中包含着中华民族的精神和灵魂，包含着我们的祖先对宇宙、人生的透彻认识，也包含着中华民族的悠久文明和伦理、道德。民歌，是我们的爷爷、奶奶唱过的歌，是家乡最珍贵、最难忘的乡音，也是中华民族非物质文化遗产的一部分。它在当代面临“继承”与“发展”两大课题。我认为，“保护和继承”是首要问题，先要“招魂”和“寻根”，让我们的年轻人重新认识民歌、认识传统文化，认识之后，才会熟悉，才会产生爱。我们希望年轻人在听到这些原生态的民歌时，会感触到土地的灼热，感受到祖先的灵魂，对传统生出敬畏之心，更珍惜历史、热爱我们的民族，在心灵无所皈依时，听到来自民歌、来自传统文化的“母亲的心跳”。

2017 年 10 月

《中国宗教类非物质文化遗产保护研究》序

中国数千年的辉煌历史，960 万平方公里的广袤土地，56 个勤劳勇敢、能歌善舞的民族，给我们留下了一笔丰厚的非物质文化遗产。我国非物质文化遗产作为中华民族各族人民世代相承、与群众生活密切相关的各种传统文化表现形式，是中华传统文化的重要组成部分，它所蕴含的中华民族特有的精神价值、思维方式、想象力和文化意识，是维护我国文化身份和文化主权的基本依据。这些非物质文化遗产，对中华文明和中华民族的过去、现在和未来具有无法估量的重大意义。

中华传统宗教是中华传统文化重要的组成部分，也是我国非物质文化遗产的重要内容。我们常说“儒释道”是中华传统文化的三大支柱，其中两个是宗教。避开佛教、道教谈中华传统文化是不可能的。

宗教问题，十分复杂，纵观人类历史，环顾当今世界，我们会发现，宗教不仅仅是信仰问题，还是重大的政治问题。宗教既可以是社会动荡乃至战争之源，也可以是社会的润滑剂和道德的维护者，发挥缓和社会矛盾、维护社会安定的作用。古人讲求“以儒治世，以道治身，以佛治心”，从中国历史上看，中国的自有宗教——道教和早已中国化、成为中华传统文化重要内容的佛教，当其进入成熟阶段之后，一直起着维护社会道德和社会和谐的作用。

但是，随着经济全球化趋势的加强和现代化进程的加快，中国文化生态发生了巨大变化，非物质文化遗产受到猛烈的冲击，保护工作形势严峻：一些依靠师徒口传心授传承的文化遗产正不断消失，许多传统技艺濒临消亡，大量珍贵实物与资料遭到毁弃或流失海外，随意滥用、过度开发文化遗产的现象时有发生。中国政府自 20 世纪 50 年代开始就投入大量人力、物力、财力，在保护民族民间文化方面采取了许多积极有效的措施，并已取得许多成绩，尤其是自 2003 年以后，我国的非物质文化遗产保护工作更是得到突飞猛进的发展。中国民众真正形成对非物质文化遗产保护的共识，应该是 2003 年古琴入选第二批联合国“人类口头和非物质遗产代表作”名录。自那时起，国内掀起了非物质文化遗产保护的高潮。因此，虽然说中国的非物质文化遗产保护工作起步比较晚，但工作进展迅速，取得的成果也比较大。目前，我国共有非物质文化遗产资源近 87 万项，并确立了国家、省、市、县四级非物质文化遗产名录保护体系，进入国家、省、市、县四级非物质文化遗产名录体系的非物质文化遗产项目有 7 万多项。截至目前，中国共有 31 个项目列入《人类非物质文化遗产代表作名录》，另有 7 项列入急需保护的非物质文化遗产名录，1 项入选保护非物质文化遗产优秀实践名册，总数为 39 个，位居世界第一。

2006 年 6 月，国务院批准文化部确定并公布第一批国家级非物质文化遗产名录，2008 年 6 月公布了第二批国家级非物质文化遗产名录，2011 年 6 月公布了第三批国家级非物质文化遗产名录，2014 年 11 月公布了第四批国家级非物质文化遗产名录，至此，我国的国家级非物质文化遗产代表作名录总共达到 1372 项。根据《中华人民共和国文化部 2013 年文化发展统计公报》统计，截至 2013 年，我国的“省级非物质文化遗产名录”为 9647 项，同时还有地、县级非物质文化遗产名录 7 万余项。文化部还公布了四批共 1986 名国家级非物质文化遗产项目传承人。2011 年 2 月 25

日，第十一届全国人大常委会第十九次会议审议通过《中华人民共和国非物质文化遗产法》，并于同年6月1日正式实施。

在已经公布的四批国家级非物质文化遗产项目中，与宗教文化有关的项目有144项涉及民间文学、传统音乐、民间舞蹈、传统戏剧、杂技与竞技、民间美术、传统技艺、民俗等门类，仅以佛教类非遗项目来说，就包括济公传说、观音传说、宝卷、津门法鼓、智化寺京音乐、五台山佛乐、千山寺庙音乐、天宁寺梵呗唱诵、鱼山梵呗、大相国寺梵乐、直孔噶举派音乐、拉卜楞寺佛殿音乐“道得尔”、青海藏族唱经调、北武当寺庙音乐、冀中笙管乐、日喀则扎什伦布寺羌姆、藏戏、少林功夫、藏族唐卡、金陵刻经印刷技艺、塔尔寺酥油花、热贡艺术、德格印经院藏族雕版印刷、藏香制作技艺、贝叶经制作技艺、素食制作技艺、雪顿节等项目。那么，当这些宗教非物质文化遗产成为国家保护的项目之后，其现状究竟如何呢？我们的保护单位这些年都做了哪些工作呢？“濒危”的状况是否得到了根本的改变呢？为了了解这些项目的现状，我们组织了一个课题组，深入一些保护单位，对这些项目的现状进行了调查和采访，这本集子，就是这些调查和采访记录的汇编。我们所遵循的原则只有两个字：真实。我们希望这些真实的记录，能够对我们的非遗保护工作起到一些作用，其中既有可以给我们的非遗保护工作增加信心与成就感的内容，也反映了一些值得我们思考、警惕，可以促使我们进一步改进工作的内容。

宗教非物质文化遗产的保护需要我们各级政府、宗教界、文化界及广大民众共同努力，尤其是宗教界对此更应该有积极的行动。而且，只有把包括宗教非物质文化遗产在内的各种优秀传统文化都保护起来，我们中国非物质文化遗产保护事业才是全面、完整和准确的。

希望这本调查报告能够对我国方兴未艾的非遗保护事业起到一点点作用，也希望包括宗教文化在内的我国非物质文化遗产能够代代相传。

传承与坚守

——在中国昆剧古琴研究会第四次会员代表大会开幕式、闭幕式上的讲话

开幕式讲话

各位晚安!

在开头的宣传片里有一句话让我非常感动，这句话就是：向伟大的昆曲艺术致敬！自古至今，中国人没喊过这句口号，把“伟大”这个在中国顶尖的词汇，和一个曾经衰败，需要挽救和保护的艺术形式结合在一起，这是从来没有的。如果在100年或200年前，有一个中国人喊一句口号——向伟大的昆曲艺术致敬，这个人是疯子；假如50年前，有人喊这句口号，这个人是呆子；但在今天，谁要不同意这句话，谁是傻子。并且，我们不但要向昆曲艺术致敬，还要向伟大的古琴艺术致敬。我想，今天喊出这个口号来不容易，因为它已经成为全民族的共识，不仅仅是昆山巴城人民和中国昆剧古琴研究会的朋友们的共识。

说到这我才想起来，50年多前，中国艺术研究院音乐研究所曾做过一次古琴琴人普查，那时候中国有6亿人口，琴人只有100个左右。今天，有多少人在学古琴呢？我自任这个会长，多少次谈起能不能统计一下，他

们说统计不了，每天都会有一个琴馆出现，不光在一二线城市，还包括三四线城市。当然，这反映了另外一个问题：有的人学了三个月就开琴馆。昆曲艺术同样如此。虽然从晚清到民国都有很多昆曲艺术家们在努力地复兴、传承，做了大量工作，但一直到 20 世纪五六十年代，周恩来总理讲的一句话："一出《十五贯》救活了一个剧种。"说"救活了"是什么意思？就是《十五贯》出现之前它已经奄奄一息了。

今天是什么情况？刚刚来巴城的路上，赵家珍老师跟我说："李祥霆老师的一本古琴教材，第一版就印了 20 万册，后来又重印了 5 版。"真吓我一跳，一个古琴的初级入门读物，能够有 100 万册的印刷量，这真是一个天文数字，50 年前谁都不会相信。不要说 50 年前，十几年前我参加国家非物质文化遗产保护工作，向联合国申报人类非物质文化遗产代表作的时候，谁都不可能想到，包括我，做梦都没想到，短短十几年，昆曲和古琴艺术不但传承得这么好，而且有这么多年轻人喜欢它、欣赏它。所以我想，我们的祖宗，那些创造传统文化的祖先们，看到昆剧、古琴以及其他许许多多的非物质文化遗产今天传承的现状，他们真的应该欣然，而且会给今人鼓掌。就像谁也没有想到 20 年前我们一公里高铁都没有，然而今天我国的高速公路、高铁，已成为全世界其他国家所有高速公路、高铁里程的总和。这些年我们有幸生活在这片土地上，我们亲眼目睹了这一切，而且用微薄的力量参与了这个进程——不仅仅是昆曲的复兴，也不仅仅是古琴的热络——这个进程叫什么？这个进程的准确表述就是：中华民族的伟大复兴！

在这里再次感谢昆山巴城的朋友们，感谢不远千里从全国甚至世界各地赶来的琴友和曲友们，祝大家健康吉祥！也祝这次所有的活动圆满成功！谢谢大家！

2017 年 10 月 27 日于昆山

闭幕式讲话

大家好!

刚才各位都做了非常好的发言，四个人从不同的角度、不同的领域对大会做了总结，对昆曲、古琴艺术的未来都做了很好的阐述。四个人的讲话有一个鲜明的共同性，就是既信心满满又忧心忡忡。这看起来是一个矛盾，但实际上也是昆曲、古琴艺术在今天所处环境和所面对的现实的真实写照。这次召开第四次会员代表大会，讨论了很多问题，不但解决了一个班子的问题，而且把大家有深刻思考的问题或不同见解，在这样一个平台上来阐述，同时通过雅集和当地组织的演出，也让我们更近距离地看到了昆剧古琴的一个现状。

我自己也和这四位一样，一方面信心满满、激情满怀，另一方面有些担忧，看到了一些问题。但是，这个信心满满与忧心忡忡的矛盾，也正像十九大报告中习总书记总结新时代的矛盾，就是广大民众对幸福生活的追求和发展不平衡、不充分的矛盾，这是当今社会的状况。我对昆剧古琴研究会，对我们所从事的昆曲、古琴艺术来讲，无论是通过今天的会议还是在未来的思考，我觉得有几个问题需要解决。

第一个是自己的定位。所谓定位就是准确客观的，这个定位也要从两方面讲，一方面是客观的。就像前天开幕式上的口号——向伟大的昆曲艺术致敬！还要像古琴艺术致敬！所以第一个定位是伟大。伟大是怎么形成的？为这份伟大，在座的大家，我们这一代人做了哪些？这么一想，就觉得“伟大”二字是历史形成的，这里面有在座每一个人的贡献和努力。但是我们今天的所作所为，还都谈不上这两个字。

另一方面，昆剧、古琴在当今社会处在一个什么状态呢？也是两点。

第一，大家都讲到当前的形势是空前的好，从来没有一个时代对于昆曲、古琴有这么高的认知，提供了这么多过去没有过的好的条件。当然这里面最重要的一点，是当今从党中央一直到社会方方面面都对中华传统文化有非常大的期待和新的认识，这一点的确是空前的。我们看近代一二百年以来，中国的传统文化始终是被当成中国在过去落后挨打、积贫积弱的一个原因，五四就是向传统文化开刀，不光“砸烂孔家店”，包括儒释道都被认为是封建落后的。昆曲、古琴更是这种所谓封建、腐朽、落后的文化下产生的艺术形式，它当然会败落。但是今天，从原点上、从中央的政策上都把传统文化当成民族复兴的伟大过程当中必不可少的环节，首先要复兴传统文化，而只有复兴了中华传统文化，才有中华民族的伟大复兴。这点应该成为社会的共识，所以要说形势好、信心满满，从哪儿来的？主要来源于此，是一个社会认识的大的转变。

另外，我们也会看到不单制约着文化发展的这些矛盾存在，近一二百年来中国文化界主要的一些矛盾争论依然存在。这两百年来困扰中华文化界的，艺术家、文人、知识分子、政治家们都在考虑而且争执不休的矛盾其实总结起来就是三个，这三个矛盾一二百年来一直存在，到今天也依然存在，短时间内很难解决。大家都知道，第一个是中西的矛盾，即中外不同文化的碰撞；第二个是古今的矛盾；第三个是雅俗的矛盾。这三大矛盾、三大对立构成了今天文化界所有的争论。一个是我们本土的文化、中华文化和西方强势文化的关系问题，是全盘西化还是全盘复古。复古的问题就是第二个矛盾了，这个矛盾比中西的矛盾更大。这三大矛盾虽然贯穿一二百年，但在每一个不同阶段，一个矛盾会上升到更重要的地位，一个矛盾会被弱化。今天中西的矛盾还在，但为什么说不是最主要的矛盾呢？因为经过这一二百年，从五四包括我们整个中华文化面对西方文化时所有的努力、失败、挫折、弯路，到今天，我们重新提起复兴中华传统文化，重新站在中华民族的土地上平等地面对西方文化，这个矛盾还在，但是主体是我们自己，这点恐怕越来越多的人会达成共识。当然不光是中国，从日本的明治维新提出全盘西化，到最后日本在1950年在全世界第一个提出保护文化遗产，日本对待中西文化也有180度转弯。今天，我们依旧会向西方学习现代文化，但再也不会像日本明治维新那样提出“脱亚入欧、全盘西化”这样的口号。

那么，第二个矛盾现在看起来是越来越重要，甚至越来越严重。古今的矛盾实际上在今天就演化为是传承第一还是发展第一的矛盾。昨天在会上大家有两种旗帜鲜明的观点。今天社会的主流认识是发展第一，所谓“发展是硬道理”，这是伟人说的。对艺术家来讲，想创新这是一种本能，是骨子里的。没有想创新的愿望就不是艺术家，但是我们在创新的时候如何对待传统？尤其在昆曲、古琴这两个领域。刚才我们讲了定位问题，除了伟大，我们究竟是属于什么的？我们属于传统文化。不管你怎么想创新，在人们的眼里你也是传统文化。而“传统”两个字的确重要。在座的每个人，无论是把传承强调到一个高度，还是强调发展，我觉得都没有错，问题还是把握一个度。

第三个矛盾，所谓雅与俗的矛盾，也牵扯到对自己的定位问题。所谓雅就是小众文化；所谓俗，其实是对大众文化的一种带贬义的解释。其实“俗”这个字并不是贬义的，我们今天不讲这个价值判断，我们把它看成是小众文化还是大众文化。小众文化和大众文化都有自己的受众，也都重要，但我们要认识到，昆曲和古琴本质上就是小众文化。在这点上，大家不要有任何错误的判断，或者是一种奢望，让全国人都唱昆曲或者都弹古琴。如果那样，这不是中华民族文化复兴之时，而是中华民族文化消亡之时。无论是昆曲还是古琴，它对从业者、对学习这门艺术的人都提出了一定的要求，你一定要有古典文化的修养，要有对传统文化起码的认知，而且也需要音乐感。当然学古琴和学吉他都要求有音乐感，唱昆曲和唱河北梆子都要求唱念做打，这是一样的，但的确有不同。昆曲就是雅言，什么是雅言？雅言就是文言。京剧算是国剧，但京剧所有的词，一直到齐如山为梅兰芳编剧，一直到创作样板戏的汪曾祺，创作出类似“垒起七星灶，铜壶煮三江。摆开八仙桌，招待十六方”这样精彩的句子之前，京剧就是白话。“我正在城楼观山景，耳听得城外乱纷纷”，一唱都能听懂。但是，什么叫“袅晴丝吹来闲庭院，摇漾春如线”？你唱十遍，不看词我也不懂。文言最大的一个特点就在于文言是读的，口语是听的。包括姚公白刚才念的那几句，大家都听懂了吗？你听不懂正常，因为它不是让你听的，文言就必须读。所以说昆曲，我觉得不是不可以演现代戏，可以，但是你得解决语言雅化这个问题。不能唱昆曲跟唱二人转一样，不能“晚上喝一顿，约不约”，昆曲不能有这样的词。可以讲爱情，甚至可以讲性，“和你把领扣儿松，衣带宽，袖梢儿搵着牙儿苫”，昆曲多雅！没到这个境界，不要糟蹋昆曲，如果唱“我爱你，你爱我”，那不是昆曲，我不承认那是昆曲。

古琴也是一样，刚才姚公白也讲了，你也可以弹《阿瓦人民唱新歌》，但是“想要声音大，敲锣打鼓就完了，干吗弹古琴呢？”古琴不是表现这个的，可以表现。为什么那个时代，包括姚公白讲他那个时代，我们要做古琴的创新，弹新的曲目？因为当时我们有一种文化自卑感，必须认识这一点。所有乐器改革的出发点是自卑，觉得我们的乐器不如别人。我们的竹笛就六个孔，不如人家的长笛；古琴音量太小，不如人家的交响乐队。我们当时看的都是自己的缺点，在自卑的基础上要自强，所以很多人在那个年代把全部的精力都放在做这件“无用功”上。二胡要解放弓子，拿出来拉，还要学小提琴加指板；笙越吹越大，现在又吹不动了，拿脚踩。我们做了很多这样的无用功，仔细想一想出发点是好的，但基础是觉得我们不如人家。

我也是学西方作曲出身的，但是到今天我们不再纠缠这个了，我们要有文化自信，什么叫文化自信？文化自信的一方面就是我刚才讲的，昆曲和古琴的伟大是历史形成的，有多少前人的智慧和努力在里面，今天依然伟大。它的许多优点是其他的乐种、乐器不具备的，也不可能达到的，它就在这个制高点上。正因为这样，我们才要认真思考今后的发展，所以我刚才讲的雅与俗的问题，昆曲也好，古琴也好，要保持雅的格调，不能把自己俗化，更不能商业化，商业化是俗化最大的推手。“七天学会古琴”，说这种话的人一定包含着狼子野心，绝不是为了古琴的发展，如果七天就能学会，那你太小瞧古琴、传统文化了，而且作践了。真正弹古琴、唱昆曲的人，这个定位还是要坚守。

我说的定位不是价值判断。比如我也爱吃卤煮火烧，也爱吃西餐，但在价值判断上，我不认为烤牛排就一定比卤煮火烧高，不一定。同样我也喜欢听二人转，听得我哈哈大笑，看赵本山我也哈哈大笑，我并不认为弹古琴的人一定比唱二人转的人高雅，每个人不同而已。从艺术形式上，我也不认为这两个艺术形式之间，哪一个高、哪一个低。我是学作曲出身，我当时也认识到写一个什么都不是的交响乐不如能够写一段通俗的曲子更好，写交响乐本身不证明你伟大，唱昆曲也不证明你就是一个高雅的人，但是这两种艺术的品位、定位就是雅文化，不是俗文化。我们再普及、再推广也不可能所有人都唱昆曲、所有人都弹古琴，我们不要做这个奢望，也不要和别人比。我们坚守自己的品格，我觉得这才是我们能够发展的一个基本的认识。

昨天很多朋友讲，开了半天会，昆剧古琴研究会能不能有一个把大家的共识集中起来、统一起来的思想，比如如何看待发展，如何看待继承，我说这个很难做到。我们在座的每个人对度的把握，都不可能统一，我觉得都是好的。你可以把你的经历作为一个个体生命，可以发展，我就想发展、就想创新，你可以去做各种尝试，只要你做得好。一部分人包括我在内，主要讲传承。发展当然对，但是在非物质文化遗产保护领域里，没有发展的任务。非遗就像是一个正在医院里抢救的病人，你让他去参加奥运会为国争光？医院的任务就是治病，参加体育比赛、奥运会，为国争光的任务是“体委”的。我们非遗保护领域、传统文化领域里就是继承、传承，这是主要的。要发展到别的地方去发展，比如文化部有非遗司，还有艺术司，我说非遗司不要再谈发展了，非遗司谈发展了艺术司干吗去？非遗司就是保护，发展让另外一批人去做。我是希望从事传统文化的人，真的要在某种程度上抑制自己创新的冲动，你可以创新，但要抑制这种冲动，想好了再去做。我绝对是鼓励创新的，但创新一定要在传承的基础上，传承是第一位的。所以我想将来中国昆剧古琴研究会仍旧主要在继承、传承、保护这些方面做更多的努力，对一些我们大家都觉得靠谱的发展也会支持，但是主要精力还是放在保护、传承这方面。医院是治病的，“体委”是做体育比赛的，我们不是“体委”，我们是医院。在当前基本上按西方的模式发展的氛围里，我们要坚守传统。

刚才我听四位发言的时候有个想法，就是我们从事传统文化的人要有定力。这个定力表现在我们对所从事事业的充分理解、尊重和崇敬上，这个定力在什么时候有用？一个是在低潮的时候，昆曲没人听、古琴没人弹的情况下我们要有定力。另外，据说前天晚上的那场演出的线上直播是 18 万观众——当昆曲古琴面临一个不是没人理，而是大家一窝蜂的时候，也要有定力。在第三次会员代表大会上我就讲过，当年传说北京有京城“新四大俗”，白领趋之若鹜：听昆曲、学古琴、喝普洱、练瑜伽。我说除了瑜伽不练，那三大俗我都喜欢，但实际上这是一些白领，尤其是闲着的有钱人、一些中青年知识分子（单身女性为多）的追求。今天在座的各位，我想我们应该有定力，要坚守，把忧心忡忡变成努力和智慧，另外把信心满满转化成定力，大家有没有信心？

谢谢大家！

2017 年 10 月 29 日于昆山

中国的民歌

单　威：今晚田老师讲民歌，让我来主持。虽然我热爱民歌，但毕竟是门外汉。各位都是文化、文艺大家，特别是今天请到了民歌方面的著名艺术家雷佳，还有其他优秀的民歌手，所以我诚惶诚恐。民歌是祖先的声音，很多作品传递着我们民族的优秀传统文化。习近平总书记在党的十九大报告中指出，要推动中华优秀传统文化创造性转化、创新性发展，继承革命文化，发展社会主义先进文化，不忘本来、吸收外来、面向未来，更好构筑中国精神、中国价值、中国力量，为人民提供精神指引。我们有责任借助民歌这样一种载体，赋予它新的思想，赋予今天的人们能够接受、能够热爱的一种方式，把我们的根脉、血脉传承下去。田老师在这方面做了很多很多的工作。今晚让田老师再给咱们增加一点“热”，再往前推动一下，现在请您讲。

田　青：我们很长时间以来，尤其是在走向现代化的过程当中，很多人不自觉地把目光都投向了西方的东西，投向了所谓高精尖的东西，对自己本来固有的这部分文化反而忽略了，甚至从内心深处，认为民歌是“老土的东西”，老爷爷老奶奶唱的东西，和现在完全脱节、没有任何意义的东西。

实际上，现在越来越多的人认识到民歌不但是我们传统文化的一个重要的组成部分，同时，也的确能使我们增加文化自信，能够对自己的文化产生骄傲感，甚至让全国人民有一种向心力，而且在不中断文化、不让文化出现断层的情况下，民歌还能在复兴传统文化，一直到中华民族的伟大复兴的进程中，起到很关键、很重要的作用，所以现在大家越来越对民歌重新唤起了一种感情。刚才单威讲到十八大以来，包括十九大之后，大家对传统文化有了一种更深刻的认识，就是我们今天讲的四个自信，其中最重要的基础就是文化自信。但文化自信怎么来？所以我这几年一直强调，中华民族要伟大复兴，首先要从复兴传统文化开始。欧洲的文艺复兴，影响了这几百年来的全世界，但是欧洲的文化复兴是怎么开始的？是从复兴古罗马的文化开始的，也是从他们的文化的源头上找力量、找灵感。我们一讲“复古”好像是向后倒退，但是实际上所有的复兴，第一步还是要找到自己的根和源。

我们今天讲弘扬优秀传统文化，那么传统文化究竟有哪些内容，什么是传统文化？现在很多人口头上说要复兴优秀传统文化，但是对传统文化的了解，应该说知之甚少。现在到每个地方去，当地的宣传部长都会领着去看看他们所谓的复兴传统文化，找一些小孩子，穿上一身袍子背《三字经》《百家姓》。《三字经》《百家姓》是传统文化，但是是传统文化中极其肤浅的部分，是幼儿的东西。而真正的中国优秀传统文化是“三根柱子、两层楼”，所谓“三根柱子”就是“儒、释、道”，缺一不可。“两层楼”，上层是以文字作为载体的，包括唐诗宋词、经史子集、孔孟老庄这些用文字记载下来的典籍，这是中国传统文化的上层。但是不要忘了，这个上层不是空中楼阁，它有一个极其坚固的底层或基础，是什么呢？就是非物质文化遗产。

最初在联合国教科文组织提出来的词是“口头和非物质遗产”，它和以文字记载的文化不同，是以口头传承作为传承方式的。大家不要小看口头传承，过去传统社会的一个农民和农民子弟，他不识字，连一个学名都没有，就叫“二蛋子”“二妞”，但是他不但有知识，有生产知识、生活知识，而且最重要的是“忠孝仁义礼智信”他都有，他知道孝顺父母，他知道邻里之间要互相帮助，他甚至知道在国家民族危难的时刻，要挺身而出。为什么？谁教给他的做人要忠？谁告诉他要孝顺父母？孝顺父母不简单，都说母爱是伟大的，但母爱是自然的，是天性，不但人有母爱，所有的动物都有母爱。但是孝不是自然的，孝是后天的，是教育的结果。谁教育他？他没有受教育，没上过私塾。他听说书，他看戏，他唱民歌，他贴对联，他要过各种传统节日，所以一个普通的农民，他可能不识字，但是不要小看有的农民，他可以给你讲三天三夜《杨家将》的故事，他不单知道《杨家将》，还知道岳飞，知道梁红玉，知道穆桂英，知道武松。他的忠孝仁义礼智信，他的是非观、道德观，包括他的智慧，他的勇气，都是靠非物质文化遗产习得的。

民歌是非物质文化遗产非常重要的一部分，国家级的非物质文化遗产分十类，第一类是口头传说、口头文学，第二类就是传统音乐，而且传统音乐里最大的一部分就是民歌。雷佳这次晚会唱的《包楞调》，我就提供了作为一个音乐学家应该提供的不同于百度上提供的知识。现在大家都查百度，这次民歌大会出题，让一个农民歌手回答《包楞调》中是纺车的声音还是手推车的声音，她回答了什么我忘了，但她回答什么都不对，因为这首歌跟纺车、手推车都没有关系。我问导演组答案是从哪里来的，说是百度上的。我也查百度，但是百度相当于你走在马路上，随便问一个人龙口巷怎么走，他告诉你的可能是对的，可能是错的，问路也得问仨人，所以你看了百度还是要翻书，像这类的很多民歌的介绍，过去的理解有很多错误。

今天时间有限，我只能很简略地讲。首先讲讲中国民歌的历史。应该从有文明开始就有民歌了，因为民歌不像其他的文明，比如说乐器——一个原始人拿着一个最粗陋的弓，可以射箭，打动物，他打着了兔子，回去吃了一顿烤肉，吃得很舒服，晚上临睡之前，他就可能把这个空的弓拨两下，一拨，乐器就产生了。但是歌比乐器产生还要早，人为什么要唱歌？中国古人说："情动于中，故形于声"，就是有一种感情让你激动，你不说，憋得难受，你就要表达，就编成语言，但是语言有局限，不单各种语言互相听不懂，而且有些微妙的感情语言是表达不了的，语言不够用怎么办？"言之不足，故嗟叹之。嗟叹之不足，故咏歌之。"因为语言表达不了我充沛的感情，就要唱，语言表达不了我的哀怨，光说不行，"心中难活唱一声"，民歌就出来了。"女愁哭，男愁唱"，这是民间的说法，男人哭不了怎么办？那就唱。"咏歌之不足，不知手之舞之，足之蹈之也。"舞蹈艺术也出现了！这就是艺术的发展，就是表达感情，语言不够了，那就嗟叹，嗟叹还不够，就咏歌之，就变成唱了。

中国的民歌从什么时候开始，没有人能够知道，应该说人们有了感情，有了这个需要，民歌就产生了。但是中国的古籍上记载的中国最早的一首歌，确切地说应该是最早的一首歌词，是大禹的时代，所谓“涂山氏之女”唱的“候人兮猗”，这首歌只有四个字，大禹到安徽的涂山，遇到涂山氏之女，两个人可能有一段感情，但是大禹要去考察南方的水利，涂山氏等他，就唱了一首歌，这首歌只有四个字“候人兮猗”，四个字只有两个字是歌词，是有内容的，“候人”就是“等你”，“兮”是语气词，“猗”也是语气词，后面这两个字都是感叹词，就是“言之不足，故嗟叹之”，嗟叹一个字就够了，怎么还俩字呢？两个不同的感叹词就出现音调了，就有旋律了。实际上这首歌的意思就是“等你啊”，这是中国最早被记载的大禹时代的一首歌词。

到了春秋战国时代，《诗经》出现了。一讲《诗经》，都说是中国的第一本诗集，《中国大百科全书》这么讲，百度当然更这么讲。但是我给它正名，《诗经》是中国第一本歌词集，有理由吗？当然有理由，因为《诗经》的时代，所有《诗经》里的诗，不管是风，还是雅、颂，都只有一种传播方式，就是唱歌。现在的唐诗宋词都是案头之作，我们现在读唐诗，都是读的书；但是唐诗宋词当时的主要传播方式，依然是唱歌。不唱怎么知道？过去没有那么多书，古人都是抄书，有印刷术是汉代以后，春秋战国时代的《诗经》怎么可能有印刷品？所以，准确地讲它是歌词集。当然，诗和歌词今天有区别了，有一句话我觉得是对的：“凡是好歌词，一定是好诗，但是好诗不一定是好歌词”——尤其是现在。

《诗经》的风、雅、颂里面，大家能够记得的、最喜欢的，或者最精彩的是风，风的准确翻译就是民歌。据说西周时代就有一个采风制度，所谓的采风制度，我是怀疑的，我觉得未必是真实的，但是中国的典籍讲周天子设立了一个官职，让这个官手里拿着一个木铎，铎是一种带把的铃，到下面去敲这个木铎，四野的野佬就来了，然后就唱民歌，这个史官就把它记下来，回去给周天子看。干吗呢？“观风俗，知得失”，领导用这样的方法知道这个政策下面拥护不拥护。

但不管怎么样，那个时候的统治者已经认识到通过民歌可以了解民间的疾苦，人民生活怎么样，人民拥护不拥护你。所以孔子对《诗经》的总结，说可以“兴、观、群、怨”，他就用四个字总结了民歌的作用。“兴”，就让你有一种向上的力量，有一个前景；“观”，就是能够了解社会的真实情况；“群”，在这里是动词，就是把人民群众团结起来，能够有向心力，有凝聚力；“怨”，就是可以发牢骚、提意见，要把老百姓的心声、建议，通过民歌表达出来。所以“兴、观、群、怨”四个字，是孔子对《诗经》的一个极好的概括。孔子编订的这 305 篇诗，代表了从周一直到春秋这段时间中原地区以汉族为主的民歌。《诗经》主要是北方的，现在算起来横跨两三千年，那么长江以南的，比《诗经》要晚三四百年时间的，就是《楚辞》。《楚辞》，大家都知道是楚国的民歌，屈原根据楚国的民歌题材和风格创造了不朽的楚歌，这里面有他的创造，也有他的采风，有原始的歌词。从《诗经》代表北方的音乐，到《楚辞》代表南方的民歌，这两大系统，在中国一直没有断。从汉以后，民歌就更多了，当时政府就有了一个专业的音乐机构——乐府，就像现在的文化部一样。现在已发现了秦乐府的官印，那时候就有了专管文化的机构。这样的机构也同时采编传承这些民歌。乐府里面有很多现在人们依然传颂的，比如像《木兰辞》这样故事性的民歌，还有很多蒙古草原的民歌，比如“天苍苍野茫茫，风吹草低见牛羊”，是最早歌颂大草原的，这样的民歌在古代就有流传。

到了唐宋的时候，应该说民歌就更多了。唐代的很多诗人，很多文人，对当时流传的民歌非常地欣赏，而且主动地学习民歌。像刘禹锡写了几十首《竹枝词》，比如大家现在都很熟悉的"杨柳青青江水平，闻郎江上唱歌声。东边日出西边雨，道是无晴却有晴"。"晴"和"情"是同音字，东边日出西边雨，你对我是有情还是没有情？像这样的表达方式，都是从民间学习来的，文人没有这么高的智慧。

到明以后，开始有文人主动地收集整理民歌了，比如说明代有一个作家冯梦龙，大家都知道中国的明清小说"三言两拍"，《喻世明言》《警世通言》《醒世恒言》，都是冯梦龙写的。冯梦龙除了"三言"小说集以外，他还编了民歌集，一个叫《桂枝儿》，还有一个就叫《山歌》。这次在中国民歌大会点评的时候，我就引用了冯梦龙在《山歌》的序里面说的一句话，他说世上"但有假诗文，无假山歌"，为什么呢？因为"山歌不与诗文争名，不屑假"。唱山歌的人没想评职称，唱山歌的人也没有想从"副局"升成"正局"，他没有必要写假的诗。他为什么唱？"心中难活唱一声"，难受了也唱，高兴了也唱，抒发自己的感情，所以不单不与文人争名，而且真正的民歌，和诗人、文人的这些作品的一个最大的区别，在于真。当然，从艺术上来说，我认为文化人写的当然也很好，尤其是文化大家；但不是因为民歌的形式比较简单就认为民歌不如形式复杂的诗歌。不如专业作家文辞，比如交响乐和民歌怎么比？交响乐是一个形式，在这个形式里，有好的交响乐，也有差的交响乐，不是说交响乐就一定比山歌好，山歌可能就两句，就四句，但流传百代，任何时候听都让你激动。我总说民歌虽然短小，但是它像钻石一样璀璨。单凭形式不能保证作品的质量，不能说一首交响乐就一定比一首民歌高明，每种艺术形式里都有好坏。

另外，民歌好在哪一点？民歌是人民创造的，民歌和民歌风的创作歌曲，最大的区别是什么？现在社会上用民歌这个词没有严谨性了，包括广西世界民歌节，基本上就没有民歌，都是请一些当红的流行歌手来唱，没有民歌，怎么就叫民歌节呢？民歌的一个特点、特质，是人民的集体创作，这点非常重要。一万首民歌里面能找到作者的，仅一两首而已，民歌是没有所谓作者的，没有人知道是谁创作的歌曲，它是人民的创作，“人民的创作”这句话，不能够简单地说是老百姓，的确是老百姓，而且绝大部分创作民歌的人没有受过官方的、正统的教育，无论是传统社会的私塾，还是今天的小学、中学、大学，硕士、博士。硕士、博士写的东西就不叫民歌，民歌一定是劳动人民的；而且还有一个条件：“集体创作”，因为在流传的过程当中，每个人都可能把自己的聪明才智加进去。所以为什么民歌好，它能流传到今天？因为不知道有多少人加工过它，而且所有加工过它的人，和创作它的人一样，也是不与诗文争名——没有一个改编民歌的人是为了出名，他只是觉得这个表达还不够充分，就改动一个字。

比如左权民歌《桃花红杏花白》中有“我爬山过岭寻你来”和“我爬山过岭找你来”两种唱词，“寻”“找”，哪个对？这个“找”字是寻找的“找”，还是关照的“照”？意义不一样，“找”是寻找一个未知不明确地点的东西，但是这句听起来也像“我爬山过岭照你来”，我觉得“照”字也好，为什么好？它是“关照”的“照”，“观自在菩萨行深般若波罗蜜多时，照见五蕴皆空”的

“照”，意义更大了。所以没有哪个对，意思都对，你也有权利唱出你的感受来，民歌是一种集体创作。所以民歌是没有版权的，只有近代有了个人的创作署名才出现版权，在此之前，民歌是人民的创造，只属于人民。

当年为这事还打过官司，有一个案子是王洛宾把那几首他记录改编的歌曲的版权卖给台湾的出版商，新疆的一些人就告他，包括新疆艺术研究所都出来，说这是哈萨克族民歌，自古就有，怎么变成他署名。当时打这个官司，影响确实挺大。当时他们也找我，让我表态，我没有说话。我没说话不是我怕事，是因为我觉得我怎么说都不对。一方面，这些歌的确是民歌，从知识产权来讲，王洛宾要写明是改编，不能写“王洛宾词曲”。像唱《乌苏里船歌》的郭颂，也有官司，我也支持他，但法律就是法律，写改编就没事，写词曲就有问题，因为那个旋律的确是自古就有的民歌，后来官司的结果也是郭颂败诉了。但这里有一个问题，如果没有王洛宾，谁知道这首歌？如果没有郭颂，谁知道《乌苏里船歌》？所以这个官司打得让人没有办法说支持谁，于理的话，就没有情，于情的话，又不合法。我觉得通过这些事也让我们对民歌有一个更彻底的认识。

下面简单讲一下民歌的艺术性和它的分类。分类只能简单讲一下，中国 56 个民族，光汉族民歌有多少种呢？我们音乐学家也有不同的认识，有的人把它分为七个色彩区，有人把它分为十个色彩区。从最简单地讲，南北朝时，文化南北的分别就有了，北方的雄浑壮阔是北方民族共性的东西，南方也有共性的东西，就是清丽、婉约。但如果说南方全是清丽婉约，没有金戈铁马，也不尽然。西南更不一样，瑶族、苗族虽然被黄帝打败了，一直长途跋涉、艰苦卓绝，现在在“天无三日晴，地无三尺平”的恶劣环境下生存至今，而且始终传唱着他们的历史，那都是了不起的，但是大的风格是南北。再细分，比如说东北这片黑土地，这个文化里的《摇篮曲》，单威说听着掉眼泪，部分和萨满文化有密切联系，环太平洋地区很多都是流行萨满的地方，包括满族文化，但最可惜的就是满族文化。满族是中华民族里的少数民族，入主中原三百年，统治中国这么长的时间，了不起。但是统治中国三百年的代价是什么？代价是把他们老祖宗的东西都丢了。在非遗保护中，最难的一个就是满族文化，找不到会说满语的人了，更唱不了满族的歌。习总书记到东北去还专门看了一个非物质文化遗产的项目，叫“伊玛堪”，就是用满语来说书，属于说唱艺术，但就剩一两个人了，能说多少呢？就几个，基本上是“命若游丝”，这就是满族遗产的状态，基本上没有多少东西了。

西北地区，从新疆往东走，甘肃或宁夏，包括陕西、山西，甚至内蒙古的南部，这一大片民歌的色彩区，颜色最浓重，而且其中出产优质民歌最多的就是河套区域。我不说省，省是行政区划，我也不强调民族，因为这个民歌各民族都有，比如花儿，西北的汉族、回族、藏族、东乡族、保安族都唱，它是多民族共有，多地域共有。所以音乐学家也在争论，好多人只拿一个树木当森林，比如大家都有共同的一个感受，陕北的民歌和山西的民歌，不但风格相同，有很多歌是你唱我也唱，不但是陕西唱、山西唱，内蒙古人也唱。黄河本来是自西往东流，到了河套地区，向北，然后再向东、再向南，拐了一个大弯，这个弯拐得了不起，这个地方为什么留下这么多好的民歌，而且都有风格上高度的统一性？就是民族之间、人民之间经济上、生活上的交往太密切了。

很多音乐学家争论，说这个叫“漫瀚调”，这个叫“爬山调”，这个叫“信天游”……其实，这个地区的人都会唱这首歌，到了陕北叫信天游，到了内蒙古叫漫瀚调，到了山西叫山曲。内容上高度相似，风格上高度相似，所以实际上这个地方的民歌在各个民族、各个省份的人群间互相传唱、互相影响。

还有一点，为什么这个地方的民歌这么好听？当年的“青歌赛”“民歌大会”，大家都感受到，唱南方民歌的人，一听说内蒙古来人了，他就觉得够呛能赢，因为他唱的是委婉的东西，一张口就是高音、长长的。西北地区民歌的那种穿透力，那种冲击力，那种对人感情的震撼，包括本身的旋律，辽阔、高亢、深沉，让人感觉到这个地方文化的厚重。为什么？还得从历史上找。这个地方历史上就是所谓“五胡乱华”的地方，这个地方的人，姓史的、姓康的、姓石的，恐怕都是“胡人”之后。这个地方的民族融合时间长、次数多、范围广，这个融合不是我们现在讲“一带一路”相连相通的国际友谊，那时候更多的是血与火的洗礼，但就是在血与火之中，各个民族文化交融共生，形成今天的文化。

蔡文姬被掳到匈奴去，她写的《胡笳十八拍》，是用汉字写的，但是里边肯定也有匈奴包括现在草原文化的痕迹。当年唱的时候，估计既有汉族古琴之韵，也有胡笳之风。游牧民族把一个地方掠夺了，把好东西抢走了，女人也带走了，女人一带走，歌也带走了，女人一难受就唱了，而女人的文化融合力是最强大的。我那些研究生同学毕业后去美国的很多，现在，男同学都回来了，只有女同学都留在那儿了。女人比较容易进入一个新的文化，她可以把自己溶解在里头，男人不行。一个坚守，一个融合，都有用。那么这个地方的民歌、这种风格，也应该是不同民族汇合后形成的。

往西南，少数民族就多了，贵州、云南，不同的少数民族有不同的歌，有不同的风格，都是中华民族民歌宝库的瑰宝，而且各有各的特色，没有办法比较。当年我在中央电视台就提出来要把唱法区分出来，刚才小胡跟我讲他参加过“青歌赛”，唱长调，我问得了什么奖，他说啥奖没得，我问为什么，他说因为当时他报的民族组，要是报原生态组就得奖了。放在民族组，你又没上过音乐学院，一下就给你打下去了，因为你不符合人家的标准。但艺术怎么可能只有一个标准？科技有先进落后，艺术没有先进落后，莫言得了诺贝尔奖，能说他的作品比《红楼梦》好吗？艺术的价值是永恒的，交响乐我听，但我也听大鼓书。为什么讲有了交响乐，民歌的价值还在？光凭“民歌是人民创造的”还不行，是民歌自身的魅力，足以让它不朽。我们今天不可能具体地分析，我们就拿刚才讲的山陕蒙的民歌做个例子。

比如河曲、左权这两个县，它的民歌好在什么地方？它很短小，上下两句，也有四句的，当然还有多句的，多句的就是一个大的结构，比如《十二月》等等，同样四句还是四句，但是可以唱《十二月》，体裁就扩大了。它的结构短小，但是内涵深刻、感情真挚、旋律优美，表达的真是直指人心。

单　威：咱们找一个直指人心的。

田　青：先唱一首，贺国丰你来吧，《平凡的世界》的片头曲和片尾曲都是他唱的。

贺国丰：（演唱）《人要想人不由人》

田　青：借他唱的分析一下民歌，这首歌的表达就是上下句。很多人听不懂它的歌词，“人要想人不由人”是什么意思？民歌里类似的有一句歌词是“大青石上卧白云，难活不过人想人”，这世界上什么最痛苦？是挨饿痛苦还是挨打受骂痛苦？最难受的是人想人！没有过这种真挚的、强烈的爱情的人唱不出这样的句子来，所以这样的歌词，就像天要下雨，人想人不由人，你不想不行。像这样直白的话，表达爱情的民歌太多了，像“想你想你实想你，三天吃不下一粒米”“想你想得手腕腕软，拿起了筷子端不起碗”，都是这种非常平实的语言，但又极度地夸张，夸张到极致，这类民歌的特点就是直指人心。民歌不讲理，一下子就把你打倒，一下子就让你感受到强烈的力量。但除了这种在直白的语言里蕴含着极大的感情的力量之外，民歌还有细腻和生动的一面，有一首歌唱“泪蛋蛋本是心上的油，谁不难受谁不流”。

用唱歌来表达自己的感情是最好的手段，有一首民歌，三段，描写一个妇女在家里做女红。她远远地听见一个男人在唱，好像是自己的丈夫或者情人，“听见哥哥唱一声，支棱起耳朵吊起那个心”：是不是他回来了？很远，听不清；慢慢地，近了，还在唱，于是“听见哥哥唱一声，咯颤颤折了一根二号号针”。我作为音乐学家没有考证出来二号号针是干吗用的，我估计头号针应该最粗，二号针就很粗了。这句歌词什么意思？就是开始听见不知道谁在唱，慢慢听清楚了，这是我的哥哥在唱，咯颤颤折了一根二号号针！激动啊！下一句更好：“听见哥哥唱上来，热身子扑在冷窗台”，我听这个词，拍案叫绝——真真是气死李白。文人写诗讲究诗眼，讲究炼字，“热身子扑在冷窗台”，热身子、冷窗台，这是温度对比，一个“扑”字，是动作——那就是我哥哥回来了，听清楚了。就冲这三个字，文人写诗，真的比不了。

为什么比不了？为什么这些民歌，这些无名氏创作的如此短小的民歌里有这么激动人心的力量，有这么千古不朽的名句，有这么多让文人自愧弗如的表达方式？为什么？我二十多年前写过一篇文章，叫《民歌恰是穷乡好》，为什么？不是因为我的政治立场，我要站在人民的劳苦大众的这一面，不是的。但是为什么河曲、左权这样的穷地方出了这么好的民歌？生活方式和严酷的自然条件，让这些地方的人民在大自然的压迫下，会有富裕地区想象不到的各种困难，面对那么恶劣的环境，生活中没有任何的快乐，唯一能够有的，或者让他们感受一点生活的幸福的，就是爱情。食色性也，食，有的吃就不错，可常年的吃糠菜，于是，就剩下男女之爱了。这个地方这么多的民歌和走西口有关，为什么《走西口》这么好听？“河曲保德州，十年九不收，男人走口外，女人挖野菜。”男人都走了，女人在家半年见不到男人，而且走了以后什么时候回来不知道，回来是赚了钱还是没赚到钱，不知道。男人走口外，女人挖野菜，挖着野菜就唱，一传十十传百，你唱的好听我就跟你学，所以出现这么多好的民歌。为什么民歌恰是穷乡好？富裕的地方不一样，它有吃有喝，命就值钱了，有吃有喝，感受就不一样了，“我有心采一朵戴，又怕那看花的人儿骂”——瞧这没出息劲！这就是江南的。

民歌分很多，有山歌，我刚才说的信天游、漫瀚调、爬山调，这属于山歌类的，就是劳动人民的东西，还有一个叫小调。《茉莉花》是小调，全国许多地方都有，江南、唐山，一直到东北，沿着大运河一直到北方，南北的交通线上都有《茉莉花》。小调就进入城镇了，小调和爬山调不一样，小调是城镇化的东西，和农民的穷困生活是不一样的，不是中产阶级，是稍微富裕一点的城镇的小商人、手工业者，有基本的生活保证。小调流传有一个很重要的环境或者场所："风月场所""青楼茶馆"，小调的充分流传，包括《茉莉花》，一定与这样的场所有关。要不然你听这情绪："我有心采一朵戴，又怕那看花的人儿骂"，轻佻、俏皮，那和农民恋爱是完全不一样的。

我们做非遗保护工作，包括当时做民歌继承的采集、收集，收了一些这样的歌曲。话说十多年前，有一次我无意中看到北京电视台节目，北京市的非遗工作者正在讲他们的成果，讲他们收集的"北京小调"，其中有一个老年妇女对着摄像机唱："送情郎送到大门以东，一出门就刮起一阵西北风，刮风不如下点小雨好，下小雨我的郎还能多待几分钟"，这个词不是农民的词，后面再唱应该就是"送情郎送到大门以西，一出门碰见了一个卖梨儿的，我有心给我的郎买上梨儿两个，想起了昨晚的事，他怎么能够吃凉的？"这就是当年江青批判的"窑调"，当然，这也真应该包括在大的民歌范畴里。

民歌也的确什么都有，包括对性的描写，在民歌里是大量存在的，怎么看待这部分？我觉得这也是人民生活的一个反映，而且有的反映很感人。比如刚才贺国丰唱的"面对面坐着还想你"，词让他改了，改"雅"了。原来的词是"城墙上跑马还嫌低，面对面睡觉还呀么还想你"——好容易半年没见面了，见了面还坐着？不合情理嘛！坐着是比睡觉"雅"，但这么唱，味道没了，力度也没了。民歌表达的是真实，是真情！我觉得这首歌的可贵之处就是讲的是情，不光是欲，面对面睡觉还想你！那这个想真的是感情。表面看词有点直白、有点色，但其实上它已经超越了欲望，那一个“还”字里面表达的东西其实很感人。

包括性的描写，很多民歌描写的很高雅、很含蓄、很美。最著名的四川民歌，“哥是天上一条龙，妹是地上花一蓬，龙不抬头不下雨，雨不洒花花不红”，很美，你不能说这就是淫秽的、就是不好的，我们收集民歌就都不听了、不记录。不对，这些民歌表达的还是人民最本质的东西，而且我们学习的是人民即使在最严酷的环境下生活，依然对生活、对爱情有一种坚贞的东西，而且它表达的方式，那种生动、那种精彩，都是民歌留给我们的非常重要的、应该学习的东西。

单　威：您算过比例没有，大概情歌类的民歌占比多少？

田　青：情歌在民歌里占一大半，要分类，一个是劳动歌曲，劳动歌曲是过去的集体劳动，为了统一动作，一定要有的。《淮南子·道应训》有一句话：“今夫举大木者，前呼邪许，后亦应之，此举重劝力之歌也。”翻译成白话文就是，咱们大伙儿抬一个大木头，前面的一个人喊了一声“嘿呦”，后边跟着“嘿呦、嘿呦”，这就是举重劝力之歌也，统一步伐，一块上肩，一块迈步，怎么上坡，怎么下坡。但现在，包括插秧歌、薅草歌、打桩歌、船夫号子、码头号子，这些劳动歌曲现在基本没有了，原因很简单，就是产生它的环境没有了，生活方式、生产方式改变了。

单　威：我在西藏看过一种劳动歌曲，是修屋顶时唱的，进退有序，唱得很有意思。

田　青：还有一种就是和宗教仪礼有关的歌曲，比如祭祀中使用的，包括萨满、东巴、毕摩。少数民族的宗教职业者，他们做法事的时候都有一套仪式，有一套歌曲，这些东西特别重要，也消失很多。消失的也包括生活中的歌，比如说绣荷包，现在没人绣了，因为表达爱情的方式改变了，现在哪个姑娘有工夫绣荷包？微信上发仨字："老地方"，够了。当然歌中最重要、最多的还是情歌，情歌应该占民歌起码一半以上。如果说劳动创造了音乐里的节奏的话，爱情应该说是创造了旋律，它是一种人性的直接表达。

为什么我们今天要重新地认识民歌、学习民歌？不仅仅是从民歌当中学习这种表达的方法，学习它真挚的情感、它的智慧，我觉得更重要的是，今天我们的民族，已经进入到一个历史阶段，现在大家都充满着一种伟大复兴的愿望，同时越来越有大国的感觉。那么在这样的状况下，面对这样的世界，我们不是像一二百年以来那种屈辱和因为屈辱而产生的自卑，以及和自卑混合在一起的一种要奋斗、要图强的感情。在那个时代，我们自以为是泱泱大国，却被外国人打得招架之力都没有，更别说有还手之力了；那个时候的人们在反思、在探讨、在争取一个改变这种状态，让我们民族能够进入世界文化之林的道路，那个时候的人们在那种环境下，自然地产生一种情绪性的判断，为什么我们挨打？政治腐败是一方面，还有一点就是认为我们的文化是落后的。所以当时我们对包括民歌在内的民族文化，是要打倒、要抛弃的。今天不一样了，我们已经崛起了，一个崛起的民族不能没有自己的文化，不能没有自己的文化传统。所以，对传统文化、对民歌，我们在座的所有人都要好好地学习，好好地弘扬。

今天石占明来了，好久不见，很想念。我跟他见面是 2002 年，我在左权县开会，当时我听说那儿有一个唱得特别好的人，就请他唱，我一听他唱，真的好。我们当时正在文化部举办一个南北民歌擂台赛，都已经选拔完，马上要比赛了，当时是李松负责，我就给他打电话，我说左权县有个好歌手，省内推荐来不及了，这个人我推荐。一去比赛，他也争气，拿了“十大歌王奖”，回去以后县里挂了一个标语，左权县是穷乡，这个县这么多年没有什么自豪的事可以跟外人说，就出了他这么一个“十大歌王”，所以县政府门口挂了一个标语：“热烈庆祝我县农民石占明获得十大歌王称号”。除此之外，最有意思的是，他放羊，100 多只羊，当时退耕还林，不许随便上山放羊了，可县里就允许他放。其他人就不服气，为什么让他放不让我放？县领导说“你也去得个歌王奖来，我就让你放”。占明真的是非常质朴，而且我欣赏他的地方就是他到现在本色没变，包括他的口音。到了一个大城市，几年之后还说家乡话的人，起码有一个优秀品质，不忘本，而且他知道坚持。再有一点，他真没忘了我，每到春节都“贿赂”我，他“贿赂”，我也要，因为我们之间有感情，他是来走亲戚，给我送一条羊腿、拿点他家种的粮食，我当然要。单威是纪委书记，你说我拿这个不犯错吧？好，下面请石占明给我们唱一段。

石占明：唱我奶奶传下来的一首歌，这首歌我从小就听我奶奶唱：“倒坐在门口纳鞋帮，泪掉在鞋尖尖上，向日葵开花阳朝西，哥哥这回走了就没日期。”（演唱）

田　青：他一唱这个我就想起来，刚才我们在传一个视频，盲人宣传队，也是那年我去找他，然后发现了左权有一个盲人宣传队，就在山里面，一个村一个村走，前面的一个人有一点视力，拄着棍，后面十几个人，每个人背着行李卷、背着乐器，一手拿着棍，一手拉着前面的人的行李，在太行山上一个村一个村走，唱一晚上给一二百块钱。后来我把他们带到北京，带上电视台。

我跟他们的感情也很深，2008 年我住院开刀动手术，他们听说了，全队凑钱给我寄了五千块，盲人啊，走村串户赚的钱，拿在手里真是沉甸甸的！这份感情，我真的记一辈子。队里有个张林庆前几天去世了，网上在传盲人宣传队给他出殡的视频，很感人。他是后来瞎的，不是先天性的，小伙子很帅，修水库装炸药，把胳膊炸没了、眼睛炸瞎了，本来马上要娶媳妇了，媳妇儿也跑了。本来他都不想活了，后来就跟着宣传队学唱，他唱“小嗓”，就是 100% 的假声，类似唱女声，唱得感人至深。

他去世了，这些“盲宣队”的弟兄们给他送出殡，刘红权主唱：“桃花不再红，杏花也不再白，一把黄土把你埋……谁说那桃花红，谁说那杏花白，瞎瞎的这一辈，什么都没有看出来。”他已经看不见桃花红杏花白，最后一句是“太行山开花走不到头，下辈子好歹睁开眼，让我看看这圪梁梁和沟”，太感人了！这就是民歌才有的感情！所以民歌的这种真挚，真不是为了得奖、为了评职称写的那些东西可比的！

我今天就讲到这儿，单威你总结吧。

赵大地：（演唱）

乌英嘎:（演唱）

傲日其愣:（演唱）

单　威: 今天不用总结了，我觉得既有田老师很深入的、很专业的、激动人心的讲演，又有这么几位艺术家激情四射的现场演唱，不论是论述还是现场的演出，都给我留下非常美好的印象。

最后咱们还是向田老师致敬！感谢大家。

2017 年 11 月 19 日于北京早春书院